E AGORA,
Geração X?

Preencha a **ficha de cadastro** no final deste livro
e receba gratuitamente informações
sobre os lançamentos e as promoções da Elsevier.

Consulte também nosso catálogo
completo, últimos lançamentos
e serviços exclusivos no site
www.elsevier.com.br

COMO SE MANTER NO AUGE PROFISSIONAL
E EXERCER A LIDERANÇA PLENA NUMA
ÉPOCA DE INTENSA TRANSFORMAÇÃO

E AGORA, Geração X?

TAMARA ERICKSON

Tradução
Bruno Alexander

Do original: *What's Next, Gen X?*
Tradução autorizada do idioma inglês da edição publicada por Harvard Business School Publishing
Copyright © 2009, by Tamara J. Erickson

© 2011, Elsevier Editora Ltda.

Todos os direitos reservados e protegidos pela Lei nº 9.610, de 19/02/1998.

Nenhuma parte deste livro, sem autorização prévia por escrito da editora, poderá ser reproduzida ou transmitida sejam quais forem os meios empregados: eletrônicos, mecânicos, fotográficos, gravação ou quaisquer outros.

Copidesque: Fernanda Gomes de Amorim
Revisão: Jayme Teotônio Borges Luiz e Roberta Borges
Editoração Eletrônica: Estúdio Castellani

Elsevier Editora Ltda.
Conhecimento sem Fronteiras
Rua Sete de Setembro, 111 – 16º andar
20050-006 – Centro – Rio de Janeiro – RJ – Brasil

Rua Quintana, 753 – 8º andar
04569-011 – Brooklin – São Paulo – SP – Brasil

Serviço de Atendimento ao Cliente
0800-0265340
sac@elsevier.com.br

ISBN 978-85-352-4385-7
Edição original: ISBN 978-1-4221-2065-4

Nota: Muito zelo e técnica foram empregados na edição desta obra. No entanto, podem ocorrer erros de digitação, impressão ou dúvida conceitual. Em qualquer das hipóteses, solicitamos a comunicação ao nosso Serviço de Atendimento ao Cliente, para que possamos esclarecer ou encaminhar a questão.
  Nem a editora nem o autor assumem qualquer responsabilidade por eventuais danos ou perdas a pessoas ou bens, originados do uso desta publicação.

CIP-Brasil. Catalogação-na-fonte
Sindicato Nacional dos Editores de Livros, RJ

E62a	Erickson, Tamara J., 1954-
	E agora, geração X? : como se manter no auge profissional e exercer a liderança plena numa época de intensa transformação / Tamara Erickson ; tradução Bruno Alexander. – Rio de Janeiro : Elsevier, 2011.
	Tradução de: What's next, Gen X? : keeping up, moving ahead, and getting the career you want
	ISBN 978-85-352-4385-7
	1. Geração X. 2. Profissões – Desenvolvimento. I. Título. II. Título: Como se manter no auge profissional e exercer a liderança plena numa época de intensa transformação.
11-1372.	CDD: 650.14
	CDU: 331.548

Para Kate Burnham
beijos e abraços

Agradecimentos

Acima de tudo, meu agradecimento vai para a Geração X que reservou um tempo para conversar e argumentar comigo, escrever, responder aos posts em meu blog ou, quando não, contar as suas perspectivas e ideias. Nem todos vocês me incentivaram, mas todos me fizeram pensar e muito sobre o que eu poderia dizer – na hipótese de eu ter o que dizer – que pudesse ter alguma utilidade. Fiz o melhor pude.

Enquanto escrevia este livro, achei que, em muitos casos, vocês se expressaram melhor. Deixei muita coisa nas suas próprias palavras, em vez de tentar parafraseá-las.

> **Com a palavra, a Geração X**
>
> Excelente artigo – no alvo! A gente sempre ri quando lê um artigo que fala sobre os Y (é engraçado porque é fato), por isso é ótimo enfim poder ler um artigo que reconhece que os X são subestimados... Eu teria algumas sugestões para o livro, mas *isso* não seria típico dos X? Fazer o trabalho e deixar o reconhecimento para os outros? Excelente artigo, obrigado!

O nome de todos aqueles cujos depoimentos foram incluídos no livro estão listados nas Notas; o meu agradecimento a vocês e às centenas de outros entrevistados, cujas observações não foi possível encaixar aqui. Um obrigado em especial aos X Jean Ayers, Mike Dover, Joe Grochowski, Esteban Herrera, Beth Hilbing, Eric Kimble, Steven Kramer, Erinn McMahon, Rory Madden e Becky Minard, que me autorizaram a contar suas histórias em detalhes. E ao quase X Paul Michelman, o meu editor da HBP Digital, cujo entusiasmo por este projeto serviu de estímulo a muitas das perguntas com as quais tive de lidar nestas páginas.

A pesquisa para *E agora?* remete a mais de seis anos de trabalho e reflete a contribuição de muitos colegas. Bob Morison e Ken Dychtwald foram parceiros fundamentais no trabalho original. Tim Bevins e Maggie Hentschel conduziram pesquisas especialmente para este livro. Tom Casey e Margaret Schweer fizeram importantes contribuições. Os comentários de Matt DeGreeff e Jason Stedel sobre o primeiro manuscrito foram de enorme ajuda. Obrigada a todos.

Os meus cordiais agradecimentos à maravilhosa equipe da Harvard Business Publishing. Não sei ao certo se tão cedo vou querer voltar a escrever três livros em três anos, mas foi um enorme prazer trabalhar com todos vocês. Agradecimentos especiais aos meus editores: Jacqueline Murphy, diretora editorial; Ania Wieckowski, editora assistente; e Monica Jainschigg, editora de desenvolvimento. Toda a comunidade da HBP, sem exceção, prestou o seu apoio e o seu empenho a este trabalho: Angelia Herrin e Julie Devoll, desde o início, bem como a criativa equipe da HBP Corporate Learning, que converteu as ideias em ferramentas de aprendizado; da HBP Digital, que facilitou as conversas com muitos de vocês; e da *Harvard Business Review*, quando ampliamos e investigamos alguns dos conceitos mais importantes sobre a vida em meio de carreira e as inconstâncias do ambiente de trabalho.

David, Kate e todos os meus amigos da Black Brook Farm, tanto os de duas pernas quanto os de quatro, foram fonte constante de encorajamento e apoio.

Tom, como sempre, não teria conseguido sem você.

A autora

TAMARA ERICKSON, respeitada autora laureada com o Prêmio McKinsey, é também uma notória e cativante contadora de histórias. Suas instigantes visões do futuro se baseiam em extensa pesquisa sobre as mudanças demográficas, os valores dos trabalhadores e o funcionamento das empresas de sucesso. Bem fundamentado, com todo rigor acadêmico e essencialmente otimista, o trabalho de Tammy distingue e descreve tendências interessantes para o futuro e fornece orientações que podem ser adotadas tanto pelas empresas quanto pelos indivíduos hoje interessados em se preparar para ele.

Este livro é o terceiro de uma trilogia escrita por Tammy, cada um dos quais investiga o modo como gerações específicas são capazes de se sobressair no ambiente de trabalho dos dias de hoje. *Retire Retirement: Career Strategies for the Boomer Generation* e *Plugged in: The Generation Y Guide to Thriving at Work* foram publicados em 2008.

Tammy (www.TammyErickson.com) é coautora de *Workforce Crisis: How to Beat the Coming Shortage of Skills and Talent* e tem cinco artigos publicados na *Harvard Business Review*, inclusive "It's Time to Retire Retirement", vencedor do Prêmio McKinsey, além de outro na *MIT Sloan Management Review*. Seu blog, "Across the Ages", figura semanalmente no Harvard Business Digital (http://discussionleader.hbsp.com/erickson/).

Presidente da nGenera Innovation Network (www.ngenera.com), ela mora com a família numa fazenda, em Massachusetts.

Apresentação

Não restam dúvidas: o ambiente de trabalho apresentou alguns desafios especiais para a Geração X.

Os números demográficos e a economia foram desfavoráveis a vocês. Como observou a revista *Fortune*, em 1985: "Esses pioneiros da implosão demográfica estão achando a vida na fronteira profissional mais difícil que nunca... estão retidos num engarrafamento demográfico... empacados atrás de todo aquele excedente de diplomados da década passada."[1] A economia entrou em recessão em 1991, e justo quando alguns de vocês estavam tomando impulso, a explosão da bolha da economia virtual devastou US$5 trilhões do valor de mercado das empresas de tecnologia, de março de 2000 a outubro de 2002.

E aqui estão vocês. Nos 40 ou quase lá. Alguns de vocês conseguiram chegar ao ápice. Outros conseguiram chegar aonde acham que gostariam de estar. E outros, ainda, continuam a subir na vida, a partir para outra ou a amargar a frustração de não ter achado um trabalho que dê certo.

Este livro apresenta as opções *do que virá a seguir* e de como chegar lá ao tirar vantagem dos atributos exclusivos da sua geração. Ao mesmo tempo que reconstitui os antecedentes nos quais se enquadra essa recomendação, este livro reconhece, nas suas próprias palavras, os sentimentos e circunstâncias comuns a muitos membros da sua geração. Presta louvor à sua individualidade e às suas preferências pessoais, mas, acima de tudo, este livro aponta para as implicações práticas de ambos. Porque me alertaram:

Com a palavra, a Geração X

Só um conselho: é melhor este livro ser recheado de conteúdo verdadeiro, de *bons conselhos práticos*, e não ter quase nada do típico oportunismo pegajoso dos *boomers*, com aquela ordinária psicologia "mexedora de queijo" que está na moda. Se vir um capítulo com título do tipo "Abraçando a mudança", vou vomitar.

Entendido.

Este é o terceiro livro que escrevo sobre uma geração, e cada um deles é voltado para desafios exclusivos e sugere aptidões específicas para o ambiente de trabalho de hoje. Os desafiadores anos à nossa frente exigirão uma combinação do melhor de cada uma. O meu recado para os *boomers*, mesmo antes do declínio econômico, era arrumar um jeito de continuar a trabalhar; transferir as rédeas da liderança, mas dar um jeito de contribuir produtivamente ao longo das décadas à frente: *aposentar a aposentadoria*. E o meu recado para os Y também foi de ordem prática; dar um jeito de harmonizar as suas aptidões com a realidade com a qual haverão de deparar no mundo corporativo: estar *conectado*.

E quanto aos X? A maior parte de vocês tem planos de trabalhar pelo menos mais algumas décadas. O desafio agora é *como* trabalhar, como se assegurar de que o trabalho que realizam seja significativo e gratificante, qualquer que seja o critério que se use para medir o sucesso – se preciso, recalibrar no meio do caminho. Hoje, essas questões são cruciais para os X. É o melhor momento da vida para começar a tomar essas decisões, e as gerações à sua volta, a Baby Boomer e a Y, disputarão as mesmas oportunidades. Vocês estão a meio caminho da existência, da carreira profissional e da vida produtiva; estão encalacrados entre duas grandes gerações, ambas – cada uma ao seu modo – espaçosas demais para o seu gosto.

Muitos de vocês conquistaram diversas das suas metas iniciais e alcançaram uma confortável autossuficiência. Mas qual deve ser o próximo passo? É preciso que entendam as opções e as avaliem de maneira apropriada, em vez de se limitarem a mourejar na escalada da hierarquia empresarial. Alguns ainda pelejam em busca da carreira dos desejos e começam a reformular por inteiro as suas metas. Como reajustar os seus pontos de vista para a próxima etapa? Por fim, muitos sentem que ainda não atingiram a plena forma na carreira da *sua* escolha: o que os espera? Talvez saibam o que desejam, mas precisam de conselhos sobre como consegui-lo.

Uma reflexão crucial e oportuna a se fazer é como maximizar e aproveitar em seu benefício aqueles que, por tradição, são os anos de apogeu profissional, tendo-se em vista a turbulência econômica de hoje. No que diz respeito aos ganhos financeiros, no período entre 45 e 54 anos, em geral, os indivíduos alcançam os ganhos máximos. E a coorte de 35 a 44 anos, onde está a maior parte de vocês, chega bem perto, levando para casa em média só 10% menos que aqueles entre 45 e 54 anos.[2] O modo como passarão a próxima década de vida exercerá forte impacto na sua estabilidade financeira no longo prazo e nas realizações de outras metas relacionadas com o trabalho.

A maioria de vocês trabalha em grandes empresas, elas próprias em fase de transformação e, em muitos casos, na luta para se adaptar à concorrência global, aos novos meios de operação e às condições desafiadoras. O declínio econômico foi um golpe duro para a sua geração. Como vocês conseguirão manter o equilíbrio numa época difícil e potencializar as suas contribuições de modo a criar oportunidades de trabalho mais bem talhadas para a sua definição pessoal de sucesso?

Alguns têm cogitado o empreendedorismo ou outras formas independentes de organização do trabalho. Qual o significado disso para vocês? Como aumentar as suas chances de sucesso?

E não se trata só de vocês, como sabem. Vocês ingressam numa fase da vida na qual a responsabilidade pelos outros se torna um tema predominante. Na esfera do trabalho, seja em grandes ou em pequenas empresas, assumem cargos de liderança mais altos, numa época na qual os desafios da liderança estão em transformação, em parte por causa das novas opções e em grande parte por causa de vocês e das suas suscetibilidades. Quais competências serão necessárias para criar o tipo de empresa da qual desejam fazer parte e que deixarão para trás cheios de orgulho? Para além dos negócios, as decisões que tomarem ao longo da próxima fase exercerão forte impacto na sua família, na sua satisfação pessoal e na sociedade em sentido mais abrangente – nas decisões de políticas públicas, nas diretrizes empresariais e no bem-estar social.

Este livro é um convite à reflexão sobre o modo como a sua posição particular na história influenciou quem vocês são e onde estão hoje, ao exame das suas preferências pessoais no contexto das características comuns à sua geração. E é sobre como pretendem investir a próxima fase da sua vida – quais serão as suas prioridades, ao que devotarão o seu tempo e a sua energia.

Nos últimos cinco anos, tenho conduzido uma pesquisa voltada especificamente para o papel do trabalho na vida das pessoas e as razões pelas quais diferentes gerações não raro parecem pensar e agir de maneiras conflitantes. Boa parte da minha atenção se concentra no modo como o trabalho e a população têm se transformado. Tive a oportunidade de conversar com muitos de vocês. Neste livro estão retratadas as perspectivas que compartilham, sobre as suas metas e preferências, e do começo ao fim vocês têm a palavra. Eu e os meus colegas conduzimos extensos levantamentos com os quais apreendemos opiniões do mundo todo. E contei com a ajuda de vocês para formular as conclusões dessa pesquisa, por meio dos comentários que fizeram, durante workshops e palestras, e das atenciosas respostas enviadas a meu blog semanal.[3]

Também trabalhei com grandes empresas ao longo de 30 anos, ao ajudar a aprimorar as suas estratégias de negócio e políticas operacionais. Essas experiências constituem a base da minha argumentação sobre o modo como funcionam as empresas, como elas evoluem e como vocês podem ter sucesso nesse ambiente. Um pouco do que vou expor fará proveito da minha pesquisa e da dos meus colegas sobre o modo como a globalização, as novas tecnologias e os valores inconstantes dos trabalhadores têm reformulado o ambiente de trabalho.

Eis a conclusão deste livro.

Os Capítulos 1 e 2 falam de vocês como geração, na adolescência e hoje em dia. O Capítulo 3 é sobre *elas* – as outras quatro gerações que participam da sua vida, no trabalho e fora dele. Abordarei eventos formativos essenciais, influências demográficas e relações entre gerações. E embora as generalizações sejam inevitáveis neste quadro de pinceladas soltas, o objetivo não é estereotipar, mas sugerir o quanto é legítimo que cada de um nós leve à mesa diferentes perspectivas. Somos indivíduos porque somos moldados por influências singulares: o nosso histórico socioeconômico, a nossa raça, a nossa nacionalidade, os pontos de vista dos nossos pais, a nossa formação e outros fatores. Não obstante, os indivíduos que dividem uma posição em comum na história – em outras palavras, membros de uma mesma geração – desenvolvem mapas conceituais semelhantes ou modos semelhantes de encarar o mundo. É um ponto e tanto a se investigar, e pode contribuir para nos relacionarmos uns com os outros com mais humor e tolerância. A compreensão do que temos em comum também fornece um contexto que nos permite compreender a singularidade de cada indivíduo.

Os Capítulos 4 a 8 apresentam uma visão detalhada das mudanças no ambiente de trabalho e das oportunidades em desenvolvimento. Neles se incluem ferramentas que ajudarão a avaliar os seus próximos passos e perguntas que formarão um painel a partir do qual refletir sobre as suas opções de modo coerente. Espero que respondam ao desafio de apresentar conselhos práticos. O Capítulo 4 prepara o terreno apresentando painéis a partir dos quais investiga as características de trabalho que os motivam. Esses exercícios ajudarão a avaliar a sua carreira até o momento e moldar a sua trajetória de agora em diante. No Capítulo 5, são discutidas as mudanças no ambiente de trabalho e a localização dos empregos no futuro. O Capítulo 6 dá conselhos práticos para se obter mais motivação e sucesso – segundo a definição de vocês – no âmbito da empresa. O Capítulo 7 pede que vocês reflitam se o rumo do empreendedorismo não seria adequado a vocês e examina as estratégias para as diversas formas alternativas de organização. O Capítulo 8 retoma o tópico a respeito do papel de líderes que lhes caberá de agora em diante e explica o que me parecem as cinco mais importantes responsabilidades dos líderes de amanhã.

Acima de tudo, este livro é um convite para se refletir sobre o que vocês farão a seguir. Espero que a leitura os ajude a se sentirem mais confiantes das suas opções e mais confortáveis com as suas escolhas. Espero que descubram novas possibilidades e ideias específicas sobre o modo como implementá-las.

Vocês constatarão que o meu ponto de vista é fundamentalmente otimista. Neste momento, vocês exibem enorme potencial tanto para a felicidade pessoal quanto para as contribuições positivas ao mundo à sua volta. Há excelentes oportunidades mais à frente.

Este livro é para vocês.

Sumário

Parte I: A geração de vocês

Capítulo 1	Definindo os contornos da Geração X: Os anos da adolescência	3
Capítulo 2	Fazendo o inventário: A Geração X hoje	19
Capítulo 3	O que elas pensam?: As outras quatro gerações	37

Parte II: Avaliem seus próximos passos

Capítulo 4	O que vocês querem?: Redefinindo suas prioridades na vida e no trabalho	55
Capítulo 5	Uma visão nua e crua das opções futuras: A realidade das mudanças no ambiente de trabalho	84
Capítulo 6	Aprimorando-se: A empresa para a qual vocês trabalham, trabalhando para vocês	109
Capítulo 7	Diversificando-se: Ambientes alternativos de trabalho e portfólio de carreiras	140

Capítulo 8	O líder da próXima geração: Por que vocês são o que precisamos agora... e como	158
	Notas	182
	Índice	195

Parte I

A geração de vocês

CAPÍTULO 1

Definindo os contornos da Geração X

Os anos da adolescência

Ninguém gosta de ser rotulado. Por mais indelicado que seja, há um motivo para vocês serem chamados de *Geração X*. Por definição, geração é um grupo de pessoas que, com base na faixa etária, compartilham não só uma localização cronológica na história, mas também *as* experiências *a ela associadas*. O compartilhamento dessas experiências, por sua vez, induz à formação de crenças e comportamentos comuns.

Muitas das nossas crenças mais inabaláveis e duradouras são formadas quando somos adolescentes, na primeira vez em que desviamos a atenção de objetos tangíveis e começamos a nos digladiar com os valores e ideias do mundo à nossa volta. O que vemos e ouvimos – e as conclusões a que chegamos – determinam permanentemente o que valorizamos, como medimos o sucesso, em quem confiamos e quais prioridades determinamos para a nossa vida, inclusive o papel que o trabalho exercerá nela.

Esse modo de encarar o desenvolvimento de características geracionais baseia-se no trabalho de Jean Piaget, cujas pesquisas sobre o desenvolvimento infantil são muito influentes. Nelas, o biólogo e psicólogo suíço concluiu que as crianças constroem estruturas cognitivas – mapas mentais – como forma de entender as experiências conceituais por que passam quando jovens adolescentes. Piaget também concluiu que são as experiências originalmente novas que alteram o desenvolvimento da estrutura cognitiva da criança, em vez daquelas que parecem ter sido "sempre" verdadeiras.[1] Desse modo, faz sentido que cada geração forme as próprias impressões exclusivas e, assim, até certo ponto, aja sob um diferente conjunto de regras: cada uma terá vivenciado um mundo bem diferente quando adolescente. Essas distinções da maioridade influenciam as atitudes de cada geração perante o mundo, perante o trabalho e perante uns aos outros.

É claro, a história não se resume aos atributos comuns. Cada um de vocês também passou por experiências únicas na adolescência, dependendo do país onde mora, do histórico socioeconômico da família, da filosofia dos pais e de inúmeros outros fatores. Mas são os eventos comuns de maior destaque que concedem à sua geração as características que a determinam.[2]

Quem escreve sobre a sua geração em geral concorda que ela apresenta alguns traços comuns, e as implicações e a entonação, na maioria das vezes, são bastante sombrias.

No romance *Geração X: contos para uma cultura acelerada*, Douglas Coupland fez o primeiro retrato da sua geração e popularizou o nome mais adotado na América do Norte. De origem canadense, o autor traçou o perfil de um grupo de jovens de vinte e poucos anos, "subempregados, superletrados, profundamente individuais e imprevisíveis", sem "ninguém a quem dirigir a sua raiva, ninguém para mitigar os seus medos e nenhuma cultura para tomar o lugar da sua anomia".[3]

Já em *The fourth turning* e em *Generations*, William Strauss e Neil Howe retratam os X como:

Atrevidos e autônomos, que contribuem com o seu pragmatismo e independência para uma era de crescente perturbação social. [Eles] amadureceram numa sociedade sólida em termos de escolhas e juízos, mas frágil em termos de estrutura, orientação ou qualquer sentido de missão coletiva para jovens adultos. Privados de um cerne geracional, eles são determinados justamente pela divergência social e cultural. Cônscios de que os líderes mais velhos pouco esperam deles como grupo, o sentimento de missão ou força coletiva pouco lhes ocorre. Contudo, o contato antecipado com o mundo real lhes confere uma sólida capacidade de sobrevivência e expectativas de sucesso pessoal...[4] Em geral, suspeitam das instituições e das autoridades; são excluídos em razão das ressalvas dos mais velhos, tornando-se descrentes e aprendendo a confiar nos instintos e na experiência, em vez de em princípios; podem fazer coisas ou parecer fazer coisas só de farra; e em geral fazem as coisas do seu próprio jeito, em vez de seguirem um modelo determinado. Quando ouvem os outros dizerem que tudo é complexo demais para respostas do tipo sim ou não, fazem de tudo para eliminar o blablablá, pôr a retórica em pratos limpos e isolar o punhado de verdades práticas que realmente importam.[5]

Em essência, essas caracterizações apreendem importantes verdades sobre a Geração X: muitos de vocês estiveram ou talvez ainda estejam subempregados, vocês fazem a sua parte para se tornarem independentes e autônomos, e, como atestam Jon Stewart e outros comentaristas, a sua capacidade de pôr a retórica em pratos limpos é um verdadeiro dom. Porém, não me sinto à vontade com a conclusão de que as suas características comuns são em grande medida negativas. Elas também se traduzem num conjunto de traços terrivelmente úteis – muitos dos quais valiosos no clima econômico vigente – e raras vezes são apreendidas na maior parte dos comentários sobre a sua geração.

- O contato antecipado com o mundo real os tornou despachados e diligentes. Vocês cumprem com as suas obrigações e levam a empregabilidade a sério.
- A sua descrença nas instituições os induziu a valorizar a autodependência e a desenvolver uma invejável capacidade de sobrevivência e a habilidade de resistir e lidar de modo positivo com o que lhes vier pela frente. Vocês mantêm uma bem provida carteira de opções e um networking.
- A sensação de estarem alienados do entorno, junto com uma tecnologia em rápida expansão, permitiu à sua geração ser aberta de tal forma como nenhuma outra foi capaz. Vocês realizam com tranquilidade as suas atividades no mundo de hoje – seja no global ou no digital. Muitos são ávidos usuários de tecnologias colaborativas, na vida pessoal, e vocês trabalham bem em contextos multiculturais.
- Graças à sua preferência pelas experiências "alternativas" e à precocidade em fazer as coisas do seu próprio jeito, vocês desenvolveram um pendor para a inovação. Vocês tendem a buscar uma abordagem diferente.
- A independência os conduziu a um dos mais prósperos campos do sucesso financeiro da sua geração – as suas realizações empresariais.
- O seu ceticismo e a sua habilidade de isolar verdades práticas resultaram num humor fértil e numa perspectiva incisiva.

- A sua infância fez vocês se tornarem ferozmente dedicados a serem bons pais, induzindo-os a levantar questões de suma importância sobre o modo como equacionamos o nosso trabalho e as obrigações fora da empresa.
- O seu pragmatismo, que lhes proporcionou sensibilidades práticas e com ênfase em valores, acredito, os ajudarão no exercício do papel de eficientes administradores, tanto das empresas de hoje quanto do mundo de amanhã.

Este capítulo aborda a necessidade de vocês serem como são. (No Capítulo 2, discutirei como esses traços têm se desenvolvido em sua vida até o momento.)

Geração X – uma breve definição (demográfica)

É difícil haver uma concordância quanto à data de nascimento da Geração X. O mais comum é descrevê-la como aquela nascida entre 1965 e 1979, num contexto vinculado a um padrão de "implosão demográfica", logo após uma "explosão demográfica"; o ano de 1965 foi aquele em que as taxas de natalidade dos Estados Unidos despencaram, passando dos 4,3 milhões de nascimentos, no ápice da explosão, em 1959, para meros 3,8 milhões, em 1965, e 3,1 milhões, em 1973, no ponto mais baixo da implosão (Figura 1.1).

Contudo, muitos dos nascidos entre 1961 e 1964 preferem ser denominados X. São os que se identificam mais com os valores da Geração X e que alegam ter pouco em comum com a coorte *boomer*. Barack Obama se inclui nesse grupo oscilante, bem como muitas das primeiras vozes da Geração X – inclusive Douglas Coupland e o diretor do iconoclástico filme *Slacker*, Richard Linklater, todos nascidos em 1961.[6]

Para os propósitos deste livro, as menções a estatísticas incluirão os nascidos entre os anos 1965 e 1979 (ou 1980, uma vez que muitas estatísticas só estão disponíveis em incrementos de cinco anos), embora esteja cada vez mais convencida de que os nascidos nos primórdios dos anos 1960 compartilham da maior parte, senão de todos os sentimentos dos X.

Embora o nome X tenha se firmado entre os americanos, a maioria dos países também atribui nomes específicos à sua geração, muitos dos quais refletem uma sensação de desencanto ou de privação de direitos, inclusive *Génération Bof* ("tanto faz"), na França; Geração Desperdiçada, no Irã, que representa aqueles mais negativamente afetados pelas consequências políticas e sociais da revolução de 1979; e Geração da Crise, nos países da América Latina, como reflexo daqueles que chegaram à idade adulta durante as recorrentes crises financeiras na região.

FIGURA 1.1

A implosão demográfica

OS ANOS DE 1965-1979, PERÍODO DE QUEDA NO NÚMERO DE NASCIMENTOS

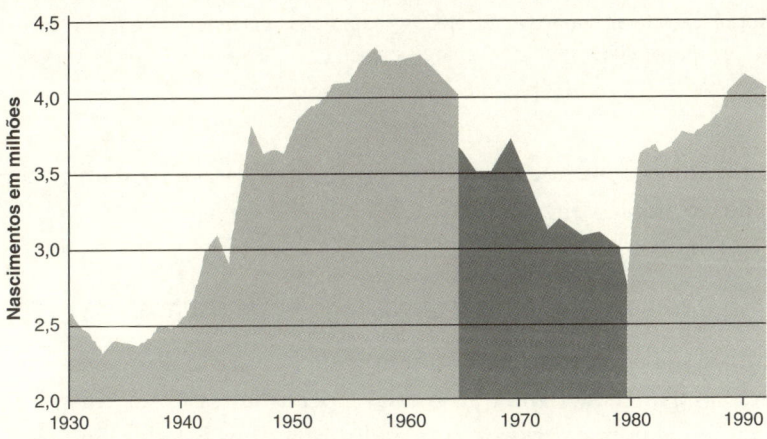

Fonte: U.S. Census Bureau International Data Base.

Geração X
Nascimento: de 1965 (ou 1961) a 1979
Anos formativos da adolescência: dos anos 1980 ao início dos anos 1990
Idade em 2009: 29 anos a 43 (ou 48) anos

Há quem argumente que X é antes de tudo um estado de espírito e que, portanto, escapa a uma categorização precisa. Mas é possível que o nome mais comum atribuído à sua geração seja curiosamente apropriado; afinal, X é um valor ignorado.

O temperamento de uma época

Qualquer que seja o nome ou a delimitação, vocês são, essencialmente, uma geração pós-1980. Os X eram adolescentes nas décadas de 1980 e 1990, moldados por uma época de incerteza e de transformação social.

> **Com a palavra, a Geração X**
>
> O que parece ter determinado a Geração X é a ameaça indeterminada. Passamos pela Guerra Fria, com a constante ameaça de holocausto nuclear. Passamos pelo desastre com o [ônibus espacial] Challenger, a deflagração da epidemia de Aids e um presidente quase assassinado. Sobrevivemos a uma tonelada de divórcios e de mães ingressando na população ativa. Viramos *latchkey kids*.* Passamos pela redução, reutilização, reciclagem – e pela primeira grande crise energética.[7]

Um resumo bem fidedigno dos eventos que caracterizaram muitos dos seus anos de adolescência.

A economia e o emprego entre adultos

Durante a sua adolescência, a economia de boa parte dos países estava estagnada. A América Latina atravessava persistentes crises financeiras e a estagnação econômica era corrente na Europa e nos Estados Unidos. O presidente Ford fez os americanos ostentarem *buttons* com os dizeres "Whip Inflation Now" ("Fim da inflação já"), à medida que a economia lutava contra a apatia.

Quando adolescentes, vocês testemunharam um aumento significativo do desemprego entre adultos, no momento em que a reengenharia e outras formas de reestruturação empresarial reformularam drasticamente o conceito de emprego vitalício. Os contratos psicológicos firmados entre patrões e empregados ao longo dos anos 1960 e 1970 foram rasgados, com as dispensas em grande escala que se seguiram ao redesenho de processo e às iniciativas pela redução de pessoal nos anos 1980 e 1990. A maioria dos X criados nos Estados Unidos conhecia pelo menos um adulto que tinha sido dispensado de um emprego que deveria durar até a aposentadoria. Pode ser que não tenha sido um dos seus pais – quem sabe não tenham sido os pais de um vizinho ou de um amigo –, mas testemunhar os adultos serem dispensados de empresas das quais dependiam em razão de uma obrigação permanente talvez seja uma das experiências mais comuns entre aqueles da sua geração. Desconfiar da responsabilidade das empresas é uma atitude quase universal entre os X.

---

* *Nota do Tradutor:* Crianças cujos pais estão ausentes, em razão do trabalho, ou que deles recebem pouca ou nenhuma atenção. A expressão alude ao fato de os pais, ao saírem de casa, levarem pendurada ao pescoço a chave (*latchkey*).

Eventos políticos

A agourenta ameaça da Guerra Fria veio a público e teve fim quando vocês eram adolescentes. Muitos dos mais notáveis eventos políticos sugeriam um futuro promissor: Gorbachev deu início à *glasnost* em 1985; o Muro de Berlim caiu em 1989; e, em 1991, a Revolução de Veludo, na Tchecoslováquia, assinalou a queda do comunismo e a dissolução da União Soviética. Muitos dos X mais velhos estiveram profundamente envolvidos no esforço por essas mudanças.

Embora conflitos locais importantes tenham tido continuidade em todo o mundo, o impacto na maioria dos adolescentes dos Estados Unidos, em particular, não foi significativo. O boicote aos Jogos Olímpicos de Verão de 1980, em Moscou, deu visibilidade à guerra soviética no Afeganistão. A primeira Guerra do Golfo ocorreu durante um mês intenso no início de 1991, com uma dramática cobertura ao vivo. Contudo, a não ser por essas exceções, durante a maior parte da sua adolescência vocês não passaram as noites como os *boomers*: assistindo à guerra na televisão.

Porém, havia à sua volta sinais de falhas e ambiguidades. Embora o conflito no Vietnã tenha acabado quando vocês ainda eram crianças, os Estados Unidos se retiraram do país sem terem alcançado nenhum objetivo claro, o que deixou furiosos e desnorteados muitos americanos.[8] Ao longo da sua infância e adolescência, a crença na integridade do governo se desfez, em razão de vários delitos: daqueles de ordem legal da Casa Branca de Nixon, com as escutas no caso Watergate e a renúncia subsequente, em 1974, aos de ordem moral da gestão Clinton, que culminaram no escândalo Monica Lewinski e nas audiências para o impeachment do presidente, em 1998. Durante boa parte da semana, o noticiário nacional abordou histórias negativas a respeito dos políticos ou das políticas de governo.[9] Os líderes ao longo da sua vida não corresponderam aos padrões mais elevados, e um desconforto generalizado com o comportamento dos adultos virou parte da fase adolescente da Geração X.

Ciência e tecnologia

Quando adolescentes, vocês também puderam provar do "admirável mundo novo" do progresso científico e tecnológico. Em alguns casos, os avanços na tecnologia tiveram como contrapartida fracassos espetaculares ou causaram debates morais acalorados:

- O primeiro "bebê de proveta" nasceu em 1978.
- A fusão da usina nuclear de Three Mile Island ocorreu em 1979.

- A adulteração do medicamento Tylenol causou uma comoção pública generalizada em 1982.
- A usina de energia nuclear de Chernobyl explodiu em 1986.
- O ônibus espacial Challenger explodiu em 1986.
- Os cientistas clonaram uma ovelha em 1997.
- A sonda Pathfinder enviou fotos de Marte em 1997.

O incidente com a Challenger exerceu um impacto singular em muitos de vocês. Em razão da presença de uma professora na tripulação (a primeira passageira civil), o lançamento foi objeto de grande celebração nas escolas dos Estados Unidos. As aulas foram suspensas para os alunos assistirem ao lançamento – e o resultado foi que acabaram testemunhando, em primeira mão, o desastre que se seguiu.

Com a palavra, a Geração X

O desastre com a Challenger foi provavelmente o evento isolado de maior impacto nas minhas crenças fundamentais. Foi a primeira grande trapalhada dos Estados Unidos de que tive conhecimento, e fez um estrago na minha confiança no país. (...) Em certo momento, aquela decepção se estendeu ao campo empresarial. Não espere nada e você não se desapontará. Mas ainda acredito que só posso oferecer o melhor de mim ao meu patrão e ao meu país. A mudança, portanto, foi que aprendi a não esperar nada em troca.

Ao longo da sua vida, o desenvolvimento progressivo da tecnologia da informação, bem como o seu impacto, vem aumentando passo a passo. Vocês eram crianças quando Bill Gates e Paul Allen fundaram a Microsoft, em 1975, e mal tinham entrado na adolescência quando o Apple II tornou-se o primeiro computador pessoal de produção em massa, em 1977. Os computadores apareceram nas escolas e vocês aprenderam com facilidade a fazer uso deles, à medida que se desenvolviam novas capacidades e aplicações. A internet, que ainda estava na infância quando vocês também eram crianças, cresceu com rapidez no decorrer da sua adolescência e dos primeiros anos da sua vida adulta (Figura 1.2).

Antes de ter computador em casa, a maioria de vocês aprendeu a jogar video game, cujas primeiras versões foram lançadas ainda na sua infância. *Space Invaders*, *Pong* e *Pac-Man* eram alguns que estavam na vanguarda.[10] Certos comportamentos dos adultos X podem ter se fixado graças a uma prática costumeira nesses jogos antigos: quando as coisas saíam errado, a única solução era dar um reboot, recomeçar. Para muitos X de hoje em dia,

FIGURA 1.2

Crescimento de usuários da internet

CRESCIMENTO DO USO DA INTERNET, 1970-2006

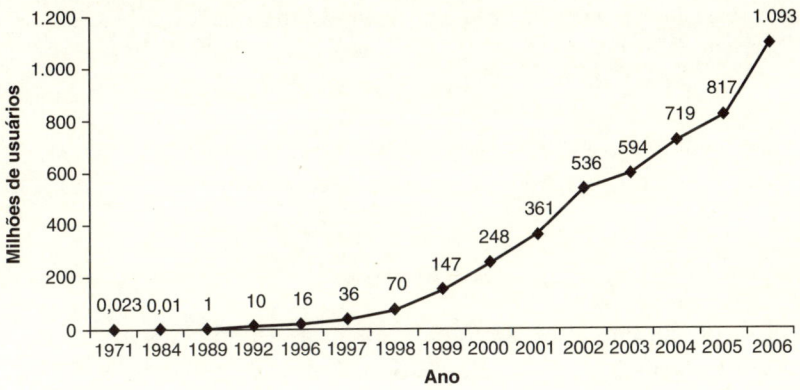

Fonte: www.internetworldstats.com.

recomeçar – isto é, seguir em frente – não é uma reação incomum diante dos obstáculos.

Para muitos de vocês, os anos pré-internet e até os pré-video game são os mais memoráveis – e a eles se atribui boa parte da criatividade e das amizades estreitas da sua geração.

Com a palavra, a Geração X

Se tivesse de escolher um momento determinante, foi quando, ainda jovem adolescente, fui introduzido no mundo de *Dungeons and Dragons*. Antes dos computadores em voga, antes dos celulares, antes da internet... ficamos encantados com a vida vicária que nos proporcionavam os nossos personagens. (...) A criatividade e a inovação geradas a cada nova partida eram bem capazes, na minha humilde opinião, de abastecer de estratégias de longo alcance um conselho administrativo durante um ano inteiro! Sinto-me abençoado de ter tido a chance de me criar num ambiente tão seguro e incentivador. (...) Foi essa mistura de amizade, presença social, física e mental, objetivo uniforme, trabalho em equipe, narração, diversão e talvez de hiperatividade, por excesso de açúcar, que fez dele um momento determinante e é o que, no meu entender, me distingue dos *boomers* e dos Y.

Talvez as tecnologias com maior impacto na sua adolescência tenham sido as que trouxeram a música a vocês: a MTV e o walkman. Em 1981, com as palavras "Senhoras e senhores, rock and roll" e um riff estrepitoso de guitarra tocando sobre uma montagem da alunissagem da Apollo 11, entrava no ar a MTV.

Com a palavra, a Geração X

Do que me lembro da adolescência? Sem dúvida, do nascimento da MTV. Não tem um X que não se lembre com exatidão do que estava fazendo quando "Video killed the radio star"* tocou pela primeira vez. E, mesmo com a tecnologia ainda engatinhando, aposto como a maioria dos X também é capaz de se lembrar com exatidão da primeira vez que ganhou um walkman da Sony.

Essas tecnologias amplificaram o impacto da música de vocês e contribuíram para moldar as perspectivas que a sua geração tem do mundo.

As artes

A MTV funcionou como etapa para uma das identidades mais características da sua geração: o rock alternativo. Em 1991, o sucesso "Smells like teen spirit", da banda Nirvana, bem como o seu vocalista, Kurt Cobain, animaram os adolescentes X. Durante os anos 1990, vocês tiveram voz – um posicionamento deliberado, às vezes violento, que fugia ao *mainstream* para cair no mundo "alternativo". O suicídio de Cobain, em 1993, foi um profundo desgosto para muitos da sua geração, embora o movimento alternativo tenha continuado, com sucessos como "Creep", da banda Radiohead, lançado em 1992, e "Loser", do músico Beck, de 1994 – duas das músicas determinantes da década.

Diferente dos *boomers*, que mais ou menos cresceram junto com o rock, a sua música refletia a ampla variedade de sensibilidades culturais – do anarquismo e niilismo dos punks, no fim dos anos 1970 e início dos 1980, ao puro hedonismo do *glam metal* das *hair bands*,** nos 1980, e à autoconsciência irônica e dolorosa do grunge, nos 1990.

A "sensibilidade X" se estendeu para o cinema ao longo da década de 1990. Jovens diretores exploraram uma desapontadora economia juvenil ("O balconista" e "Caindo na real") e uma vida que parecia não levar a lugar nenhum ("Slacker" e "Vida de solteiro"). Os filmes que vocês viram quando adolescentes estavam repletos de alienação ("Sexo, mentiras e videoteipe"), sexualidade aproveitadora ("Kids" e "Garotos de programa"), violência

---

* *Nota do Tradutor:* Literalmente "O vídeo matou o astro do rádio". Sucesso de 1979 da dupla inglesa The Buggles, o videoclipe da música foi o primeiro a ser exibido pela MTV americana, em 1981.
** *Nota do Tradutor:* O apelido deve-se ao visual característico dos músicos, que emulava de modo exagerado o das bandas de *heavy metal* dos anos 1960-1970 – inclusive no uso de cabelos longos.

insensível ("Assassinos por natureza", "Pulp Fiction" e "Cães de aluguel"). "Wall Street" refletia a filosofia "ganância é legal" do individualismo dos anos 1980 e a ascensão dos yuppies.

Durante a sua infância e começo da adolescência, a produção de filmes felizes *para* crianças despencou. Ao longo dos anos 1970 e 1980, a proporção de filmes com classificação livre caiu de 41% de todos os filmes para meros 13%. Pela primeira vez na história, a Disney dispensou desenhistas.[11] Os filmes de crianças criativas deram vez a novo gênero, que retratava crianças indesejadas, antipáticas ou francamente assustadoras. "O bebê de Rosemary", sobre uma mulher grávida de um filho de Satã, marcou o começo de um período de 21 anos de filmes de crianças más ("O exorcista", "A profecia", "Halloween"...).[12]

Consciência global e ativismo social

Além da música que ela popularizou, a MTV fez algo mais pela sua geração: proporcionou uma perspectiva que se estendeu além da música e das fronteiras nacionais. Os X foram a primeira geração de jovens a desenvolver uma perspectiva e empatia globais, em geral por intermédio de eventos televisionados que chamaram a atenção e angariaram recursos para o combate à Aids (identificada pela primeira vez em 1981), ao apartheid na África do Sul (que teve fim em 1993), à fome mundial e a uma infinidade de outros problemas globais.

Com a palavra, a Geração X

Nós também tivemos as nossas "causas", que lançaram luz sobre problemas mundiais – como a Band Aid, a Live Aid, a Farm Aid e a Hands Across America.* Graças a elas, surgiram novos embaixadores da boa vontade, como Bono, Madonna e Sting. A partir de então, passamos a encarar os problemas mundiais sob uma ótica bem diferente. Desconheço outra geração que tenha se preocupado com a situação da fome na África, do apartheid ou do verdadeiro modo de vida dos que estão nos países comunistas.

A MTV não estava só, é claro. A TV a cabo trouxe uma infinidade de canais surpreendentes diretamente para a sua casa, inclusive CNN, HBO e até Playboy, e escancarou a sua janela para o mundo sob múltiplos aspectos.

---

* Nota do Tradutor: As campanhas Band Aid e Live Aid, lançadas em 1984 e 1985, tiveram por objetivo o combate à fome na Etiópia; a Farm Aid (1985), a ajuda aos agricultores familiares endividados dos Estados Unidos; e a Hands Across America (1986), o combate à pobreza também nos Estados Unidos.

As questões relacionadas com a diversidade evoluíram com rapidez durante a sua adolescência. Mesmo nos limites da sua geração, vocês são diversos sob muitos aspectos. Do ponto de vista racial, nos Estados Unidos, 63% de vocês são brancos não hispânicos; 17%, hispânicos; 13%, negros; e 6%, asiáticos. Vocês são um ponto na sequência ininterrupta da diversidade racial. Entre os *boomers*, 73% são brancos não hispânicos, ao passo que, entre crianças com menos de cinco anos, são só 56%.[13]

À época da sua adolescência, o movimento pelos diretos civis fez progressos significativos no sentido de abolir a discriminação racial. Antes que a maioria de vocês tivesse nascido, leis da máxima importância, inclusive a dos Direitos Civis de 1964, instituíram uma base jurídica com vistas à preservação dos direitos dos afro-americanos e de outras minorias. Para vocês, a televisão exerceu um papel importante na formação de uma base de entendimento mais abrangente. O seriado "Raízes", baseado na novela de Alex Haley e transmitido como uma minissérie de 24 horas, é tido por muitos como um ponto crítico na capacidade da maioria dos americanos de narrar a realidade da história afro-americana.

O movimento pelos direitos das mulheres ganhava força durante a sua juventude. Em 1972, tanto a ERA (Equal Rights Amendment – Emenda da Igualdade de Direitos) quanto o Title IX of the education Amendment (Título IX das Emendas Educacionais) foram aprovados pelo Congresso. O Título, que baniu das escolas a discriminação de gênero, exerceu forte impacto na sua geração – e o resultado foi que o alistamento de mulheres em programas de atletismo e escolas profissionais aumentou drasticamente durante a sua adolescência e os primeiros anos da sua vida adulta.

Ao longo dos anos 1970 e, em particular, nos anos 1980, as mulheres passaram a engrossar a população ativa em número significativo. Das mulheres *boomers*, 80% acabaram optando por trabalhar fora em algum momento da vida. À época em que os X eram adolescentes, o número de mulheres na população ativa subiu, em média, da faixa dos 30% para quase 60%. Em alguns casos, a mãe de vocês esteve entre essas mulheres; noutros, as *boomers* corresponderam a irmãs, vizinhas ou modelos de conduta de mais idade.

Em 1984, ocorreu um dos eventos marcantes do movimento pelos direitos das mulheres: a indicação da democrata Geraldine Ferraro como primeira mulher candidata a vice-presidente por um grande partido político americano. Vocês são a primeira geração que cresceu vendo mulheres no desempenho de importantes papéis de liderança.

Simultaneamente ao movimento pelos direitos das mulheres, a opção pela reprodução atingiu o auge durante a sua adolescência. A Corte Suprema tinha reconhecido o direito das mulheres ao aborto seguro e legal após o caso Roe vs. Wade, de 1973.* As taxas de aborto dispararam na década de 1970; em 1980 e 1981, quase uma gravidez em três era interrompida. (Hoje em dia, o valor de comparação é de 22%, ou uma em cinco, aproximadamente.)[14]

O movimento pelos direitos dos homossexuais também fez progressos significativos quando vocês eram adolescentes. A irrupção da epidemia de Aids, nos anos 1980, embora tenha sido uma tragédia pessoal e social de proporções imensas, paradoxalmente fortaleceu o braço político do movimento homossexual. Embora a organização política da Maioria Moral tenha se formado em 1979, em oposição aos direitos dos homossexuais entre outros pontos, a conduta homossexual foi descriminalizada em muitos estados ao longo dos anos 1990.

Resumo da ópera: vocês se tornaram mais tolerantes com a diversidade – de raça, de gênero e de orientação sexual – que as gerações anteriores.

Família e amigos

Algumas das maiores mudanças durante a adolescência da sua geração ocorreram no âmbito doméstico. Os X sobreviveram a uma alteração significativa no tecido social – um reequilíbrio dos papéis dos amigos e da família, e uma mudança nas expectativas da independência adolescente.

Aqueles de vocês cuja mãe ingressou no mundo do trabalho fora de casa, em geral, tiveram de se virar por conta própria, em consequência das novas responsabilidades dela. Na década de 1980, havia pouca infraestrutura ou apoio institucional para mães que trabalhavam fora – poucas creches, nenhuma agência de babás e nem berçários financiados pelas empresas. O resultado disso é que muitos de vocês fizeram parte da primeira onda de *latchkey kids*.

A dinâmica das mães trabalhadoras e das *latchkey kids* foi intensificada por um aumento significativo nas taxas de divórcio. Aqueles de vocês que viviam nos Estados Unidos viram disparar as taxas de divórcio na geração dos seus pais, passando de um número reduzido, na casa dos 20%, quando vocês eram crianças, para mais de 50%, à época da sua adolescência (Figura 1.3). Não demorou para que o divórcio se tornasse uma ocorrência comum

---

* *Nota do Tradutor:* Na ocasião, sob o argumento de que as leis antiaborto violavam o direito à privacidade, a Suprema Corte dos Estados Unidos concedeu à ré, identificada pelo pseudônimo Jane Roe, o direito de abortar a criança que trazia no ventre e que ela alegava (inveridicamente, como depois se constatou) ter sido fruto de estupro.

FIGURA 1.3

Título: Crescimento na taxa de divórcios

NÚMERO DE CASAMENTOS NOS ESTADOS UNIDOS QUE TERMINARAM EM DIVÓRCIO

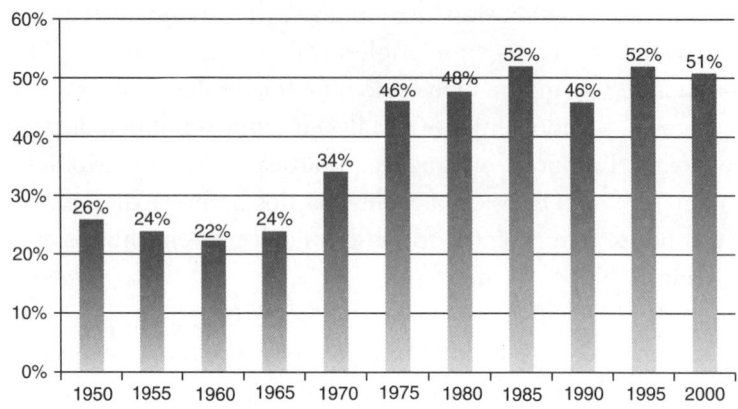

Fonte: National Center for Health Statistics.

entre os seus colegas de escola e amigos, quando não na sua própria família. As chances de vocês terem passado pela experiência de um divórcio são quatro a cinco vezes maiores que as dos *boomers*.[15]

O número crescente de lares com um único pai aumentou a probabilidade de muitos de vocês passarem as tardes sozinhos, tomando conta de si próprios e, talvez, dos seus irmãos, ou, talvez com amigos, em busca de apoio – uma tendência identificada por filmes como "Curtindo a vida adoidado", que retrata crianças competentes e independentes.

E a falta de uma sólida estrutura familiar deixou muitos expostos a problemas adultos à época em que ainda eram crianças, do ponto de vista cronológico. Vocês cresceram depressa demais.

Com a palavra, a Geração X

Passei os anos da adolescência não apenas vendo a dissolução do casamento dos meus pais, mas a transformação da minha mãe de dona de casa a trabalhadora profissional. À época, foi uma montanha-russa emocional.

Muitos de vocês estabeleceram relações profundas com amigos que lhes fizeram companhia na época do ensino médio. Foi em vocês que se basearam as populares séries de televisão "Friends" e "Seinfeld". Ambas versavam sobre grupos de amigos muito próximos. Vocês e os seus próprios amigos costumavam passar o tempo num dos nos novos points à disposição da sua geração: os shoppings, onde, entediados e descrentes, desenvolveram uma autoconsciência aborrecida, em consequência da exposição às onipresentes mensagens publicitárias.

Com a palavra, a Geração X

Algo que tivemos e nenhuma geração teve foram os shoppings. Eles nos proporcionaram um lugar onde passar o tempo (com os nossos amigos, é claro, não com a família), e viramos consumidores de peso, uma vez que as nossas atividades estavam diretamente associadas às lojas e damos atenção muito maior à nossa aparência.

Hoje em dia, muitos de vocês dizem ainda confiar mais nos amigos que na família, e em geral relutam em se transferir do círculo de amizades já estabelecido. A dupla experiência de tomar conta de si próprios quando adolescentes, mas com a ajuda dos amigos, esclarece um aparente paradoxo nos seus valores: vocês são ao mesmo tempo autodependentes e "tribais".

Strauss e Howe encaram a geração de vocês como um grupo de adolescentes negligenciados, deixados desprotegidos numa época de convulsão cultural e autodescoberta adulta:

Perguntem aos jovens adultos de hoje como foram criados e muitos responderão que se criaram sozinhos – que preparavam as próprias refeições, lavavam as próprias roupas, decidiam por conta própria se faziam o dever de casa ou ganhavam dinheiro, depois da escola, e escolhiam com qual dos pais passar o fim de semana. (...) Eles se criaram... como pessoas autônomas, aguardando com interesse a oportunidade de lidar com as coisas e fazê-las do seu jeito, em meio às inesgotáveis opções da vida (...) [Os X] foram privados de uma visão otimista do futuro – privados, a bem da verdade, de qualquer certeza de que o país pudesse ter algum futuro coletivo.[16]

Esses eventos reforçaram a impressão de que os adultos da sua vida – hoje, as gerações mais antigas no seu trabalho – não eram virtuosos nem poderosos, nem estavam no controle da própria vida ou do mundo. Para muitos da Geração X, os pais eram coordenadores com voz ou autoridade limitadas. Como afirmam Strauss e Howe: "Em vez de evitar o perigo ou ensinar pelo exemplo, os adultos tendiam mais a distribuir guias de autoajuda que diziam às crianças tudo que poderia acontecer e como se virar por conta própria."[17]

Com a palavra, a Geração X

Erinn tinha acabado de completar 39 anos quando nos falamos. Mãe "superprotetora" – como ela mesma se definia – de duas crianças e profissional respeitada na empresa,[18] quando adolescente tinha sido uma latchkey kid.

Eu e os meus amigos nunca víamos os nossos pais. Como muitos estavam pegando no batente ou eram divorciados, não existiam na nossa vida. A minha mãe nunca estava presente; não tenho certeza do que ela fazia.

Ainda muito novos, aprendemos a tomar conta de nós mesmos. Por exemplo, jamais cogitei de pedir aos meus pais que me ajudassem a fazer o dever de casa. Só podíamos contar com nós mesmos. Só podíamos nos arranjar por nós mesmos. Quando queríamos alguma coisa, tínhamos de fazer nós mesmos.

Queríamos ser excelentes – não necessariamente melhores do que os nossos amigos, pois não éramos competitivos, mas tínhamos de ser excelentes. Tentávamos chamar a atenção de pais que sequer estavam presentes. Tínhamos de ser os melhores para obtermos a aprovação dos adultos. Era preciso que fôssemos os melhores.

As características comuns aos integrantes da sua geração, como aos de todas as gerações, têm origem nas primeiras experiências – muitas das quais, no caso de vocês, envolvem instituições de fundamental importância, que, *sem exceção*, parecem tê-los deixado desamparados. No próximo capítulo, abordarei as implicações decorrentes das características da Geração X na determinação da situação em que se encontram hoje no trabalho e na vida, de modo geral.

CAPÍTULO 2

Fazendo o inventário

A Geração X hoje

Toda geração enfrenta um conjunto particular de desafios segundo os eventos específicos com os quais se defronta ao longo da sua trajetória ímpar pela história. Eis o resumo daquela que a Geração X percorre: até agora, a todo momento a sorte lhes tem negado um sorriso. A sequência dos acontecimentos – ao menos no contexto das gerações contemporâneas e sem que lhes caiba qualquer culpa – não poderia ter sido mais adversa. Não só o período da sua infância coincidiu com mudanças históricas que corroeram de modo significativo a confiança e o idealismo, como também, nos primeiros anos da sua vida adulta, vocês atingiram diversos marcos econômicos em momentos desfavoráveis do ciclo.

- Vocês investiram uma quantidade significativa de tempo e dinheiro em educação e hoje em dia constituem a mais credenciada das gerações já existentes, mas as alterações nos fundos de financiamento disponíveis para a educação universitária indicam que a sua chegou a um custo pessoal muito elevado.
- Muitos de vocês ingressaram na população ativa numa época difícil, entraram na fila atrás dos *boomers* e competiram por um menor número de vagas, numa economia combalida.
- À medida que os *boomers* deixam vagos os cargos mais elevados, vocês agora são atropelados pelos fura fila da Geração Y.

- Vocês compraram imóveis quando o valor estava no ápice, depois dos preços terem subido em razão do enorme volume de compradores *boomers*.
- Vocês assumem cargos de liderança numa hora em que os desafios que enfrentarão como líderes não poderiam ser mais difíceis.

E com tudo isso, vocês se mostraram sinceramente empenhados em serem pais excelentes, continuaram muito fiéis ao seu círculo de amizades e deram contribuições sem paralelo a dois fenômenos correlatos: inovação e humor. E eis vocês hoje – com expectativas de vida de muitos mais anos à frente, enfrentando as escolhas e os desafios.

Em capítulos posteriores, examinarei as opções e as estratégias para o que está por vir. Porém, primeiro, vamos ver em detalhes onde vocês se encontram hoje.

A partida em marcha lenta: economia combalida e boomers no caminho

A verdade é que a maior parte dos X deu partida na carreira em marcha lenta, e muitos ainda se ressentem dos danos. Vocês colaram grau quando a economia andava desacelerada e os *boomers* já tinham se agarrado à maior parte dos postos de trabalho mais importantes. Como afirma um artigo de uma edição de 1985 da revista *Fortune*: "Esses pioneiros da implosão demográfica encontram a vida na fronteira profissional mais difícil que nunca... estão retidos num engarrafamento demográfico... empacados atrás de todo aquele excedente de diplomados da década passada."[1]

O desemprego chegou aos 10,3% em 1983; alguns responsáveis pela inserção de acadêmicos no mercado de trabalho dizem que desde a Segunda Guerra Mundial não se via período tão ruim para os formandos. E havia evidências desalentadoras da competitividade no mercado de trabalho, no qual graduandos *boomers* temporãos disputavam vagas com X mais velhos: o salário inicial dos formandos com bacharelado em administração teve uma queda de 8%, descontada a inflação, nos 10 anos que vão do período de recrutamento de 1973-1974 até 1983-1984.[2] Em 1985, até mesmo muitos dos formandos que tinham conseguido um emprego estavam muito inquietos com a perspectiva de levar uma confortável vida de classe média alta.

As dispensas ocorridas no fim dos anos 1980 e início dos anos 1990 não afetaram só os seus pais, também alteraram o mercado de trabalho e empurraram os recém-formados para empregos que demandavam maior dose de transigência. Com a queda da bolsa de valores em 1987, muitos de vocês se viram compelidos a se voltar para o que Douglas Coupland apelidou de McEmprego: "Um emprego sem muito retorno financeiro, sem muito prestígio, sem muita dignidade, sem muitos benefícios e sem futuro no setor de serviços. Muitas vezes considerado uma opção satisfatória de carreira por quem nunca teve uma."[3]

Com a palavra, a Geração X

Quando concluí a faculdade, no início dos anos 1990, o mercado de trabalho andava pavoroso. Os X tinham de disputar as vagas de nível básico com uma horda de *boomers* desempregados e que tinham anos de experiência, mas tão endividados ao ponto de precisar desesperadamente de qualquer vaga, mesmo de nível básico.

Concluí a faculdade em 1989 e ingressei num mercado de trabalho bem exíguo. Depois de três meses de entrevistas, tinha à minha escolha uma oportunidade de trabalhar como "escritor" (não sou escritor), com remuneração anual de US$13.500, e outra de exercer uma função não isenta numa firma de consultoria, com remuneração anual de US$21.000. Optei pelo emprego não isento e entrei na fila atrás de um grande número de *baby boomers* mais experientes e mais aptos à autopromoção. Com a economia entrando em recessão oito meses depois, a empresa teve de instituir um congelamento nas contratações, em razão do que permaneci em cargos inferiores durante longos anos. Com o tempo, galguei degraus na hierarquia da empresa até chegar a uma posição de associado, levei um tempo cerca de 30% maior que o dos meus predecessores para alcançar aquele nível.

Como afirma um jornalista, "Cada vez mais, jovens trabalhadores estão descobrindo que, por maior que seja o seu tempo de dedicação ou por mais que os patrões exagerem em elogios ao seu trabalho, eles estão apenas empacados. Toda uma geração vem se batendo contra uma coisa que não há vigor juvenil que dê conta. Ao que parece, a Geração X corre o risco de se transformar no Príncipe Charles da população ativa dos Estados Unidos: perpétuos herdeiros legítimos à espera das chaves do reino."[4]

Com a palavra, a Geração X

No trabalho, a excelsa ética X é estimada pelos nossos patrões (os *boomers*) – e de certa forma foi ela que nos permitiu chegar onde hoje estamos, "quase na alta administração". Sem dúvida é algo de que devemos nos orgulhar, mas... já faz tempo demais que estamos no modo "quase" de operação.

O árduo caminho entre a porta fechada e a janela aberta

É forçoso admitir que, para muitos X, o trabalho até agora tem sido um aspecto da vida longe da realização, em parte por causa dos colegas que vocês encontram entre a porta que se fecha e a janela que se abre. Vocês estão entalados entre duas grandes gerações, que deixam muitos de vocês desconfortáveis, até certo ponto. Os *boomers* parecem ter se assenhoreado dos bons empregos, se beneficiado do bom momento da economia, adquirido as boas propriedades e – ao que parece – tido todas as boas oportunidades.

Tudo bem que nem todos vocês passaram por experiências negativas com os *boomers*, na vida. Muitos deles foram os seus guias ou mentores, demonstraram hábitos de dinamismo, dotes de sobrevivência empresarial e até um pouco da iconoclastia da década de 1960 que os encantou e inspirou no trabalho. Contudo, muitos X têm diferenças e divergências com os *boomers* não só em razão das vantagens por eles obtidas, mas da forma como se valem delas para se opor àqueles da sua geração.

Com a palavra, a Geração X

Os X desenvolveram uma antipatia pela interação com os *boomers*, que foram mimados a vida toda e são algumas das pessoas mais sedentas de poder e mais dotadas de espírito de corpo já produzidas pelos Estados Unidos. Os X largam as empresas em consequência do "teto" firmemente fixado por *boomers* sempre sequiosos de garantir a sua parte, mas que não sabem dividir.

A minha principal preocupação com esses *boomers* tem sido a sua falta de fé e de confiança na Geração X. Isso se torna evidente na dificuldade de muitos X de encontrar mentores e aderir a eles, de manter uma trajetória de ascensão profissional no ritmo esperado, em virtude do desprezo ao mérito e ao desempenho, e de sentir "satisfação" no trabalho. Some a tudo isso as pressões da paternidade – e as pressões financeiras a ela associadas, com relação à criação e educação dos filhos – e logo teremos uma mentalidade do tipo "Salve-se quem puder".

E agora é a Geração Y que está no seu encalço, no trabalho. Alguns X acham os Y ameaçadores; muitos os acham irritantes. Nas nossas conversas, alguns X demonstraram inquietude com a maior sofisticação técnica dos Y e com o seu pleno vigor juvenil. Muitos de vocês andam contando os dias à espera dos *boomers* deixarem o caminho livre no trabalho, mas, justamente na hora em que isso começa a ocorrer, os Y aparecem com uma nova onda de competição.

Com a palavra, a Geração X

Para mim (um X), é como se eu fosse um zagueiro substituto dos *boomers*, quando já não havia oportunidades de trabalho. Então, pouco antes de o titular sair de campo, me aparecem com um jovem promissor, que atrai todos os elogios e atenções.

Os novos cargos no setor de tecnologia estão indo para os Y, que passam a frente dos X... (Suspiro.)

É claro que as opiniões individuais sobre os Y não são as mesmas: alguns de vocês (até onde pude observar, em geral os mais jovens, aqueles no limite entre as Gerações X e Y) apreciam a presença deles no trabalho.

Com a palavra, a Geração X

A minha esposa chefia uma equipe de 15 pessoas, das quais três são Y, cinco são *boomers* e seis são X. Ela adora os Y. Nas suas exatas palavras: "Se pudesse trocar toda a minha equipe por Y, eu trocaria." E prossegue: "São os mais proativos, os que menos precisam de orientação e os dotados de melhor capacidade de comunicação. E, também, o seu modo de pensar é mais parecido com o meu." Só para constar: ela tem 33 anos.[5]

Para complicar ainda mais, para muitos de vocês, as duas gerações – dos *boomers* e dos Y, cada uma capaz de ser irritante à sua maneira – são aficionadas uma pela outra. No trabalho, quase não se vê conflito entre as pessoas da Geração Y e os da Boomer, como abordarei no Capítulo 3. Para dizer a verdade, os X estão em meio a uma história de amor – mas ninguém os ama, ninguém os quer.

Com a palavra, a Geração X

Estou com 40 anos e, até pouco tempo, eu trabalhava como diretor editorial em sites e revistas de entretenimento. A velha guarda estava completamente apaixonada pela Geração Y, nos meus dois últimos empregos, e eu me sentia um peixe fora d'água.

Senti-me imprensado entre as duas classes demográficas. É como se os *boomers* ainda não nos levassem a sério e os Y nos encarassem com ar de superioridade, nos achassem velhos demais.

É assim que as coisas devem *parecer* para muitos de vocês. Mas vamos observar como isso se dá em vista dos fatos.

O seu balanço (patrimonial) a meio caminho

Uma vista-d'olhos nas estatísticas retrataria uma geração que, na verdade, tem sido muito bem-sucedida no trabalho quando se tem em vista o critério convencional, que correlaciona o dinheiro e o padrão de vida que ele é capaz de comprar. A renda média das *famílias* X está acima da média nacional e de grupos de mesma faixa etária em 1990, descontada a inflação.

Todavia, uma análise por pessoa, em vez de por família, revela que o ligeiro acréscimo ocorrido na sua geração se deve ao fato de haver mais pessoas trabalhando – ou porque, assim como os homens, as mulheres também ingressaram na força de trabalho. Hoje, mais de 80% de todos os X trabalham.[6] Vocês participam com índices em geral superiores aos das demais gerações. Dois terços de todos os casais X constituem fontes duplas de sustento.[7]

E a maioria de vocês trabalha em tempo integral. Daqueles que em 2005 tinham entre 25 e 44 anos e estavam na ativa, só 4% a 6% dos homens e 19% a 20% das mulheres trabalhavam em meio expediente.[8] Para os funcionários X de hoje em dia, "tempo integral" significa mais horas remuneradas e não remuneradas por semana que para aqueles que, em 1977, eram da mesma faixa etária.[9]

Resumo da ópera: nenhuma geração anterior teve rendimentos familiares superiores aos seus, mas isso se deve a trabalho – muito trabalho.

Porém, apesar do rendimento médio familiar superior, muitas pessoas da Geração X estão numa situação financeira precária, em grande parte em razão da coincidência entre os principais eventos da sua vida e os ciclos econômicos recentes.

Educação onerosa e alto endividamento

Muitos de vocês ingressaram na vida adulta com altos índices de dívidas vinculadas ao ensino superior, em razão de terem dado início à vida letiva pouco tempo após o governo dos Estados Unidos ter feito cortes significativos nos subsídios educacionais, ao transformar em créditos os encargos com o financiamento da educação universitária, na década de 1980. Em 1993, houve um aumento nos limites de financiamento para créditos educativos e estudantes de renda média tiveram acesso a créditos não subsidiados, o que habilitou um maior número de estudantes a contrair dívidas educacionais e aumentou o total das dívidas da sua geração.

Por um lado foi bom, já que uma porcentagem maior da sua geração ingressou em cursos de nível superior de todos os tipos.[10] Hoje vocês são a mais bem letrada geração da história, contudo, a dívida média das famílias com chefes X é duas vezes maior que a das com chefes *boomers* em faixa de idade equivalente.[11]

Com a palavra, a Geração X

Quanto a este X aqui, adoro o meu emprego; mas "aproveitei" a solidez econômica, na época da faculdade de Direito, porque: "Invista numa boa educação (o que significa: obtenha algum tipo de graduação) e você estará feito" foi a mentira que nos contaram. Agora, sequer consigo saldar o meu crédito educativo, de US$100 mil, moro num apartamento de um quarto (afinal, quem pode – ou tem interesse em – contrair um crédito imobiliário hoje em dia?) e dirijo o carro que comprei na época da faculdade. É verdade, estou "feito"... feito um idiota, endividado pelo resto da vida...

Custos elevados com a casa própria

É quase certo que a sua geração foi a mais prejudicada pelo declínio no preço dos imóveis e a resultante crise hipotecária de 2008. Os seus rendimentos superiores, somados às exigências hipotecárias bem mais flexíveis da década passada, possibilitaram a uma grande porcentagem de X comprar a casa própria – e mais cedo que os *boomers*.[12] Hoje, a maioria de vocês é proprietária de imóvel.[13]

Mas agora vocês pagam um preço alto demais. Muitos X compraram casas durante a alta do mercado imobiliário, depois que os preços tinham sido elevados pelo enorme grupo de compradores *boomers* que os antecedeu. Na primeira metade desta década, a combinação dos valores em alta e a tendência dos X de negociar os seus imóveis por outros mais caros fez o valor médio dos imóveis de posse daqueles na coorte de 35 a 44 anos aumentar 20%. Hoje em dia os X são, em média, proprietários dos imóveis mais caros do país;[14] infelizmente, no mesmo período, o valor da sua dívida hipotecária subiu ainda mais ligeiro: quase 30%.[15]

Patrimônio líquido em baixa

Mesmo antes da crise hipotecária de 2008, vocês foram a primeira geração contemporânea a ter um patrimônio líquido inferior ao das gerações precedentes de mesma idade, em razão de uma queda no preço dos imóveis e às perdas patrimoniais pré-2008, na bolsa de valores. O patrimônio líquido da sua geração – ou seja, o valor que sobra depois de subtraídas todas as dívidas – tem minguado na última década e é muito inferior ao de *boomers* e ao de tradicionalistas* na mesma faixa etária, descontada a inflação.[16] Entre os anos de 2000 e 2004, o patrimônio líquido médio dos proprietários de imóveis na faixa de 35 a 44 anos caiu 16%. O seu grupo etário foi o único a sofrer perda de patrimônio líquido durante esses anos.[17]

Com a palavra, a Geração X

Nós ingressamos no mercado sob uma economia pavorosa; atingimos o auge, por assim dizer, sob uma economia pavorosa. E estamos indo à bancarrota.

Compromissos financeiros crescentes

O panorama se mostra ainda mais preocupante. Os X começam a ingressar ou já se encontram naquela etapa da vida associada aos encargos mais onerosos. O fim dos 40 é quando as gerações anteriores aumentaram as despesas com imóveis e com a criação dos filhos, antes de começarem a reduzi-las na faixa dos 50. Porém, para alguns de vocês esses compromissos não se resumem aos imóveis e à educação dos seus filhos, mas cada vez mais eles se estendem aos cuidados com pais idosos.

E essa é a época em que a maioria dos indivíduos começa a pensar seriamente em economizar para a aposentadoria. A sua geração se desobrigou, em grande medida, a contribuir para o Social Security; as pesquisas mostram que a maior parte de vocês acredita que o sistema falirá antes que vocês vejam um mísero centavo de benefício.[18] Segundo um levantamento feito em 1996 pela University of Colorado, os X responderam que a chance de avistar um OVNI em algum momento da vida era maior que a de ver um cheque do Social Security.[19] Contudo, para muitos de vocês, é impossível uma economia significativa, em virtude das demais demandas sobre os seus rendimentos. É quase certo que quem começou a economizar perdeu dinheiro nesta década.

Mesmo os compromissos financeiros que a maioria tenderia a concordar que são prioridades urgentes estão além das possibilidades de uma parcela significativa da sua geração. O acesso a planos de saúde é um problema financeiro tão embaraçoso para muitos X que, hoje, cerca de um em cada quatro de vocês não tem cobertura. Nos Estados Unidos, na maioria dos casos, os planos são concedidos pelos empregadores; mas, entre os que estão na faixa de 25 a 44 anos de idade, só 61% tinham cobertura fornecida pela empresa, em 2004.[20]

---

* *Nota do Tradutor:* Membros da Geração Tradicional, nascida entre 1925 e 1941.

Com a palavra, a Geração X

Fui dispensado de uma carreira formidável em 2001. Em consequência do 11 de Setembro e das grandes mudanças tecnológicas ocorridas na minha área, os salários se desvalorizaram, e, em sete anos, eu ainda não tinha desempenhado nenhuma função em tempo integral. De volta aos bancos escolares, acumulei créditos educativos e dívidas no cartão de crédito, na tentativa de me preparar para uma segunda carreira. (...) Hoje em dia, vivo pior do que no ano seguinte ao da formatura. Fui convencido de que, ao escolher uma carreira de que gostasse e ao trabalhar duro, eu seria recompensado. Contudo, tenho 40 anos e nem posso pagar pelas prestações de um plano de saúde ou por um celular. Estou a um ano de concluir o mestrado e não acredito que surja uma boa vaga de emprego. Desejo sorte a todos e torço para que estejam se saindo melhor que eu.

É claro que, como ocorre com qualquer média, há exceções ao perfil. Dois terços de vocês têm empregos que dão direito a plano de saúde, por exemplo. Muitos foram bem felizes nas suas carreiras profissionais e hoje assumem funções de liderança em importantes empresas. Alguns são milionários da economia virtual ou de Wall Street, embora, mesmo entre eles, haja muitos que advirtam das dificuldades que a sua geração enfrentou pelo caminho.

Com a palavra, a Geração X

Fiz parte da quebradeira virtual da primeira metade desta década. Não fui uma das histórias de sucesso – e para cada história de sucesso, há uma centena como a minha. Empenhei todas as economias e energias na abertura de um negócio virtual que não deu certo. Tive de passar por uma reestruturação, como muitos outros X, e percorrer um meio empresarial espinhoso não uma, mas diversas vezes.

Pais e amigos: a vida fora do trabalho

Para muitos, as pressões da paternidade a que vocês próprios estão submetidos atingiram um ponto máximo. A Geração X se casou numa época da vida posterior à das gerações anteriores, e vocês optaram por ter filhos mais tarde, o que significa que, para muitos, até para quem hoje está nos 40, vocês ainda estão na fase bastante ativa de criar filhos pequenos.

A idade média em que se contrai o primeiro matrimônio subiu progressivamente ao longo da segunda metade do século XX, e hoje, nos Estados Unidos, gira em torno dos 27 anos para os homens e 25,5 para as mulheres.[21] A média é ainda mais alta em muitos outros países.[22]

Em 2000, 40% das mulheres X e mais de 60% dos homens X dos Estados Unidos na faixa de 25 a 34 anos não tinham filhos, o que representa uma mudança drástica em relação aos *boomers*. Em 1975, menos de um quarto de todas as mulheres nessa faixa etária não tinham filhos.[23]

Mas, entre aqueles da Geração X que têm filhos, ainda que os tenham numa idade mais avançada, há um segmento significativo que os têm em *maior número*. De 1995 a 2000, a proporção de mulheres com três filhos ou mais saltou de 11% para 18%.[24]

Como depois abordarei no Capítulo 4, vocês estão sinceramente empenhados em passar mais tempo com os seus filhos do que os seus pais passaram ou puderam passar com vocês – mas o malabarismo está cada vez mais difícil.

Com a palavra, a Geração X

Para um grande número de pessoas (a bem dizer, qualquer um na faixa de 30 a 40 anos e que tenha filhos... e isso é um bocado e tanto de gente), é um grande problema. Não seria se as empresas se mostrassem mais flexíveis com cronogramas, trabalhos a distância etc., mas todas ainda parecem assumir a atitude da Geração Boomer, segundo a qual não há trabalho de verdade a menos que seja das 9h às 18h – e na mesa do escritório.

Durante todo o tempo, muitos de vocês continuaram sendo consolados por relacionamentos profundos com os amigos, em particular com aqueles que estiveram ao seu lado ao longo do ensino médio. O escritor Ethan Watters, de São Francisco, que cunhou a expressão "tribo urbana" para descrever os laços estreitos dos X, afirma: "É possível que sejam essas as pessoas que vocês procurem na hora de falar dos absurdos do dia, fazer e ouvir confidências, ajudar-se mutuamente a definir objetivos, apaixonar-se e desapaixonar-se, carregar o sofá ou a televisão de não sei quantas polegadas de um apartamento para outro."[25]

Com a palavra, a Geração X

Esteban, 33 anos, é casado e muito bem-sucedido na profissão. Nasceu na Costa Rica e se mudou para Boston quando os pais foram fazer um curso de pós-graduação. Lá, a família morou num subúrbio de classe média, antes de voltar para a Costa Rica. Ele se formou no ensino médio ainda cedo, aos 17 anos, e retornou à região de Boston para cursar a Babson College.[26]

Quando ainda estava na faixa dos 20 anos, eu e os meus amigos mais próximos viajamos para vários lugares no início da nossa carreira – uma vez para o Japão, outra para a Europa, outra para a América Latina –, mas acabamos constituindo um grupo de cinco casais que moram a poucas milhas um do outro, numa cidade na qual nenhum de nós tinha crescido.

A maioria de nós se conheceu na faculdade. (...) Do ponto de vista educativo, Babson não poderia ter sido melhor para mim; mas sob o aspecto social, foi uma dificuldade. Havia um grande contingente internacional de alunos no qual era de se imaginar que eu me encaixaria, mas todos pagavam integralmente pelo curso e levavam estilos de vida diferentes do meu. Tinha de trabalhar 60 horas por semana para pagar as minhas despesas. Eu era mais parecido com os americanos, mas eles não sabiam como se relacionar comigo, nem eu com eles!

Encontrei um pequeno círculo de amigos íntimos, na maioria imigrantes, todos trabalhadores incansáveis. Nenhum de nós tinha dinheiro, mas cada um era dotado de bastante talento para alguma coisa. Thomas, da Polônia, era quem resolvia problemas de lógica. Emma, também de uma primeira geração de imigrantes, era uma baita escritora, assim como eu. Lauren era uma aficionada da matemática. Dan era quem nos inspirava; conseguia resolver qualquer conflito e manter os nossos níveis de energia lá em cima. Trabalhamos como uma equipe em todos os projetos, do início ao fim do curso, e éramos extraordinariamente competitivos com relação aos demais grupos.

Passamos por uma experiência interessante no período de conclusão. Na época, uma oferta de emprego da Andersen Consulting era uma das opções de maior prestígio e mais procuradas; todo ano, eles contratavam dois alunos e duas alunas da Babson. Dos 400 da nossa turma, 205 se inscreveram para trabalhar lá. Passaram por entrevistas comportamentais, para testar suas atitudes. No fim, do total de inscritos, acabaram contratando Thomas, Emma, Lauren e eu. Não acho que soubessem que formávamos uma equipe, mas contamos histórias parecidas.

O nosso outro amigo íntimo, Dan, tentou seguir o rumo do empreendedorismo de início, mas também acabou contratado pela Andersen. Cada um permaneceu na empresa por um período diferente de tempo, e todos fizemos várias outras amizades íntimas que se tornaram parte do nosso grupo. Thomas e Dan ainda são do meu círculo íntimo de amizades; são como a minha família.

Hoje em dia a maioria dos meus amigos mora em Dallas, a pouca distância uns dos outros. Queríamos um ambiente urbano, em lugar do subúrbio – fazemos troça dos suburbanos –, mas acabamos em Dallas, sem grandes discussões. Um de nós morava lá; então, um a um, os demais, nos mudamos também. Hoje, mudar de lá parece quase um ato de traição.

Casamos com gente de fora do grupo original, mas alguns mantiveram relações com gente do grupo em diversas ocasiões. Eu mesmo casei com uma brasileira que conheci quando trabalhei na América do Sul. A carreira dela a define da mesma maneira como a minha carreira me define; ela é analítica e muito inteligente.

Alguns têm filhos, outros não. Todos os que têm se tornaram pais numa fase adiantada da vida – nos últimos anos. Não me oponho a ter filhos, mas não nutro nenhum desejo imediato de tê-los.

Viemos de famílias em que os casamentos duravam; dos cinco casais que moram em Dallas, só uma das 10 pessoas tem pais divorciados. E me parece que os estrangeiros – em especial, os latinos – têm mais necessidade de estar fisicamente próximos da família, ao passo que nós nos apegamos mais aos amigos. Eu e os meus criamos vínculos sólidos, quase familiares.

A minha mãe nos chama de "geração global". Os amigos que julgamos próximos representam muitas nacionalidades, e, à parte um núcleo que mora em Dallas, o grupo inclui gente que mora em diversos países do mundo inteiro.

Para muitos X, os seus amigos são a sua família, a sua comunidade e a sua fonte de apoio mais próxima. É interessante notar que as críticas à geração em geral se concentram na sua falta de responsabilidade cívica ou social, do que é uma evidência a sua indisposição de participar de organizações comunitárias. Como geração, vocês tendem a não comparecer a eventos sociais da igreja, a não ingressar na League of Women Voters,* nem em passar o tempo no Elks Club.** Tampouco vocês ingressam em ligas de boliche, como diz Robert Putnam no livro *Bowling Alone*: "Sob quase toda medida concebível, o capital social erodiu paulatinamente e, às vezes, drasticamente nas duas últimas gerações. (...) A quantidade de evidências não deixa margem a dúvidas."[27]

Faltou a Putnam perceber o papel das "tribos" na criação da comunidade X e até na facilitação das suas obras pelo bem social.

Com a palavra, a Geração X

Às quartas, temos as noites de degustação de vinho. Também viajamos bastante em grupo, ao menos duas vezes por ano. As academias e estúdios de ioga fazem parte dos nossos interesses extraprofissionais e também são um bom lugar para aumentarmos o grupo ou aderirmos a um novo. Temos os clubes de gastronomia e contribuímos com os políticos e com algumas causas. Muitos dos meus amigos mais íntimos vão à igreja com frequência. Acho que as instituições de relacionamento social estão em evolução, não extintas![28]

Contribuições sem par: inovação e humor

As suas realizações até hoje são notáveis em dois campos bem próximos. Há muitos anos, eu e alguns colegas trabalhamos num estudo com pessoas "inovadoras" de fato, para ver se outras características pessoais poderiam estar relacionadas com essa capacidade. Descobrimos duas: a tolerância para com a desorganização no ambiente de trabalho e a capacidade de contar uma boa piada. É provável que a primeira característica esteja relacionada com a capacidade de lidar à sua maneira com a incerteza. Para se contar uma boa piada, é preciso começar uma história seguindo numa direção e, no fim, acrescentar uma reviravolta inesperada. A essência da inovação é achar

---

* *Nota do Tradutor:* A Liga das Sufragistas é uma organização apartidária fundada nos Estados Unidos em 1920 com o objetivo de esclarecer as eleitoras (e, depois, também os eleitores) sobre as propostas de políticas públicas e influir na decisão de adotá-las ou rejeitá-las.
** *Nota do Tradutor:* O Clube dos Alces é uma fraternidade e clube social fundado nos Estados Unidos em 1868.

essas reviravoltas inesperadas. Não sei se a Geração X é mais tolerante que as demais para com a desorganização, mas não restam dúvidas de que vocês têm tanto um histórico de inovações quanto um senso de humor muito apurado.

Vocês se criaram com o computador e a internet, constituíram a primeira geração a ingressar no mercado de trabalho com ferramentas tão poderosas em mãos. Transformaram e expandiram a tecnologia de modo inovador. Nada mais apropriado que caber a uma geração de indivíduos independentes prover os meios com os quais as pessoas possam expressar essa sua individualidade: Google, YouTube, Amazon, Second Life, PayPal, Wikipédia e centenas de outras ideias novas e revolucionárias brotaram das mentes inovadoras da Geração X.

O seu ponto de vista "alternativo" fez de vocês uma geração de observadores astutos e de comentaristas incisivos e bastante engraçados. O seu estilo de humor – inteligente, irreverente, sarcástico, cheio de ironia – impera nas comédias de hoje em dia. Nenhuma geração conseguiu dominar a arte do sarcasmo como a sua. No "Daily Show", de Jon Stewart, no "Colbert Report", de Stephen Colbert, e no "South Park" encontramos alguns dos mais lúcidos porta-vozes da razão e da discordância. É uma opinião que vocês levam para o trabalho e que lhes proporciona uma perspectiva e um modo de organizar as ideias em meio aos complexos desafios dos dias de hoje. Tomado isoladamente, é provável que o humor da Geração X seja aquilo que mais os distingue do ponto de vista cultural.

E agora, Geração X?

E agora? Ao longo do restante deste livro, abordarei o modo como os valores formados na sua adolescência e a realidade das suas experiências como adultos até o momento se conjugaram para determinar o que virá em seguida. Também terei em conta o contexto em que se fazem essas escolhas, no que diz respeito ao que as demais gerações valorizam e a como o mundo do trabalho tem mudado.

Sejam quais forem essas escolhas, vocês têm um bom tempo pela frente.

Maior expectativa de vida

Embora o senso comum possa levá-los a acreditar que se aproximam de uma espécie de meio de caminho, os dados sobre a expectativa de vida mostram que vocês ainda estão longe disso. Graças aos cuidados com a saúde e a outros avanços na qualidade de vida, a expectativa cresceu muito ao longo do último século, e quase dobrou na maioria dos países. Os gerontologistas acreditam que os humanos – pelo menos os que mantêm hábitos de vida saudáveis – em breve terão uma longevidade de mais de 120 anos.[29]

A maior expectativa de vida *não* prolongará os anos de "velhice"; na maior parte dos casos, ela estenderá o período de "meia-idade" ativa. É provável que a maioria de vocês chegue aos 60 ou 80 anos de vida adulta (isto é, pós-adolescência e pré-velhice) com saúde e em atividade, para fazer múltiplas carreiras, trabalhar em empresas, iniciar algo no campo empresarial, voltar aos bancos escolares para se reciclar, contribuir com a sua comunidade e desfrutar da família. E uma vez que a maioria dos X só ingressou nesse período da vida adulta há 10 ou 20 anos, pensar em termos de 50 ou 60 anos *a mais* de vida produtiva não é uma aposta exagerada.

Essa maior expectativa tem um efeito radical sobre vocês, que são obrigados a encarar o ciclo da vida de modo muito diverso daquele dos seus pais. Ao pensar no passo seguinte, têm de antever como pretendem passar os próximos 50 ou 60 anos, não os próximos 20. Embora não creia que vocês venham a trabalhar em horário integral durante todo esse tempo, é quase certo que vocês vivam tempo bastante para que a ideia de se "aposentar" e relaxar por completo aos 50 ou, até, aos 70 anos pareça ridícula e, para muitos, financeiramente impossível.

Ao analisar o lado positivo, não restam dúvidas de que vocês têm tempo de sobra para procurar o trabalho certo, caso ainda não estejam satisfeitos com o seu cargo. Têm tempo de se recolocar, se for do seu desejo, e realinhar a trajetória em que estão ou se preparar para uma série inteiramente nova de atividades mais adiante.

Avanço dos marcos

Em consequência da maior expectativa de vida, todos os marcos convencionais têm se deslocado para cima. Já ouvimos dizer que os 40 estão se tornando os novos 30, mas é possível começar ainda mais cedo. De certo modo, é possível que os 30 sejam os novos 20.

É costume medir o progresso rumo à vida adulta por marcos observáveis, ou seja, casamento, independência financeira, compra da casa própria e nascimento dos filhos. Vocês não só dão esses passos mais tardiamente que as demais gerações como também chegam a eles ao longo de uma faixa maior de tempo, com uma variação muito maior. A maior parte dos X não atinge esses marcos tradicionais senão depois dos 30.[30]

É provável que não seja só coincidência o fato de muitos jovens X hesitarem em se identificar como "adultos". Só 70% dos que têm entre 26 e 35 anos respondem com um *sim* inconteste ao serem indagados se acham que chegaram à fase adulta (Figura 2.1).

Será que isso importa? Haverá alguma importância em se atingirem esses diversos marcos da vida? Decerto que não sob um ângulo extrínseco: eles não medem o valor que vocês atribuem ao sucesso na vida. Contudo, os marcos nos servem de base. E podem ajudá-los a definir o ponto de vista intrínseco que têm de si, de modo a determinar se estão no rumo certo, "perseverando", ou o que quer que isso signifique para a sua geração.

No livro *Grown-ups: A Generation in Search of Adulthood*, Cheryl Merser sugere que todas as coortes do pós-guerra, a começar pela dos *boomers*, tiveram de lidar com uma transição para a vida adulta cada vez mais incerta. Os marcadores tradicionais faziam sentido quando as pessoas tendiam a fazer mais ou menos as mesmas coisas mais ou menos à mesma época.[31] Mas no caso da sua geração, a sincronicidade desapareceu em grande medida. Cada um optou por trajetórias bem distintas para chegar onde hoje está, no que diz respeito ao período em que dar início à educação e até quando estendê-la, ao emprego e à carreira, às opções quanto ao casamento e à criação dos filhos.

FIGURA 2.1

Você acha que já atingiu a idade adulta?

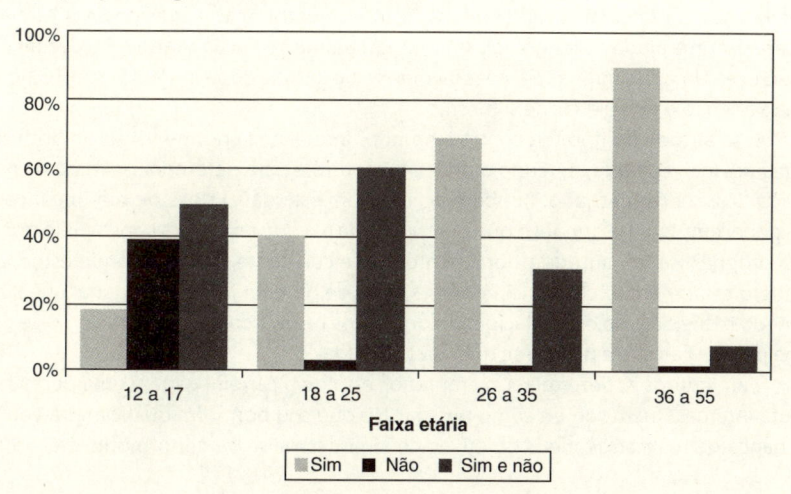

Fonte: Jeffrey Jensen Arnett, *Emerging Adulthood: the Winding Road from the Late Teens Through the Twenties* (Nova York, Oxford: Oxford University Press, 2004), 15.

O fato de vocês não seguirem todos no mesmo passo é positivo no que se refere à crescente liberdade individual. O desafio é que tamanha variação também pode ser perturbadora e deixar as pessoas se sentirem um tanto sem rumo. Sem marcadores, não é incomum que vocês se sintam perdidos e se flagrem com perguntas do seguinte tipo: "Será que fiz o suficiente?", "Será que estou onde tenho de estar?"

O sociólogo James Cote ressalta que se sentir confiante com relação à sua identidade significa estar apto a se colocar de modo seguro numa sequência que se estende ao longo do passado, do presente e do futuro. Mas se os marcadores tradicionais não mais definem essa sequência, quais referenciais adotar?[32] Que pensar do fato de estarmos onde hoje estamos?

Com a palavra, a Geração X

Joe é um profissional bem-sucedido. Aos 33 anos, faz pouco tempo que ele e a mulher compraram a primeira casa e tiveram os primeiros filhos: dois meninos gêmeos.[33]

Sempre concordei com a ideia de que a autodependência era uma característica definidora da Geração X. De fato, até onde me lembro, sempre me senti muito independente... que nada viria de graça... que preciso trabalhar duro para obter o que quero da vida... que no fim do dia a única pessoa na qual posso confiar ou com a qual posso contar é comigo mesmo... que cada um é responsável pelos próprios atos. A ideia da autodependência está enraizada no meu espírito.

Quase sou capaz de descrever essa atitude da Geração X como aquela mentalidade do tipo "eu contra o mundo", mas não no sentido negativo ou desagradável. É mais no sentido de que: fui atirado neste mundo complexo e confuso e cabe a mim conceber como levar a minha vida e obter sucesso no que me dispuser realizar. Em outras palavras, sou o principal autor da minha história, e embora as outras pessoas estejam lá para dar uma ajuda ao longo do caminho, em última instância cabe a mim decidir o que escrever. Uma das minhas citações favoritas é de autoria de Jean-Paul Sartre: "O homem não é senão o que ele faz de si mesmo."*

Essa atitude do tipo "eu contra o mundo" induz uma enorme sensação de autonomia pessoal – de que eu tenho o poder e o controle para determinar o rumo da minha vida. Mas, por outro lado, também acarreta uma saudável dose de medo e incerteza – por exemplo, será que sei o que quero da vida e o que fazer para consegui-lo por conta própria? Há um autoquestionamento quase constante, quanto a onde estou, onde quero estar e como chegar lá. Às vezes, trata-se de uma jornada solitária, que suscita medo e dúvida. Isso está relacionado de muitos modos com a maneira como se pensa na própria carreira e no que se quer fazer da vida.

Para muitos X, determinar o emprego certo ou a carreira certa é uma permanente luta interna. Quem sou eu como pessoa? No que sou bom? Em qual carreira vou ter a chance de realizar os meus objetivos de vida pessoais? De certo modo, essa jornada

---

* *Nota do Tradutor:* Citação extraída do célebre ensaio "O existencialismo é um humanismo", de 1946.

tem muito a ver com tentativa e erro, com testar os empregos para ver se eles se adéquam ao tipo de vida que se quer ter.

Acho que a Geração X encara o trabalho como um meio para se chegar a um fim, não como um fim em si. As carreiras proporcionam um meio de adquirir autodependência financeira ou de sentir que se trabalhou duro para alcançar os objetivos pessoais. O problema é que, uma vez alcançados os principais objetivos de vida, é preciso ter certeza de que se está numa carreira gratificante do ponto de vista pessoal. Do contrário, vocês pularão interminavelmente de emprego em emprego, numa busca permanente por um trabalho que seja ao mesmo tempo recompensador, do ponto de vista pessoal, e permita preservar os sucessos já obtidos (sejam financeiros ou outros). Em resumo, acho que muitos estamos satisfeitos com o que obtivemos até o momento, mas ainda insatisfeitos com a vida.

De certo modo, acho que a Geração X receia que a busca por aquele emprego especial, que seja, de fato, gratificante, ponha em risco as próprias coisas pelas quais ela lutou tanto. É possível que a opção por uma nova carreira acarrete em perda da independência financeira, em incapacidade de pagar as prestações do carro ou da hipoteca – coisas pelas quais trabalhei tanto? Por um lado, vocês querem ser autodependentes e ter uma carreira que se coadune com o seu verdadeiro eu, mas ao mesmo tempo não querem perder a independência que porventura já tenham conquistado.

Como encontrar uma carreira que seja, ao mesmo tempo, recompensadora do ponto de vista pessoal *e* que permita preservar o que vocês já conseguiram na vida? Como imprimir à vida e à carreira um salto para um nível superior (ou, para usar a expressão de Maslow, como vocês se "autoatualizam")? Quais os riscos à carreira que, sendo administráveis, vocês podem correr?

Em certo sentido, acho que os X estão bem satisfeitos de terem logrado realizar as suas ambições pessoais mas, ao mesmo tempo, bem insatisfeitos de saberem que só se pode alcançar em definitivo a autodependência quando se exerce um cargo que reflita o verdadeiro eu. Acho que os X estão numa busca permanente para esclarecer quem são.

A felicidade da procura

Joe expressa de modo elegante o que descobri no eixo das minhas conversas com muitos X: a satisfação com o que realizaram até o momento, porém uma persistente insatisfação com a vida.

Muitos de vocês, ao adotar uma atitude realista, não tiveram ou não dedicaram muito tempo para pensar na vida além dos limites da atenção a si mesmos. Em consequência das experiências na adolescência e no início da vida adulta, até o momento, a autodependência tem representado um objetivo de vida fundamental e urgente para os X.

O momento é importante para se começar a refletir: "E agora?", uma vez que – por estranho que pareça – a recessão é uma boa época para se fazerem mudanças. Atribui-se ao economista Paul Romer, da Stanford University, a autoria do que hoje em dia se tornou um tipo de clichê: "A crise é algo horrível de se desperdiçar."[34] Como ele sugere, quando as coisas já estão um tanto instáveis, em geral é uma boa hora para se fazerem mudanças ainda mais significativas. Por exemplo, se o emprego atual parecer inseguro, em vez de se apressar em achar uma posição semelhante em outra empresa, pense se não é o momento de dar uma guinada ainda mais substancial na carreira. E o mais importante: sentir-se orientado com relação às fases da vida – ter clareza quanto à onde se está e estar atento quanto a aonde se pretende ir – proporciona uma sensação própria de alívio. Também há felicidade na procura.

Talvez o mais criativo pensador sobre o assunto seja Robert Kegan, cujo livro *The Evolving Self: Problem and Process in Human Development*, publicado em 1982, ainda é considerado por muitos como um dos mais inovadores e lúcidos pontos de vista sobre as fases intrínsecas (em vez de marcos observáveis) por que passamos quando adultos. Kegan sugere que *interpretar* os eventos da vida – que ele denomina "compreender" a experiência, "dar sentido" a ela – é a mais básica e universal das atividades humanas.[35] Na ausência de um modelo tradicional dos eventos da vida, dar a eles um sentido é coisa que depende mais de vocês mesmos. Qual a sua história? A quais pontos da história vocês já chegaram? Como interpretam o seu progresso e a sua trajetória?

A maioria passa os primeiros anos da vida adulta e estabelece a sua autonomia pessoal – a sua independência e autodefinição. É quase certo que este foi um foco nos seus últimos 10 ou 20 anos de vida, ou quem sabe ainda na sua adolescência, em razão da precocidade com que muitos de vocês assumiram responsabilidades. Vocês têm se dedicado a definir a si próprios, obter sucesso na carreira e assumir papéis de autoridade diante dos demais no trabalho e diante dos filhos.

Kegan sugere que o passo seguinte – o próximo marco intrínseco no caminho da vida adulta – envolve uma mudança de foco na forma como vocês se associam aos demais.[36] Diz respeito a refletir sobre como o seu futuro está atrelado ao dos demais, encarar a si mesmos como parte de um networking e compreender o poder dos vínculos.

No livro *Arrested Adulthood*, James Cote demonstra a preocupação de que muita gente possa estacar antes de se ver claramente no contexto dos demais. Para Cote, "Ser adulto diz respeito à capacidade do eu evolutivo de estabelecer conexões sucessivas e bem-sucedidas com um mundo imprevisível e inconstante."[37]

À medida que vocês avançam, fundamentar-se no contexto dos demais e em meio aos marcos intrínsecos da sua vida será um passo importante para responder à pergunta: "E agora?" No capítulo a seguir, abordarei uma dimensão importante do contexto que vocês enfrentam: a presença das demais gerações na sua vida e os desafios impostos por elas.

CAPÍTULO 3

O que elas pensam?

As outras quatro gerações

Um patrão *boomer* entra exultante na sala de um X: "Tenho ótimas notícias! Recomendei você para uma promoção – e você ganhou!"

Pausa, enquanto o *boomer* espera um evidente sinal de satisfação do X. (Como grupo, os *boomers*, tendem a ser bastante competitivos, por razões que explicarei neste capítulo; ganhar é um *baita* negócio. De modo que este tem certeza de que a novidade é fantástica.)

"É claro que isso significa que você terá de ser transferido, a promoção é para o nosso escritório de Topeka."

Pausa. Silêncio sepulcral da parte do X e, depois, "Não, obrigado".

De início, parece uma piada, não é? Mas não é. Temos aqui duas gerações que reagem ao mesmo conjunto de condições de modos bem diversos, e a absoluta incapacidade de cada uma de entender por que a outra reage do jeito que reage.

E o que acontece depois? É provável que o *boomer* passe rapidamente para um julgamento de valor sobre o nível de gratidão do X pelo seu voto de confiança e talvez sobre o seu empenho, pela empresa e pela carreira. Não faltaria muito para supor que os X são desprovidos de ambição, de confiança ou talvez de pura e simples inteligência. Afinal, como é possível que o sujeito não *perceba* que está fazendo um baita negócio?

Todas essas avaliações são equivocadas, mas seriam a reação instintiva de uma geração condicionada a só encarar o mundo por meio de uma lente que enquadra os eventos em termos de soma zero – um perde e outro ganha – e numa permanente brincadeira de dança das cadeiras. O *boomer* encara o mundo como um lugar fundamentalmente competitivo, no qual a vitória é o melhor resultado possível, não importando o preço a se pagar.

A Geração X encara o mundo de modo bem diferente. A maioria dos que leem este livro sabe o que pensam os X: a ideia de ser promovido e transferido não parece uma "vitória", mas uma ordem para cruzar por uma rama estreitíssima, passível de ser cortada a qualquer momento por uma empresa caprichosa. Riscos à parte, a mudança representaria a separação da família e o afastamento dos amigos. E há o fato irritante de que o *boomer* só *supôs* que a promoção fosse algo a se louvar, sem nem se dar ao trabalho de se perguntar sobre os objetivos do X, para quem a displicente confiança do outro na sua reação reflete os traços estereotípicos negativos da Geração Boomer – sua presunção, seu egocentrismo e sua arrogância. E sou obrigada a dizer que isso também estaria errado.

É fácil formar impressões injustas e negativas de alguém de outra geração – e que em geral induzem a consequências involuntárias que talvez não atendam ao interesse de nenhuma das partes.

Não faz muito tempo, enquanto dava aulas a uma turma de executivos, contei essa história como parte de um debate sobre a importância de se encarar as atitudes de cada geração segundo a ótica dela, não da sua própria. Uma das participantes, uma X, confidenciou ao grupo que acabara de passar por uma experiência de tal sorte idêntica que até a particularidade da cidade de Topeka como local de transferência da promoção era a mesma.

"E o que você fez?" perguntei.

"Pedi demissão."

Este capítulo é sobre "elas" – as outras gerações, com as quais vocês dividem o ambiente de trabalho e a vida. Assim como vocês, o modo como elas interpretaram os acontecimentos da adolescência – as conclusões às quais chegaram no tocante ao funcionamento das coisas e aos meios de ser bem-sucedido na vida – tem implicações significativas no papel exercido pelo trabalho na vida delas, o que esperam obter dessa experiência, como provavelmente reagirão às experiências, sobretudo relacionadas com o trabalho e como se relacionam com vocês.

Hoje em dia, vocês dividem o ambiente de trabalho com indivíduos de mais três gerações:

FIGURA 3.1

Mudanças geracionais na composição da força de trabalho

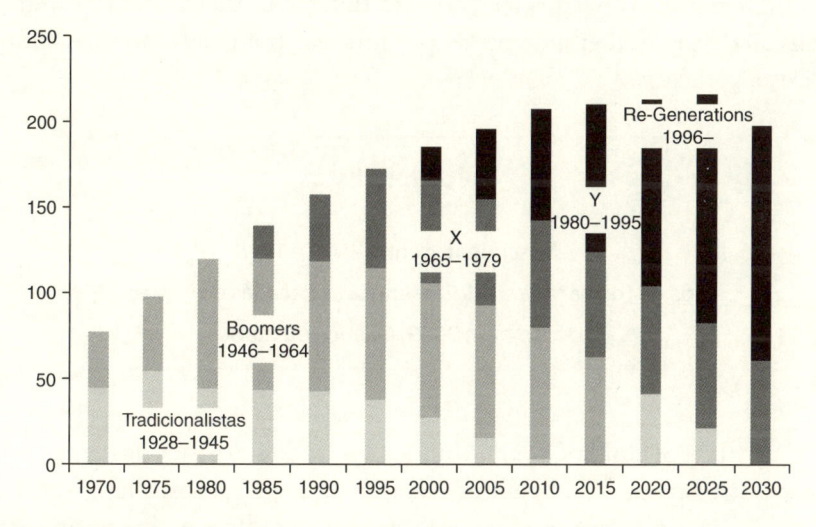

[Gráfico de barras empilhadas mostrando a composição da força de trabalho de 1970 a 2030, com as gerações: Tradicionalistas 1928–1945, Boomers 1946–1964, X 1965–1979, Y 1980–1995, Re-Generations 1996–]

Fonte: U.S. Census Bureau.

- Os tradicionalistas, nascidos entre 1928 e 1945
- Os *boomers*, nascidos entre 1946 e 1964 (ou 1961)
- A Geração Y, nascida entre 1980 e 1995

E muitos de vocês convivem com mais uma geração importante – crianças que fazem parte daquela geração a que eu chamo Re-Generation,* ou seja, nascidas após 1995. A proporção da força de trabalho representada por geração ao longo do tempo é ilustrada pela Figura 3.1. Até mais ou menos 2015, a Geração Y representará o maior segmento isolado.

Quem são essas outras gerações? Por que fazem o que fazem? E *o que* pensam elas?

Tradicionalistas

Também conhecida como Geração Silenciosa, os tradicionalistas nasceram antes de 1946. Para muitos de vocês, trata-se dos seus pais. Os pontos de vista deles exerceram influência substancial nas suas experiências

---

Nota do Tradutor: O termo Re-Generation é um jogo de palavras entre "nova geração" e "regeneração" em inglês.

de infância. Ademais, embora o número de tradicionalistas presentes na força de trabalho diminua hoje em dia, muitos dos seus pressupostos estão profundamente arraigados na estrutura funcional das empresas, muitas das quais ainda são, em grande parte, produto das políticas e práticas adotadas por esta geração.

Tradicionalistas

Nascimento: entre 1928 e 1945
Anos de formação da adolescência: as décadas de 1940 e 1950
Idade em 2009: 64 anos ou mais

Durante a Segunda Guerra Mundial, os tradicionalistas dos Estados Unidos e outros países combatentes eram crianças pequenas. Eles vivenciaram as privações do racionamento imposto pelo conflito e, em muitos casos, ouviram os pais, criados no período da Depressão, comentarem sobre a importância da segurança financeira. Contudo viraram adolescentes nos anos alvoroçados do pós-guerra. Tinham orgulho patriótico e se entusiasmavam com a eclosão de façanhas científicas que se seguiram àqueles anos. A Rússia lançou o primeiro voo espacial tripulado; a Pan Am inaugurou o primeiro voo comercial a dar a volta ao mundo; a Grã-Bretanha e a França viraram potências nucleares; foi desenvolvido o primeiro computador eletrônico de uso geral: o ENIAC.

No pós-guerra, as economias em rápida expansão ofereciam oportunidades em cada esquina. Os subúrbios surgiam de uma hora para outra e, de repente, o sonho da casa própria via-se ao alcance. As fábricas que haviam se dedicado à produção bélica agora enchiam o mercado de máquinas de lavar numa velocidade assombrosa. As vendas de televisores dispararam; até o fim da década, mais de 80% de todos os lares dos Estados Unidos dispunham desses novos prodígios da tecnologia. É possível que as conversas familiares à hora do jantar incluíssem as maravilhosas utilidades domésticas recém-adquiridas pela família no comércio local, fazendo da disputa para superar as aquisições do vizinho passatempo nacional.

Ora, suponha que você seja um adolescente vendo o mundo pela primeira vez num momento como esse. Quais conjecturas faria sobre o funcionamento do mundo? Em quem depositaria respeito e confiança? Que contaria fazer da vida? Como mediria o sucesso?

Para a maioria dos que cresceram nessa economia maravilhosamente promissora e otimista, era quase certo que o mundo seguia no rumo certo. Figuras de autoridade pareciam manter as coisas sob certo controle. Líderes empresariais e funcionários públicos eram merecedores de respeito. As questões globais estavam sendo resolvidas de modo satisfatório, e a tecnologia prometia um futuro sedutor.

Claro que se trata de um mundo no qual quase todo adolescente desejaria *tomar parte*. É provável que um adolescente que vivesse nessa época desejasse adquirir uma boa educação, ingressar entusiasticamente no mundo do trabalho, fazer parte do *establishment* existente e obter as recompensas financeiras por ele prometidas – garantir sua fatia do bolo. Por meio do sucesso financeiro, seria possível medir até que ponto ele conseguira se assenhorear da sua parcela do botim imediato e da segurança financeira de longo prazo.

Havia exceções importantes a essa sensação de otimismo ilimitado, ao menos nos Estados Unidos. Para os afro-americanos e outras minorias, o mundo podia causar a mesma fascinação, mas não a mesma sensação de acessibilidade. Àquela época, o caminho para o sucesso pessoal parecia obstruído – e em geral estava.

As experiências dos adolescentes criados nas décadas de 1940 e de 1950 foram por demais diferentes nas várias partes do mundo.[1] Por exemplo, no mesmo período, a Índia mal tinha estabelecido a sua independência como nação; a lealdade à família e à comunidade ainda eram prioridades cruciais, além do orgulho pelo país que então se formava. Na China, o fim da demorada guerra civil resultou na formação da República Popular da China, de orientação comunista, e num extenso período de reformas sob comando de Mao Zedong. Para os adolescentes, a sobrevivência nesse meio inconstante era uma prioridade máxima, uma vez que, para muitos, o modo de vida tradicional tinha sido abruptamente alterado. É lógico que não há descrição capaz de abranger as características da coorte etária dos tradicionalistas de todo o mundo.

Nos Estados Unidos e outras nações ocidentais, os tradicionalistas erigiram empresas comerciais que refletiam esses valores. Essa geração concebeu muitas das empresas mais bem-sucedidas de hoje em dia, com base em práticas que faziam sentido à época; muitas delas tomavam muita coisa emprestada dos modelos militares – papel hierárquico; cadeias de comando; planos de carreira estruturados; isonomia salarial; e planejamento de estratégias plurianuais. E ainda que as coisas estejam mudando, as estruturas, práticas administrativas e políticas moldadas por esses valores ainda têm lugar na maioria das empresas. Os tradicionalistas tendem a ser respeitosos com as autoridades e ficam à vontade na hierarquia; veem valor na estabilidade e supõem que a equidade é proporcionada pela aplicação coerente das regras. São fortemente influenciados pela recompensa financeira e pela segurança que ela proporciona. Embora a maioria das pessoas – qualquer que seja a geração – tenha apreço e, em maior ou menor grau, seja movida pelo dinheiro, para os tradicionalistas ele também exerce papel simbólico. Serve de medida das suas realizações e de afirmação, para eles e os demais, do sucesso na realização dos importantes objetivos da sua adolescência.

O pressuposto de que o dinheiro é a motivação dominante de toda gente e a sua recompensa predileta é uma das origens mais comuns de dissensão entre os tradicionalistas (e as políticas empresariais por eles redigidas) e os funcionários da Geração X. Um tradicionalista considera a compensação monetária adicional um grande negócio e uma senhora cortesia – algo que devia ser suficiente para influir em qualquer decisão. É possível que vocês tenham conhecido algum superintendente que passou maus bocados ao tentar entender as escolhas que vocês fazem e o papel que o dinheiro exerce nelas.

Ao longo das próximas décadas, alguns tradicionalistas continuarão a fazer parte da força de trabalho. De agora em diante, quando trabalhar com eles, tenha em mente a importância que atribuem ao reconhecimento financeiro, à segurança e à hierarquia. Indivíduos dessa geração são menos propensos a participar da força de trabalho de maneira mais efetiva e engajada, a menos que esses pressupostos sobre como as coisas "deveriam" funcionar sejam admitidos e, na medida do possível, ajustados.

Boomers

A adolescência da Geração Boomer transcorreu nos anos de 1960 e 1970, período inquietante que proveu a geração de perspectivas diametralmente diversas daquelas que tinham os seus pais sobre o tipo de relacionamento que estabeleceriam com a empresa, os colegas e a família, a importância e definição do sucesso financeiro e os objetivos primordiais da vida deles.

Boomers
Nascimento: entre 1946 e 1964 (ou 1961)
Anos de formação da adolescência: décadas de 1960 e 1970
Idade em 2009: 45 (ou 48) a 63 anos

A adolescência dos *boomers* esteve lotada de causas e revoluções. Os anos 1960 e 1970 foram de agitação e inquietação generalizadas em várias partes do mundo. Nos Estados Unidos, os adolescentes *boomers* testemunharam o assassinato de líderes idealistas: John Kennedy, Robert Kennedy, Malcolm X e Martin Luther King Jr. Vivenciaram a Guerra do Vietnã, os protestos generalizados, o movimento pelos direitos civis e, quase no fim desse período, o escândalo de Watergate e a renúncia de Richard Nixon.

A sensação de agitação se espalhava por diversos lugares. Quase 300 mil pessoas fugiram do Vietnã em balsas; a Revolução Cultural estava em marcha na República Popular da China; na França, Alemanha e Itália, houve distúrbios e, na Tchecoslováquia, uma revolução.

Cresceram em meio a esses eventos e não é de surpreender que muitos *boomers*, não obstante a persuasão política, foram levados a concluir que o mundo não ia lá das pernas – que ele precisava ser transformado. Pior ainda: para muitos, os adultos encarregados não pareciam tomar as decisões certas, imprimir o rumo certo ou sequer dizer a verdade. Muitos *boomers* desenvolveram uma atitude cética e até cínica perante figuras de autoridade, que no mundo deles eram suspeitas. Muitos concluíram que era necessário um envolvimento pessoal. Logicamente, o seu desejo não era o de *ingressar* num mundo que estivesse, de modo geral, voltado na direção certa, como fizeram os tradicionalistas – mas *mudar* um mundo que andava à deriva.

Muitos *boomers* não encaravam os pais nos olhos. De fato, num levantamento conduzido em 1974, 40% dos adolescentes *boomers* disseram que estariam melhores *sem* os pais.[2] A maioria dos *boomers* mal podia esperar para se ver livre do controle deles, se mudar para um lugar distante e ter uma vida independente o mais cedo possível.

Isso sem falar dos números! Os *boomers* cresceram num mundo que, sob vários aspectos, era "pequeno" demais para a coorte deles. Muitos tiveram aulas em dependências provisórias porque as escolas ainda não tinham se expandido para acomodar o número crescente de alunos. As equipes desportivas eram por demais escassas para que todos pudessem jogar, as vagas nas faculdades eram poucas. Em consequência disso, a ideia de concorrência perpassa a fundo os pressupostos dos *boomers* a respeito do funcionamento do mundo. O seu modelo conceitual é o de um jogo de soma zero, de perde e ganha. Hoje em dia, a maioria ainda *adora* vencer. Às vezes, tenho a impressão de que se poderia tampar qualquer coisa com uma redoma e dar de presente a uma *boomer* que ela ficaria satisfeita.

Na sua maioria, os *boomers* se precipitaram na força de trabalho com entusiasmo e empenho; jogaram segundo as regras estabelecidas e galgaram acirradamente a hierarquia empresarial. Pode ser que não tenham gostado muito, mas não demorou para que entrassem na linha. Eles tendem a gostar de sistemas meritocráticos e se valem tanto do dinheiro quanto da posição como medidas do grau do seu sucesso. Os *boomers* tendem a valorizar as realizações *individuais* e o reconhecimento *individual*. Procederam com desembaraço e só recentemente passaram a suspender o passo por um período suficiente para se perguntar sobre o verdadeiro valor do prêmio.

Assim, tanto para *boomers* quanto para tradicionalistas, o dinheiro funciona de fato como uma recompensa e uma motivação fundamentais; em ambos os casos, é provável que presumissem que, frente à oferta de uma quantidade suficiente de dinheiro, vocês assumiriam com alegria qualquer papel que lhes fosse proposto. Mas ele também exerce um papel diferente para essas duas gerações. Como apontei, os tradicionalistas encaram o dinheiro como um símbolo da sua exitosa adesão ao "clube" dos negócios e da colheita dos frutos dessa adesão, além de conotar segurança. Mas para os *boomers*, o dinheiro tende a ser um símbolo de sucesso competitivo – de vitória.

Esse traço competitivo serviu quase como um controle manual para interromper as intenções adolescentes originais de muitos *boomers* e foi de encontro a características que poderiam ter aliado *boomers* e X – a ótica antiautoritária daqueles e o ceticismo destes.

Com a palavra, a Geração X

A maioria dos X está a par, ainda que só subliminarmente, de que a ascensão dos primeiros *yuppies*, no começo dos anos 1980, coincidiu com o ponto exato no qual os *boomers* decidiram jogar a toalha na luta para salvar o mundo e, em vez disso, passaram a prestar lucrativos serviços de consultoria para a Union Carbide.* "Muito da energia, otimismo e paixão dos anos 1960 parece ter se voltado para dentro, para a vida pessoal, a carreira, os apartamentos e os jantares", como apontou a revista *Newsweek* na reportagem de capa "O ano dos *yuppies*", do fim de 1984.³

Não é de estranhar que a mistura esquizofrênica de idealismo e sucesso competitivo, como é característico dos *boomers*, seja alvo do ceticismo e desprezo de jovens X. A uma adolescência prenhe de idealismo e rebeldia seguiu-se uma frenética escalada na hierarquia empresarial e o conformismo ao mesmo *establishment* do qual os *boomers* zombavam quando adolescentes. Para muitos

---

* *Nota do Tradutor:* Uma das maiores produtoras de químicos dos Estados Unidos, em 1984 a empresa envolveu-se no escândalo do vazamento de gases tóxicos de uma de suas fábricas na cidade indiana de Bhopal, no qual morreram aproximadamente 27 mil pssoas e cujos efeitos ainda afligem cerca de 150 mil.

X, tudo isso não passou de autoglorificação pretensiosa e, às vezes, reflexo ilusório de uma vida que os *boomers* optaram por não levar; para eles, os *boomers* são mestres na arte de negar a realidade e ignorar as verdades inconvenientes.

Por outro lado, para os *boomers*, em geral os X parecem inteiramente indecifráveis. O espírito de competição – elemento primordial da psique *boomer* – parece não motivá-los. A disposição dos X de largar o emprego e partir para outra, bem como a sua (sincera) irreverência, é capaz de estarrecer os *boomers* como coisa de uma impropriedade quase revoltante. O desejo dos X de serem tratados individualmente – de serem autorizados a jogar de acordo com as próprias regras – contrasta com a disposição dos *boomers* de jogar segundo as regras estabelecidas, na disputa por recompensas individuais. Para os *boomers*, vocês devem parecer incoerentes, cínicos, desleais e avessos a desafios e responsabilidades. Como disse um *boomer* em resposta a uma mensagem, "Acho a Geração X desconcertante e difícil de lidar, pois não a entendo."

Com a palavra, a Geração X

No meu último emprego, eu era um X que trabalhava com um número expressivo de *boomers*. Há uma diferença cultural bem definida entre os dois grupos, embora uma diferença de idade em geral desprezível. Os X estão mais interessados em achar a atividade certa, pouco importa em qual empresa, em vez de se agarrarem a uma única empresa na esperança de galgar postos na sua hierarquia. Conheci muitos *boomers* bastante ambiciosos e interessados na própria ascensão profissional; muitos são infelizes no emprego, mas não pensam em sair da empresa. Por outro lado, os X demonstram um interesse maior em atingir um equilíbrio entre trabalho e vida pessoal, no qual "trabalhem para viver" em vez de "viverem para trabalhar"; o período de ócio é altamente valorizado, em muitos casos mais que o dinheiro. Conhecemos *boomers* que assumem e se fixam em posições administrativas e/ou de liderança, desse modo nos obrigam a permanecer nos cargos inferiores. Nós, os X, tendemos a pular de emprego em emprego mais que eles, uma vez que a lealdade à empresa não é algo que esteja nos nossos planos, depois de termos visto e sido afetados pela redução de pessoal das décadas de 1980 e 1990. A Geração X tem os *boomers* na conta de egocêntricos, tudo lhes diz respeito. Eles ficaram com os empregos e as casas e nós, com as migalhas.

Hoje em dia, muitos *boomers* guardam dentro de si um desejo irrefreável de fazer a diferença. Cada vez mais, muitos têm se defrontado com a realidade de que não realizaram os planos da sua adolescência, e, ao chegar aos 50, 60 anos, têm buscado reajustar a vida ao redirecionar a energia e a atenção para "fazer mais". De agora em diante, busquem um meio de tirar proveito da experiência dos *boomers* e do idealismo reemergente (como parece ter feito Barack Obama, ao selecionar a sua cúpula) para ajudá-los a alcançar os objetivos por vocês estabelecidos.

Geração Y

Ao longo da última década, a Geração Y – por vezes também denominada Geração do Milênio – ingressou na força de trabalho. Nascidos entre os anos de 1980 e 1995, os Y são o maior grupo consumidor e não demora serão o maior grupo de trabalhadores da história dos Estados Unidos, com um número superior a 70 milhões. Representam uma proporção ainda maior da população do mundo. A enormidade dessa coorte geracional significa que ela terá significativa influência no mundo em que vivemos e trabalhamos. Eles permanecem na adolescência desde os meados dos anos 1990.

Geração Y
Nascimento: entre 1980 e 1995
Adolescência: de meados da década de 1990 à de 2000
Idade em 2009: 14 a 29 anos

Os Y se criaram em meio a um mundo que se empenha para entender a escalada do terrorismo e da violência escolar, que tomaram conta das manchetes. A começar pelo desastre aéreo ocorrido em 1988 (portanto, antes de os Y chegarem à adolescência) na cidade escocesa de Lockerbie, no qual o voo 103, da Pan Am, foi destruído por uma bomba; passando pelos ataques ao World Trade Center, à cidade de Oklahoma e aos Jogos Olímpicos de Atlanta, na década de 1990; os ataques às estações de metrô de Madri e de Londres, em 2004 e 2005, respectivamente; e, é claro, os eventos de 11 de setembro de 2001, a geração se viu engolfada num mundo manchado por eventos inexplicáveis e imprevisíveis. E os violentos incidentes ocorridos em escolas no mesmo período em que os Y as frequentavam – Columbine e Virginia Tech, nos Estados Unidos; Beslan, na Rússia; e, desafortunadamente, muitos outros – tiveram impacto ainda mais significativo e miravam em cheio a sua coorte etária.

Há uma diferença importante entre terrorismo e guerra. Todos que vão à guerra reconhecem de certo modo que coisas ruins podem acontecer, mas ninguém vai à escola na expectativa de que coisas ruins venham a acontecer. Os atos de terrorismo são fundamentalmente *aleatórios*. E como cresceram nesse período, os Y acabaram com um modelo conceitual baseado na imprevisibilidade. (Já notaram com que frequência a palavra *aleatório* salpica o seu discurso?) Para muitos, viver a vida na plenitude virou uma prioridade importante e compreensível. Uma sensação de impaciência – prefiro a palavra *imediatismo* – será *a* mais saliente das características singulares a definirem essa geração ao longo da vida, não algo de que ela abdique por ter "passado da idade".

Em contraste com o mundo exterior, e talvez em parte por causa dele, os Y foram beneficiados por um grau de atenção paterna quase que de encasulamento – imersos como estavam numa cultura favorável às crianças –, bem diferente da infância de muitos X. É uma geração que cresceu comendo em pratos vermelhos em cuja borda se lia a inscrição: "Você é especial hoje"; que era sempre lembrada de que seria capaz de conseguir tudo aquilo que desejasse. Filmes nos quais as crianças eram terríveis ou assustadoras começaram a dar prejuízo nas bilheterias durante a sua juventude e foram substituídos por "Três solteirões e um bebê" e "O tiro que não saiu pela culatra". Ao absorver as teorias humanistas da psicologia infantil, os *boomers* se envolveram cada vez mais na vida dos filhos.

Hoje em dia, os Y e os seus pais têm uma infinidade de interesses comuns, de filmes e músicas a atividades recreativas e preocupações filantrópicas. O resultado é uma geração de jovens adultos que admiram e confiam não só nos pais, mas na maioria dos adultos mais velhos com os quais convivem. "O vínculo deles com os pais é intenso e sólido", afirma a professora de Psicologia Barbara Hofer, da Middlebury College. "Eles dizem: 'Os meus pais são os meus melhores amigos.' Há uma geração, as pessoas veriam isso como uma aberração, uma patologia."[4]

O comportamento deles no trabalho é capaz de estarrecer muitos de vocês, que o julgarão impróprio. Audazes e diretos, eles emitem opiniões com liberdade, sem dar trela para hierarquia e sem o menor senso do que se consideraria o protocolo "apropriado", e parecem contar que todos se interessem pelo seu ponto de vista. Os sólidos laços firmados com os familiares são facilmente – e de maneira equivocada – interpretados como dependência e podem parecer esquisitos para muitos de vocês, que tomam decisões de modo independente ou com base no conselho de amigos.

Com a palavra, a Geração X

"Sim, uma revolução está em marcha entre as crianças de hoje em dia – *a revolução das boas novas*", como escreveram, em 2000, os demógrafos Neil Howe e William Strauss, em *Millenials Rising: The Next Great Generation*, mal contendo o júbilo. (...) A propósito, o grifo não é meu. Estão no livro. Howe e Strauss devem ter se sentido bastante entusiasmados... chegando ao ponto de rasgar seda sobre o otimismo desses *millenials* bárbaros! Que aceitam a autoridade! E seguem as regras! *Viver e não ter a vergonha de ser feliz.*[5]

Outros aspectos das experiências de infância dos Y foram muito diversos daqueles da infância de vocês e resultaram numa perspectiva bem distinta no tocante ao dinheiro, ao trabalho das mães fora de casa e – o que não é de surpreender – à tecnologia.

Diferente da sua experiência de ver os seus pais e outros adultos passarem pelas reduções de pessoal e pelas dispensas da década de 1980, até pouco tempo a Geração Y vivenciou uma alta do mercado e uma prosperidade econômica sem precedentes. Malgrado as atuais dificuldades econômicas, os Y tendem a adotar uma perspectiva positiva sobre as oportunidades de longo prazo. Essa sensação de otimismo, junto com a rede de proteção proporcionada pela relação afetuosa que mantêm com os pais, tem induzido os Y a encarar o trabalho de um modo que – mais uma vez – pode ser muito irritante para os X, quase como se pedissem para ser "voluntários" remunerados. Muitos Y pesquisam o mercado, num período que David Brooks chamou de "odisséia", atrás de empresas nas quais *de fato* tenham vontade de ingressar.[6]

Ao passo que a experiência da Geração X com o trabalho das mulheres fora de casa foi de uma mudança drástica – a da mãe que saía para o trabalho –, para a Geração Y a mãe sempre esteve no trabalho. A atitude dos Y no tocante à questão é ao mesmo tempo mais descontraída e mais respeitosa para com a possibilidade da escolha que a de qualquer outra geração.[7] Eles estão acostumados a ver as mulheres desempenharem papéis de liderança e sabem que elas podem trabalhar em tempo integral *e* criar os filhos, se quiserem. Em muitos casos, foi o que a sua própria mãe fez.

A Geração Y é a primeira a ser composta de usuários da tecnologia digital cuja competência é inconsciente. A Geração X cresceu com a internet, vocês aprenderam a fazer uso da tecnologia à medida que a sua influência se espalhou e vocês ou os seus contemporâneos desenvolveram novas aplicações. Os Y acordaram e a internet já estava lá, sempre ligada; jamais conheceram um mundo que não estivesse conectado. A onipresente tecnologia constitui parte essencial do funcionamento cotidiano deles, que não se deixam amofinar por ela e são capazes de repudiar aqueles a quem ela impõe algum esforço. Os Y pedem ajuda abertamente aos colegas, em busca de fontes abalizadas de informação, e as dividem com numerosos amigos e conhecidos. Diferente das suas "tribos" mais fechadas, os Y operam em redes mais amplas e indiscriminadas.

Com a palavra, a Geração X

Faziam tudo em grupo – até namorar. Deslocavam-se em compactos grupelhos barulhentos... formavam redes, buscavam conselhos, mantinham uns aos outros na fila. Queriam se conectar com todo mundo; queriam que o mundo se atracasse com eles no Friendster e no Facebook. A noção de privacidade não lhes era familiar. A solidão lhes causava desconforto.[8]

Os relacionamentos entre X e Y no trabalho são confusos. É fato que muitos Y admitem manter sólidos relacionamentos com colegas X. Como disse um deles, "Eles se recordam de como foi o início da carreira profissional e são mais propensos a dar conselhos sem que eu precise pedir ou a me ajudar na solução de um problema. É comum que os meus supervisores de instâncias superiores estejam muito ocupados para uma relação desse tipo, e eu costumo me portar de modo mais formal com eles."

Mas muitos não são assim. Como disse outro Y, "O Y acha que o X não é competente para ser o seu patrão, tem a impressão de que ele desperdiça o seu entusiasmo, quando faz pouco do seu trabalho e das suas ideias, e acredita que ele subestima a sua capacidade. As razões podem ser verdadeiras ou falsas, mas já está na hora de o X se mancar e ver que o Y tem de ser tratado com mais respeito e consideração."

A Re-Generation

Tenho para mim que a próxima grande geração começou a se formar em 2008. Indivíduos que à época tinham 11 a 13 anos viveram num meio substancialmente diferente daquele dos últimos 15 anos. Proponho chamarmos esta nova geração Re-Generation, ou *Re-Gens*, por motivos que explicarei em seguida.

A Re-Generation (ou "*Re-Gens*")

Nascimento: entre 1995 e 1997 em diante
Adolescência: de 2008 em diante
Idade em 2009: 14 anos ou menos

O ano de 2008 *teve um quê* de diferente. O otimismo coletivo acabou empanado pelo banho de água fria da constatação de que, em termos globais, enfrentamos problemas significativos e, ao que parece, insolúveis em múltiplas fronteiras. A verdade desagradável da segunda metade do último século recaiu nos nossos ombros, e os pré-adolescentes não se mostraram alheios a essas questões, nem à sua complexidade. O mapa mental daqueles com 11 a 13 anos de idade começou a se formar tendo por base um mundo de limites finitos e nenhuma solução fácil.

- Não passaram despercebidas as mensagens relativas às dispensas e aos desafios aos bancos e empresas globalizadas.
- A maioria já está mais que ciente de que as calotas polares estão se derretem e a marcha dos pinguins anda devagar, quase parando.
- Sabem por que a maioria das famílias tem passado férias no quintal de casa e compreendem que a alta no preço da gasolina está relacionada com a redução do suprimento mundial de energia.
- Muitos compreendem que outras fontes são igualmente restritas. As aulas de geografia lhes proporcionaram a percepção de que a água exerce papel vital na política e no nosso futuro.
- Seja o que for que eles ou os seus pais pensem sobre a guerra no Iraque e no Oriente Médio em geral, é provável que tenham assimilado a complexidade da situação. Duvido que saibam de alguém que tenha oferecido soluções simples e rápidas.
- Para eles, teria sido quase impossível evitar a expressão *crise imobiliária* ou mesmo *recessão*, embora a maioria seja jovem demais para entender a causa desses desastres.

Esta nova geração trocou as fraldas pela realidade, foi desmamada em "Reality shows" – não no otimismo do tipo "a gente é capaz", do "Clube do Mickey", dos *boomers*; na interpretação desencanada das alterações na estrutura familiar, de "Vivendo e aprendendo", dos X; na deslumbrante fuga para a irrealidade de "Barrados no Baile",* dos Y; mas nas imagens de gente de carne e osso que enfrentavam grandes desafios, à procura da nova Grande Meta Americana: US$1 milhão.

Diferentemente do que ocorre com as pessoas da Geração Y, as da Re--Generation não se lembram do 11 de Setembro. Os Y mais jovens teriam sete anos naquele dia, provavelmente a linha que separa quem consegue e quem não consegue se lembrar. Para os *Re-Gens*, o evento será uma aula de História lecionada na escola.

---

* *Nota do Tradutor:* Seriado da televisão americana que trata das dificuldades de adaptação de dois jovens recém-chegados a Beverly Hills. Nos canais a cabo, também é conhecido pelo título original "90210", número do código de endereçamento postal da cidade.

É claro que muitos se lembrarão do espantoso evento político de 2008: a eleição do primeiro presidente afro-americano dos Estados Unidos. Todos cresceram imbuídos da sensação de possibilidade pessoal transmitida por ele. Na mente dos jovens que, em 2008, ainda na infância, ergueram os olhos para formar as suas primeiras impressões sobre o funcionamento do mundo, são registradas imagens de um mundo diverso daquele visto por vocês ou por mim quando formamos os nossos primeiros modelos mentais.

Será uma geração de realistas, de pragmáticos. Verdade, limites finitos, conservação, dilemas, equilíbrio – tenho para mim que esses serão os temas da nossa mais nova geração. E a minha sugestão é que a Re-Generation faça um bom número de associações apropriadas.

- Realidade: a geração chega à maioridade num mundo que tem se engalfinhado com algumas duras verdades inconvenientes. Para formar o seu mapa mental, ela terá por base um mundo com limites e sem respostas fáceis.
- Realistas: A geração deles será composta de pragmáticos, orientados pelos pais realistas da Geração X a ter em mente as escolhas e o equilíbrio no longo prazo.
- Comedimento e responsabilidade – posturas necessárias no mundo de hoje.
- Energia renovável, reciclagem, redução das emissões de carbono e limitações de recursos – os desafios que enfrentarão.
- Ressentimento – contra o fato de que os adultos mais velhos têm sido os mordomos pobres do nosso mundo.
- Recessão – as condições econômicas ao longo da próxima década serão mais moderadas que as das otimistas décadas passadas.

Repensar, renovar e regenerar são os desafios a serem enfrentados por essa geração.

Para muitos de vocês, trata-se dos seus filhos. As suas prioridades influirão nas suas decisões quanto ao direcionamento dos seus esforços durante as próximas décadas. Os seus interesses em tornar as empresas mais adaptáveis às necessidades definirão muitas das suas metas.

Ao longo dos anos

O valor primordial do analista geracional é tornar um pouco mais compreensíveis as atitudes dos demais. Ao compreendermos a perspectiva das outras gerações, nos tornamos mais aptos a situar as nossas ideias e solicitações e, assim, aumentam as nossas chances de obtermos resultados positivos e evitarmos, ao menos, parte das frustrações do ambiente de trabalho de hoje em dia.

Talvez a minha sugestão mais importante seja apenas lembrar-se de que o modo como vocês enxergam uma coisa pode não ser o modo como os demais a enxergam. Se observarem a situação pela ótica dos outros, terão um indício das razões por que eles fazem o que fazem. Ao trabalharem com gente de outras gerações e outros antecedentes, pensem a respeito dos anos de formação deles e procurem indícios das razões por que encaram as coisas de modo diverso daquele como vocês encaram.

Trabalhar com gente de todas as idades é de importância crucial para o seu sucesso, em razão da multiplicidade geracional do ambiente de trabalho. Entender por que os colegas das outras gerações se comportam como se comportam será vantajoso para quando tiverem de trabalhar com eles, sejam os seus patrões, colegas, clientes, parceiros ou fregueses. A compreensão das prioridades deles, inclusive as da Re-Generation, lhes ajudará a moldar as suas próprias.

Parte II

Avaliem seus próximos passos

CAPÍTULO 4

O que vocês querem?

Redefinindo suas prioridades na vida e no trabalho

Ao longo de toda a minha pesquisa, diversos temas intimamente entrelaçados sobressaem como desejos quase universais da maioria da Geração X, que são propensos a valorizar:

- A capacidade de lidar com qualquer situação com a qual se deparem – de ser autodependentes.
- Dinheiro – em particular, na medida em que contribuir para a sua sensação de segurança e de autodependência.
- Ser bons pais – para aqueles de vocês que optaram por seguir esse rumo.
- Bons amigos – que em geral representam laços tão ou mais resistentes que os familiares.
- A capacidade de escolher como passam o tempo – coisa que, para a maioria de vocês, se traduz na capacidade de contrabalançar as prioridades relacionadas com o trabalho e aquelas não relacionadas.

À parte esses temas universais, individualmente todos vocês têm claras preferências pessoais com relação às características que julgam mais recompensadoras e motivadoras no trabalho. Ainda neste capítulo, apresentarei alguns quadros de referência a partir dos quais será possível refletir sobre aquilo de que mais gostam. Mas primeiro, vamos observar alguns traços comuns.

Os desejos comuns à sua geração

Muitos dos objetivos quase universais da sua geração são extensões das experiências de vida pelas quais vocês passaram até o momento.

Controle sobre os "e se...?", por meio da segurança e da autodependência

Quando adolescentes, muitos de vocês passaram por experiências de vida que, embora sólidas como uma rocha na aparência, se transformaram de um modo imprevisível. Desde cedo, vocês estão bem conscientes da sua posição num mundo precário. Portanto, não é de surpreender que o desejo fundamental de muitos X seja conseguir lidar com os inesperados "e se...?" da vida. Para a maioria de vocês, uma questão que persiste, nas reflexões sobre o futuro, é: "Será que estarei preparado *se* algo de ruim vier a acontecer?"

> **Com a palavra, a Geração X**
>
> A autodependência dos X não é a mesma mentalidade da geração do período da Depressão, de vencer pelos próprios esforços. Falta a eles aquela premência do tipo *"Minha Nossa, melhor eu fazer isso por conta própria, se não!"*, (em vez disso) ela nasce de um sentimento de desamparo quase existencial.[1]

Enquanto *boomers* e tradicionalistas se interessam pela segurança no *trabalho*, o interesse dos X é pela segurança na *carreira* ou na vida, que procuram lograr de diversos modos. Para alguns, ela se traduz no desejo de controlar o próprio destino, o que os leva a trilhar o rumo do empreendedorismo; para muitos outros, ela aumenta o desejo de manter uma base ampla de habilidades negociáveis e a disposição de continuar a evoluir para novos conjuntos de competências e, assim, acompanhar as mudanças na oferta de empregos; para a maioria, ela significa ter sempre em mente uma multiplicidade de opções, para o caso de algo de ruim atravancar um dos caminhos.

> **Com a palavra, a Geração X**
>
> Vimos grandes empresas jogarem a responsabilidade no lixo, no tocante aos funcionários, e os despedirem pouco antes de estarem aptos a se aposentar e, desse modo, evitarem o pagamento do benefício. Acreditamos na promessa de que teríamos bons empregos se fôssemos para a faculdade, mas, quando nos formamos, não achamos sequer um emprego bom. Fomos privados do conceito de lealdade à empresa. Vira-

> mos autônomos, saímos de empregos que não condiziam com o nosso estilo de vida, nos reciclamos quando necessário, para ingressar em carreiras inteiramente diversas daquelas para as quais nos tínhamos preparado. Fomos chamados de preguiçosos e cínicos, mas nos tornamos independentes e empreendedores por necessidade.[2]

As opções mitigam a preocupação com o risco de se ver empurrado para um beco sem saída. E a evidente falta de opções tem deixado muitos X cada vez mais desconfortáveis, no âmbito das empresas. À medida que sobe na hierarquia, a maioria de vocês vê se estreitarem os rumos da carreira. Vocês se especializam cada vez mais numa área – e o resultado é que se sentem mais vulneráveis à recessão no seu nicho. A minha pesquisa demonstra que a sua coorte geracional, mais que qualquer outra, é mais propensa a *temer* uma demissão, talvez com razão.[3] Indícios circunstanciais das fases iniciais da recessão deflagrada em 2008 apontam que a sua geração pode ser a mais duramente atingida.

Poucos de vocês alcançaram um nível da hierarquia corporativa que fosse alto o bastante para fazê-los sentir que têm controle sobre as grandes decisões. A crescente sensação de mal-estar tem feito muitos cogitarem em sair do mundo empresarial e adotar alternativas que pareçam proporcionar uma sensação maior de autodependência, de controle sobre o próprio destino e, portanto, de segurança.

Com a palavra, a Geração X

Sou obrigado a dizer que não me parece que me deem opção além de fazer planos alternativos. Por que devo ser leal e confiar numa empresa? Não vejo razão nenhuma para alguém confiar nelas – nem eu mesmo. Faço planos para cuidar de mim, crio opções que me permitam assegurar a longevidade da minha carreira, de modo a cuidar da minha família o melhor possível ao longo do restante da minha vida profissional e na aposentadoria.

O importante é que o desejo de ter opções, assim como um maior controle do próprio destino, é que tem induzido muitos de vocês a cogitar em abandonar o mundo empresarial, em vez de algum tipo de busca apriorística pela independência, na maioria dos casos. Para vocês, não há nenhum destino manifesto na criação de uma "nação de autônomos", como em geral parecem fazer crer aqueles que escrevem sobre a sua geração. Num estudo sobre os profissionais da Geração X dos Estados Unidos e Canadá, 47% disseram que ficariam felizes de passar o resto da carreira na empresa em que trabalhavam, 85% tinham sérias preocupações com relação ao futuro da empresa e 83% disseram estar dispostos a ir além do que se espera para garantir o sucesso da empresa.⁴ Outro estudo concluiu que a probabilidade de os funcionários X fazerem planos de deixar o empregador em até um ano (mais ou menos ou muito provavelmente 43%) não era maior que a dos trabalhadores que tinham a mesma idade em 1977.⁵ Ainda outro estudo concluiu que os X têm alma de tradicionalista: os entrevistados atribuíram grande valor à lealdade à empresa e ao equilíbrio entre trabalho e vida pessoal; quase metade ficaria feliz de passar o resto da carreira na empresa em que trabalhava.⁶

Apesar dessas propensões, a verdade sobre a sua vida profissional é que a maioria de vocês não achou uma empresa na qual se sentisse à vontade para permanecer por longos períodos de tempo. O seu desejo de autodependência sempre vence. A maior parte das empresas não está apta a resolver o "e se...?" que se sobrepõe aos seus pensamentos.

Dinheiro

Talvez uma das concepções mais equivocadas a respeito dos X seja a de que vocês têm menos interesse em bens materiais que as gerações anteriores. Ser responsável pelo dinheiro pode já não ser novidade para alguns de vocês, o que não significa que não seja importante. Desde a adolescência a Geração X contribui para algumas despesas pontuais e a maioria tem vontade de estabelecer ou preservar um nível de fartura bem ambicioso. Há mais de 10 anos, o estudo "O novo sonho americano", da revista *Time*, chegava à conclusão de que a maioria dos X acredita que os bens materiais são, na verdade, bastante importantes.⁷

Pode ser que alguns de vocês tenham, de fato, ingressado na vida adulta demonstrando pouco interesse por dinheiro, mas, em meados da década de 1990, tudo mudou mesmo para aqueles que mais resistência opunham ao mundo do comércio.

Com a palavra, a Geração X

Um dia, todo mundo acordou e descobriu o dinheiro. Foi expedido um memorando.⁸

Para muitos, a eclosão das empresas virtuais foi deflagrada no dia da IPO (Initial Public Offering – Oferta Pública Inicial) da Netscape, em agosto de 1995, quando um X, Marc Andreessen, de 24 anos, de uma hora para a outra passou a valer US$58 milhões. Ao longo de cinco anos, até a quebra da bolsa de valores, em 2000, a sua geração foi essencial para o entusiasmo pela internet e a promessa que ela encerrava, de enriquecimento súbito e inesperado.

O dinheiro ganhou especial importância nos dias de hoje, não só por conta das crescentes demandas a que estão sujeitos os seus recursos, como abordado no Capítulo 2, mas também porque ele proporciona maior proteção contra os "e se...?" Com dinheiro, há mais opções.

Ser bons pais

Os X são empenhados em ser bons pais. Embora a afirmação possa parecer óbvia, representa uma mudança sutil no modo como os *boomers* encaram a criação dos filhos. Eles querem que os *filhos* sejam bem-sucedidos, vocês querem ser *pais* bem-sucedidos.

De modo extraordinário, os *boomers* levaram longe o empenho para garantir o sucesso dos filhos na vida, fizeram coisas que iam do investimento na mais precoce das educações até ataques camicases a qualquer instituição que ameaçasse frustrar o progresso dos meninos. Passaram um bom tempo com os filhos, com os quais desenvolveram um relacionamento caloroso, semelhante ao de amigos.

Não restam dúvidas de que os X partilham do mesmo desejo de ajudar os filhos a serem bem-sucedidos, mas parte importante do foco reside em ser um pai bem-sucedido, com tudo que isso acarreta: tempo, atenção, estrutura e proteção. É a paternidade como muita gente acredita que *deveria* ser.

Muitos de vocês têm vontade de manter com os filhos uma relação diferente da que tiveram com os pais e de fato acreditam em proporcionar uma experiência de infância diferente. Outros, em particular os criados por pais tradicionalistas, procuram recriar, até certo grau, a estrutura e segurança que vivenciaram durante a infância, em vez do que lhes parece o estilo liberal dos pais *boomers*.

Com a palavra, a Geração X

Uma X de 34 anos, mãe de uma menina de 6 e outra de 11, que diz que nunca fará o mesmo que a sua própria mãe boomer: trabalhar em tempo integral.

Por diversas vezes, a minha mãe teve de trabalhar até tarde. Eu fui uma *latchkey kid*.* Chegava da rua e a casa estava vazia. Nem me passa pela cabeça fazer isso com as minhas filhas.[9]

---

* *Nota do tradutor:* Ver nota de rodapé no Capítulo 1.

O problema é que o desejo vai de encontro aos arranjos de trabalho estabelecidos por muitos de vocês. As mulheres X com filhos têm muito mais chances de trabalharem fora que as de gerações anteriores. De fato, o envolvimento de mulheres representa uma das mudanças mais significativas na participação da sua geração na força de trabalho. Mulheres X com filhos de menos de três anos têm duas vezes mais chances de trabalharem fora que as *boomers* com filhos de mesma idade: 63% contra 33%.

Também houve uma mudança significativa entre as mulheres com filhos mais velhos, na faixa entre 6 e 17 anos. Só 60% das mulheres *boomer* nessa categoria tinham participação na força de trabalho, ao passo que a participação das X é de quase 80% (Figura 4.1).[10]

Embora invistam tempo e esforço no trabalho, a prioridade que vocês dão à paternidade pode moldar alguns dos seus pontos de vista a respeito do sucesso no trabalho. Muitos de vocês se dizem menos interessados em alcançar o topo da hierarquia corporativa, caso isso signifique abrir mão do tempo com a família.[11]

FIGURA 4.1

Índice de participação na força de trabalho de mulheres entre 25 e 34 anos com filhos

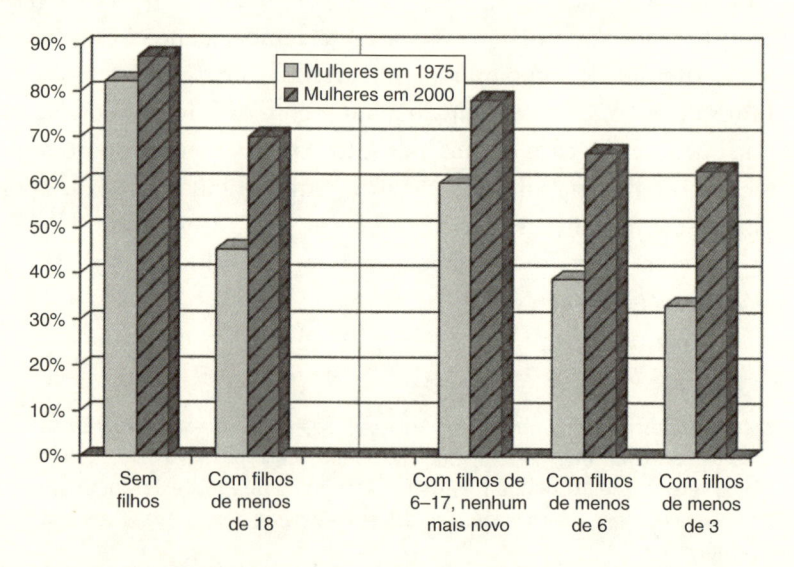

Fonte: Marisa DiNatale e Stephanie Boraas, "The labor Force Experience of Women from 'Generation X'", *Monthly Labor Review*, Bureau of Labor Statistics, 2002.

O desejo de serem bons pais é evidente tanto entre mulheres X quanto entre homens. Apesar da dificuldade de equacionar o tempo do trabalho com o da família, os homens X têm passado bastante tempo com os filhos. Em 2002, para cada dia útil, passaram 2,7 horas cuidando dos filhos – quase uma hora a mais que em 1977 e um aumento de 50% no tempo de atenção dos homens. Durante idêntico período de 25 anos, o tempo que as mães trabalhadoras dedicaram aos filhos continuou praticamente o mesmo: 3,3 horas por dia.[12]

Com a palavra, a Geração X

As pressões [chegaram] ao ponto máximo. Nem sou capaz de dizer quantas vezes o patrão me disse: "Você vai ter de se despedir da esposa e dos filhos pelas próximas duas semanas." A minha resposta: "Acho que não!" Estou determinado a não ser como o meu pai. Eu *vou* estar junto dos meus filhos.

Para algumas pessoas da Geração X, com mais frequência para as mães, o compromisso com a criação dos filhos implica optar por ficar em casa enquanto eles forem novos. Há mulheres X que encaram a maternidade como a saída em definitivo da força de trabalho, mas um número muito maior tem encarado a criação dos filhos como uma pausa na carreira, só um dos vários papéis que vocês exercerão ao longo da vida. Vocês têm entrado e saído da força de trabalho, dedicado um tempo ao cuidado com a família e se preocupado bem menos do que no passado em deixar permanentemente de lado os planos para a sua carreira.

Com a palavra, a Geração X

Tenho 39 anos de idade. Larguei o mundo empresarial há quatro anos, para cuidar dos filhos. Tentei trabalhar em meio expediente. Tinha apoio do meu chefe, mas foi quando o apoio se acabou. Ainda acho que tenho uma valiosa contribuição a dar, e receberia de braços abertos a chance de trabalhar em meio expediente, em função semelhante àquela que deixei. Se o que as empresas querem são funcionários leais e empenhados, na faixa dos 30 aos 40 anos, deveriam procurar as mães que estão em casa. Que nós possamos dar a nossa contribuição – contanto que saibam que não vamos sacrificar a criação dos nossos filhos.

A sua geração tem se empenhado em priorizar a família e preservar a qualidade de vida dela. Alguns observadores acreditam que, à medida que vocês avancem nos anos de maior cuidado com a família, veremos o crescimento da estrutura familiar tradicional, com "um par casado e com filhos".[13] Em alguns casos, entre as mães X mais abastadas, não trabalhar fora de casa até virou o novo símbolo de *status*.[14]

O desejo de ser um bom pai é umas maiores influências sobre outro traço comum: o desejo de controlar o tempo de modo a equacionar o trabalho com outras prioridades.

Equilíbrio

Um dos termos cunhados por Douglas Coupland para descrever a Geração X foi *"lessness"* ("minimidade") por ele definido como uma filosofia por meio da qual há uma reconciliação com expectativas cada vez menores de prosperidade material: "Desisti de querer fazer um senhor sucesso financeiro ou virar um manda-chuva. Só quero encontrar a felicidade e quem sabe abrir uma lanchonete de beira de estrada em Idaho."[15]

Com a palavra, a Geração X

Alguns dos filmes X mais marcantes parecem se deleitar com a emoção perversamente libertadora de ser marginalizado. Os X se superam quando as expectativas são reduzidas: é bem capaz de um desses *boomers* que ganham os tubos ao dar orientação vocacional chegar à conclusão de que nós apenas – sabe como é – *definimos o sucesso de modo diferente*. Estamos fadados a nos tornar obsoletos.[16]

Nenhum X que entrevistei mencionou uma expectativa de obsolescência, mas acho que de fato vocês não embarcam na definição de sucesso das gerações anteriores. Embora o dinheiro seja importante, muitos de vocês não acreditam que seja possível alcançar a felicidade na vida sem se empenharem de verdade em interesses de outra ordem, inclusive em ter uma família e uma vida social valiosas.[17] Vocês dão importância ao equilíbrio e à flexibilidade em termos gerais, não só para atender às demandas da paternidade, mas para atender à concepção da vida que gostariam de levar. E vocês valorizam a satisfação de um trabalho benfeito.

As suas concepções formam um contraste significativo com as dos *boomers* que, como abordei no Capítulo 3, sempre foram sinceramente empenhados em vencer e dispostos a fazer sacrifícios relevantes para chegar à vitória. Elas também guardam uma diferença sutil com relação às dos Y, que se concentram em otimizar a experiência de cada dia.

Com a palavra, a Geração X

Tenho 33 anos. Tenho uma bela formação educacional, boa experiência e não me importo nem um pouco com o meu cargo, contanto que seja bem remunerado. Contudo, não vejo razão em implantar uma carga semanal de 55 horas ou mais. É ótimo ter uma carreira, mas é importante ter tempo para a família e para si mesmo. Se a empresa na qual trabalho não gostar dessa atitude, pior para ela.

Quando tinha 33 anos e era solteira, atravessava as noites e os fins de semana trabalhando para fazer uma carreira. Foram necessários um marido e dois filhos na pré-escola para que eu me desse conta, aos 40, de que tinha de contrabalançar melhor o trabalho e a satisfação pessoal. Foi o que fiz, reduzi as minhas horas de trabalho, passei a receber um salário menor e abri mão das minhas ambições.[18]

Tanto os homens quanto as mulheres X têm repensado os seus papéis no trabalho e em casa. As mulheres X têm procurado por um sentido de equilíbrio e se sentem capacitadas a serem tanto boas profissionais quanto boas mães.

O descontentamento dos homens com as tentativas de equacionar as demandas do trabalho e da família tem aumentado no período correspondente à sua geração. Em 2002, ao tentarem equacionar as demandas do trabalho e da família, as mulheres X enfrentaram um conflito de proporções quase iguais às do enfrentado pelas *boomers* em 1977, no entanto, a sensação de frustração dos homens aumentou de modo acentuado. Em 1977, cerca de um terço dos homens relatou tensão associada ao ato de malabarismo; em 2002, foi mais da metade.[19] Um número crescente de homens X tem refreado deliberadamente a própria carreira. Muitos de vocês tentam descobrir o que lhes pode ter passado despercebido quando ainda cresciam e decidiram criar uma experiência diferente para vocês e a sua família.

Com a palavra, a Geração X

Eu e 99% dos meus amigos e colaboradores X tentamos freneticamente criar o perfeito equilíbrio entre o profissional e o pessoal. Mais importante para nós são as nossas constantes tentativas de reforçar a nossa relação com os familiares.

Não são só as demandas familiares que induzem uma redução nas decisões dos X; às vezes, no esforço de se obter "sucesso", as concessões são exorbitantes. Mulheres X que testemunharam as tentativas das *boomers* de romper a barreira do preconceito no trabalho não ficaram muito impressionadas. Muitas acham que elas pagaram um preço alto demais e foram obrigadas a se concentrar apenas no trabalho para serem bem-sucedidas. Aos seus olhos, é possível que elas tenham assinalado o caminho, mas a promessa de "ter tudo que se quer" foi coisa que não conseguiram. Vocês tendem a ser mais realistas. Muitas mulheres na faixa dos 20 aos 30 anos querem ter mais controle sobre a própria vida, ainda que isso signifique renunciar aos cargos mais altos.

Com a palavra, a Geração X

Não assistimos a muitas histórias fabulosas do tipo "ter tudo que se quer", então o que se passa com aquelas que embarcaram nesse discurso e agora têm menos da metade: têm uma família mas não um trabalho ou têm um trabalho mas não uma família? O sistema não mudou; os homens ainda estão no alto escalão, junto com uma meia dúzia de mulheres simbólicas que fazem todo mundo se sentir bem. Deixem essa história de tentar chegar ao topo para lá![20]

O fenômeno "não ter tudo que se quer" é confirmado pelas estatísticas. Só 67% das executivas de alto escalão com MBA são casadas, em comparação com os 84% de homens que usufruem de sucesso profissional equivalente. Quase 75% dos homens têm filhos, ao passo que só 49% das mulheres são mães.[21] É fácil concluir que as executivas de alto escalão jamais chegariam aonde hoje estão se tentassem fazer todas as coisas.

Com a palavra, a Geração X

Quando estava na faculdade, ficaram registradas na minha mente todas essas opiniões, todas essas possibilidades iminentes. Depois que participei do jogo corporativo por um tempo, me dei conta de que as opções podiam estar disponíveis, sobretudo para os homens que estejam dispostos a fazer uso dos cotovelos. Já estou fora do jogo corporativo e, se tudo der certo, voltarei [em breve] para a pequena empresa que ajudei a abrir e pela qual morro de amores. E sabe do que mais? Vou trabalhar 40 horas por semana (em lugar de 60), ganhando bem menos, mas com tempo para uma vida particular, para projetos criativos e para os amigos. Aos 33 anos, acabei de me dar conta daquilo que de fato é importante – e não é participar do jogo corporativo.

Hoje em dia, por diversas razões, 37% das mulheres saem da força de trabalho. Ficam fora em média 2,2 anos e, depois, 93% optam por tentar voltar. E embora 74% voltem a achar trabalho, só 40% acham um trabalho que julgam satisfatório.[22]

E vocês estão empenhados em criar uma boa vida; fora do ambiente de trabalho, quer inclua filhos ou não, ela é importante o suficiente para merecer que vocês repensem o empenho que dedicam à empresa. Num estudo sobre a sua geração, mais de 70% dos entrevistados atribuíram extrema importância ao companheirismo, a uma família afetuosa e a uma vida prazerosa. Em comparação, menos de 20% disseram que ganhar muito dinheiro e virar um líder influente eram objetivos muito relevantes.[23]

Para muitos da Geração X, para tornar possível a experiência que desejam criar para si, para o cônjuge e para os filhos, a residência exerce um papel importante. Em geral, vocês valorizam um lar confortável, que reflita o seu gosto e o seu estilo. Como disse um escritor, "As mulheres X – sejam casadas ou não, sejam mães ou não – parecem propensas a criar uma nova e mais madura quintessência da maioridade, da carreira, do lar. Constituído de partes iguais de tradicionalismo, ironia e iconoclastia, o universo daquelas nos trinta e poucos – inclusive o trabalho e o lazer – gravita em torno do lar."[24]

Com a palavra, a Geração X

Sejam mulheres ou homens, casados ou solteiros, os X querem um lar. Querem a sensação de ter um lar. Querem o "Efeito Martha".[25]

Descobrindo seus desejos e prioridades individuais

Essas prioridades comuns aos X são o contexto a partir do qual vocês poderão refletir sobre as suas preferências pessoais, no tocante ao trabalho, ao usar os quadros de referência a seguir. O meu ponto de vista é bem simples: toda empresa é diferente, todas as pessoas são diferentes – e a chave do sucesso (o seu e o da empresa) é achar as que combinem.

Pensar em escolher o seu tipo e ambiente de trabalho com base no que julgar o que melhor combine com as suas preferências específicas é uma boa estratégia para qualquer um, mas em particular para a Geração X. Ela se encaixa na sua filosofia: não é do seu feitio esperar que todas as coisas sirvam para todos. Vocês contam com alternativas. E acham importante descobrir a sua própria trajetória singular.

Descobrir o que vocês consideram motivador é, com certeza, uma busca muito pessoal. As prioridades no tocante ao que esperam ganhar com a experiência de trabalho são variadas. Embora os objetivos que abordei anteriormente sejam amplamente partilhados por aqueles da sua geração, a ênfase que se atribui a eles e o limite até onde se deseja realizá-los por meio da experiência profissional depende das preferências de cada um. Alguns demonstram um interesse genuíno pelos contatos sociais e as amizades que podem travar no ambiente de trabalho. Outros se interessam pelas oportunidades de se expressar de maneira criativa. E ainda há aqueles com vontade de ganhar o máximo de dinheiro possível do modo mais flexível e menos custoso possível. Tem gente muito tolerante aos riscos e que adora a agitação de um meio onde eles sejam altos, mas as recompensas também. Outros têm necessidade da estabilidade e segurança de uma ascensão de longo prazo bem definida, rumo ao topo da carreira profissional. Alguns de vocês querem retribuir aos demais ou fazer a diferença neste mundo – uma diferença permanente.

Os indivíduos também gostam de trabalhar de formas diferentes. Alguns preferem desafios em aberto; outros, tarefas altamente elaboradas. Alguns gostam de participar de uma equipe; outros preferem trabalhar sozinhos. Tem quem precise e goste de uma boa dose de orientação cotidiana; outros trabalham melhor com supervisores que lhes deleguem a tarefa de conceber a melhor abordagem.

A minha pesquisa demonstra que as empresas com funcionários altamente motivados tendem a ser idiossincráticas – elas adotam práticas bem diferentes e, em alguns casos, "esquisitas" – e atraem pessoas que têm paixão pela singularidade do ambiente de trabalho que oferecem. As pessoas que adoram o seu trabalho são aquelas que adoram as características específicas da empresa e a função que escolheram.

Para se chegar a um ajuste confortável com o trabalho, vale a pena um esforço a mais. Assumir como objetivo o prazer no trabalho não é um disparate. Todo mundo passa um bocado de tempo nele, e, tendo em vista a longeva expectativa de vida da Geração X, não restam dúvidas de que ela passará muito mais. Apesar das dificuldades envolvidas, não abram mão do ideal de achar o trabalho que dê o máximo de satisfação possível.

Às vezes, muita gente se vê compelida a fazer algo por achar que acabará levando a outra coisa, mesmo que não esteja satisfeita nem ache que valha a pena. E o conselho de muitos orientadores vocacionais parece apontar no mesmo sentido: aguente firme e faça coisas que o posicionem para o sucesso. Porém, de modo geral, as razões de ordem instrumental não funcionam. Os eventos são muitos complicados e imprevisíveis.

As pessoas mais bem-sucedidas, quando tomam decisões, é por acharem que a opção imediata é valiosa em si, aonde quer que ela leve ou deixe de levar. Assumem uma função ou ingressam numa empresa porque poderão fazer um trabalho interessante num lugar de que gostam, mesmo que não saibam com clareza aonde isso as levará. Compreendem aquilo que escapa à maioria dos orientadores: a satisfação com a carreira é resultado de se seguir o que diz o coração.[26]

Os líderes empresariais também começam a entender a importância de atrair para os seus quadros e neles manter quem tenha apreço genuíno tanto pelo trabalho quanto pelas características e valores da empresa: são aqueles que mais se mostrarão motivados. Sob uma ótica pragmática, de resultados, as empresas sofrem financeiramente quando há falta de motivação e são afligidas por alta rotatividade de funcionários, precariedade no tratamento dispensado aos clientes e falta de ideias inovadoras.[27] Empresas nas quais as pessoas adoram o trabalho obtêm grandes retornos desses esforços: altos índices de produção e de lucro, crescente estabilidade organizacional e maior inovação. Não restam dúvidas de que esse grau de sucesso é resultado dos altos níveis de esforço deliberado que esses funcionários *decidem* investir na função – mais energia e iniciativa que as normalmente necessárias.[28] Não bastam braços e pernas; corações e mentes são essenciais.

Para vocês e para a empresa na qual ingressarem, reservar um tempo à procura do trabalho e do ambiente da sua predileção é um jogo ganha-ganha.

"Mediolescência"

Infelizmente, a esse ponto ainda faltam chegar muitos da sua geração, que estão desanimados, encalacrados e entediados. Em pesquisa que eu e os meus colegas fizemos a respeito das experiências dos trabalhadores, ouvimos muitos relatos sobre desconforto de pessoas em meio de carreira, fenômeno a que chamamos *mediolescência*. Vejam o caso de um produtivo e respeitado gerente de nível médio nos seus 40 anos. Ele se viu imprensado entre as obrigações na empresa e em casa, e o seu grupo de trabalho se deixou abater depois de duas rodadas de dispensas. A estrutura da empresa havia se achatado, o que reduziu as chances de promoção. Apesar do respeito que dedicava à empresa e da satisfação fundamental que obtinha com o trabalho, ele tinha desanimado. "Não é isso que eu queria para a minha vida e para a minha carreira", disse ao responsável pelo aconselhamento de funcionários. "Não sei quanto tempo mais vou aguentar"[29] – uma expressão típica do dilema da mediolescência.

Com a palavra, a Geração X

Em geral, as pessoas se desanimam depois de 10 a 15 anos na carreira. Só agora é que se tem aceitado ser franco e honesto a respeito.

Os funcionários de meio de carreira (aqueles entre 35 e 54 anos) trabalham mais horas que os colegas mais velhos e mais novos na mesma situação, 30% deles admitem trabalhar 50 horas ou mais por semana. Contudo, só 43% são apaixonados pelo trabalho, 33% se sentem mobilizados com a função que desempenham, 36% dizem se sentir num emprego sem futuro e mais de 40% relatam sentimentos de desalento. São os que mais sentem que a carreira profissional chegou a um impasse. Os funcionários de meio de carreira são os que menos dirão que o ambiente de trabalho é apropriado e divertido ou que ele oferece amplas oportunidades para novas experimentações.[30] Ao longo dos últimos 10 anos, o declínio na satisfação profissional ocorreu de modo mais acentuado entre trabalhadores com idade entre 35 e 44 anos.[31]

Em resumo, um número muito grande de X tem trabalhado mais, sentido menos satisfação, se preocupado com o próximo passo e procurado alternativas significativas.

A motivação pelo trabalho

Como vocês se sentem com relação ao atual emprego?

- Adoro e tenho vontade de saber como ter mais sucesso, segundo a minha definição pessoal de "sucesso".
- Costumava gostar, mas tem se tornado cada vez menos divertido nos últimos anos; talvez eu esteja na mediolescência.
- Nunca me sinto de fato ligado ao trabalho nem à empresa; pode até ser um "bom" emprego, mas não me sinto pessoalmente estimulado.

Em capítulos posteriores, abordo algumas estratégias para ser mais bem-sucedido e renovar a satisfação com o trabalho, caso se esteja desanimado. Mas dificilmente valerá a pena se esforçar para ser bem-sucedido em algo de que em princípio não se goste. É necessário que o fundamento esteja correto.

Vejam como vocês se sentem com relação ao trabalho atual preenchendo o questionário da Planilha 4.1.

Se vocês responderam *não* a mais de três perguntas, não estão nem de longe satisfeitos com o trabalho. É hora de cogitar em procurar outro, que lhes pareça mais significativo.

O meu principal conselho é que procurem um *tipo* de trabalho e de ambiente condizentes com vocês. A boa notícia é que as empresas são bem diferentes, em termos de cultura, de valores e de políticas. Colegas em

PLANILHA 4.1

Questionário: Você se sente motivado?

1.	O seu emprego o enche de empolgação e entusiasmo?	(S)	(N)
2.	Você alguma vez já se perdeu – esqueceu a hora e o lugar – por estar por demais envolvido numa tarefa de fato prazerosa?	(S)	(N)
3.	Você se sente feliz concentrado no trabalho, em vez de aguardar ansiosamente o próximo e-mail ou mensagem instantânea que o livre do tédio?	(S)	(N)
4.	Você, de modo voluntário, investe um esforço a mais ou produz mais do que o trabalho exige?	(S)	(N)
5.	A sua função é tão interessante em si mesma que você pensa nela mesmo depois do expediente, por exemplo, no carro ou a caminho de casa?	(S)	(N)
6.	É coisa rotineira você buscar meios de facilitar as coisas no trabalho ou se oferecer voluntariamente para tarefas mais difíceis?	(S)	(N)
7.	O seu entusiasmo é contagiante – a sua paixão pelo trabalho estimula os demais a tomar parte?	(S)	(N)
8.	Você sente orgulho de ser associado ao seu trabalho?	(S)	(N)

potencial têm filosofias e valores bem diversos. E de acordo com o tipo de trabalho, os riscos e os ritmos envolvidos, as características das recompensas também serão diversas. Se não gostam de onde estão ou do que fazem hoje em dia, há uma boa chance de, em algum outro lugar, haver uma função que combine muito mais com vocês.

Posteriormente, neste capítulo, apresentarei algumas planilhas úteis para que vocês distingam do que gostam. Ajudarei vocês a pensar nas características do trabalho que seja do seu agrado pessoal. Mas primeiro, reflitam a respeito de duas analogias sobre a motivação, pelas quais vocês já passaram noutras partes da vida. À medida que lerem, identifiquem as atividades que criam um "estado de fluxo" em vocês. O que lhes enche de energia, em vez de drená-los?[32]

Lembrem-se de que motivação não é o mesmo que satisfação. A satisfação no trabalho está voltada para aquilo que faz com que "não sejam infelizes": benefícios adequados, ambiente de trabalho seguro e não discriminatório, remuneração razoável etc. A motivação tem a ver com estar sinceramente empenhado no trabalho e se sentir abastecido por ele.

Estado de fluxo

Vocês já estiveram de tal modo envolvidos em alguma coisa, como a prática de uma atividade esportiva ou a execução de um instrumento musical, que o momento ficou marcado como um dos melhores da sua vida, que a atividade lhes pareceu exigir quase nenhum esforço?

Tentem se lembrar de um momento da vida em que vocês sentiram:

- Que estavam inteiramente envolvidos e concentrados.
- Uma sensação de arrebatamento, que estavam apartados da realidade cotidiana.
- Uma grande clareza interior, que estavam cientes do que era necessário ser feito e do quanto estavam indo bem.
- Que estavam confiantes de que as suas habilidades eram adequadas à tarefa, sem ansiedade nem enfado.
- Que estavam serenos, sem nenhuma preocupação.
- Que estavam concentrados no presente, ignorantes à passagem do tempo.
- Que estavam motivados por si mesmos, ou seja, que a realização da atividade era a própria recompensa.

Esse tipo de experiência preciosa foi denominada *estado de fluxo*.[33] Muitas pesquisas têm sido realizadas com o objetivo de compreender a experiência do estado de fluxo e ajudar as pessoas a lográ-la no campo dos esportes. Muitos atletas importantes reconhecem a importância crucial de se estar em estado de fluxo para o desempenho atingir um ápice. A compreensão desse estado nos esportes é capaz de ensinar diversas lições relevantes, das quais vocês poderão se valer ao pensar em como descobri-lo no trabalho. Em primeiro lugar, o estado de fluxo não é o mesmo que o puro prazer; este não envolve uma sensação de realização ou de contribuição ativa para o resultado, como ocorre naquele. Portanto, não se limitem a procurar alguma coisa de que gostem, procurem algo que também lhes dê um sentimento de orgulho e realização.

Em segundo lugar, o estado de fluxo só ocorre quando o desafio que tiverem de enfrentar for proporcional às suas habilidades. Um trabalho muito difícil pode causar ansiedade; um trabalho muito fácil induz em pouco tempo ao enfado. O estado de fluxo é um tipo de condição paradoxal, no qual vocês funcionam no limite, só (mal) podendo fazer o que for necessário.[34] Procurem um trabalho que exija muito da sua competência mas que não os faça se sentirem sobrecarregados.[35]

Energia

Tirar proveito de múltiplas fontes de energia é outra analogia para a sensação de se estar plenamente motivado. Não é preciso dizer que os grandes atletas atingem o máximo do seu desempenho ao fazer uso não só da energia física, mas também da mental, da emocional e, em muitos casos, da espiritual.[36] O mesmo vale para as pessoas que se sobressaem no trabalho. Pensem em procurar um trabalho que aproveite todas as suas fontes de energia.

Conceber a motivação desse modo serve para nos lembrar de três importantes elementos que têm de fazer parte de qualquer experiência de trabalho, todos relacionados com a forma como vocês produzem e gerenciam a quantidade de energia, como parte da rotina profissional. Ajustar no máximo a chave da motivação não é coisa que ocorra de maneira natural, sem prática. Também não é coisa que se possa fazer indefinidamente, sem uma parada para recarregar. Esta analogia da energia nos faz lembrar que a motivação plena:

1. Impõe que os "investimentos" de energia sejam proporcionais aos "depósitos" de energia. À medida que vocês fazem proveito da sua energia individual, é inevitável que o suprimento se esgote. É preciso repor os estoques de energia, o que significa dizer que os seus períodos de motivação plena têm de ser compensados por períodos de desprendimento estratégico, de modo a restaurar a energia despendida.
2. Impõe que as pessoas ultrapassem os limites normais ao treinar todo dia como um atleta profissional. Procurem por trabalhos que lhes proporcionem desafiar-se um pouco mais a cada dia. Contudo, assim como nos exercícios físicos, quanto mais vocês excederem os seus limites normais, mais longo deverá ser o período de recuperação.
3. Beneficia-se de rituais positivos e comportamentos precisos que, com o tempo, se tornam automáticos. Pensem em como os atletas costumam se valer de rituais, que vão dos meios de controlar as emoções em situações de estresse às rotinas de preparação mental, ou coisa parecida, por eles desenvolvidas. Por exemplo, antes de cada tacada os golfistas têm por hábito seguir com exatidão os mesmos passos. No trabalho, os rituais devem apontar para o que *fazer*, em vez do que não fazer; um exemplo de ritual positivo seria a seguinte afirmação: "Vou verificar a caixa de mensagens em três momentos específicos do dia", em vez de "Vou parar de verificar a caixa de mensagens tantas vezes."

A nossa capacidade de motivação não é inesgotável. Com base nos seus valores, crenças e preferências mais genuínas, qual trabalho *merece* que você esteja plenamente motivado?

Os seus atrativos pessoais

As características das experiências de trabalho que criarão um estado de fluxo e aproveitarão a sua energia são o que denomino atrativos. Voltar toda a atenção para os atrativos pessoais será de grande utilidade para fundamentar as suas escolhas com relação a qual atividade realizar e onde a realizar.

Tomando por base a Planilha 4.2, reflitam sobre as situações específicas do passado em que tenham se sentido do modo descrito em cada linha do exercício "Lembra-se de uma época quando...?" Descrevam cada situação da maneira mais detalhada possível. Vocês estavam...

- Trabalhando em equipe, com apenas um colaborador ou sozinhos?
- Fazendo algo no qual estivessem obtendo sucesso, que estivesse beneficiando diretamente outras pessoas, que fosse divertido?
- Envolvidos em algo que soubessem fazer bem e com resultados razoavelmente previsíveis, ou inventando à medida que progrediam, fazendo algo que envolvesse grandes riscos?

Que outras formas de descrever a experiência se destacam na sua memória? Façam anotações do exercício e usem-nas para coligir as suas ideias.

Tenham em mente as situações já identificadas como aquelas em que vocês tenham se sentido motivados ou entusiasmados de modo intenso; o passo seguinte é identificar as características práticas do seu ideal de relacionamento com o trabalho e os indícios pragmáticos que ajudem a descobri-lo. Há uma importante correlação entre determinados tipos de entusiasmo, certos atrativos e alguns elementos específicos, *reconhecíveis*, do ambiente de trabalho. Por exemplo, alguém que seja dotado de entusiasmo pela criação de itens exclusivos de valor duradouro – digamos, escrever livros – tem muito mais chances de dar preferência aos cronogramas flexíveis e à independência que alguém com entusiasmo por liderar equipes ao êxito, frente à concorrência.

Na pesquisa que eu e os meus colegas fizemos, identificamos seis arquétipos muito diferentes, associados ao entusiasmo com o trabalho e às relações preferenciais com ele.[37] Eles descrevem os seis papéis hoje em dia exercidos pelo trabalho na nossa vida e representam seis atrativos.

- *Legado expressivo* – O trabalho é mais agradável quando vocês criam algo de valor duradouro.
- *Progresso seguro* – O trabalho é mais agradável quando vocês se sentem numa ascensão invariável rumo ao sucesso.

PLANILHA 4.2

Lembra-se de uma época quando...?: As características dos períodos em que *você* esteve motivado

Lembra-se de uma época...	O que eu fazia exatamente?	Quais eram as características da situação?
Quando você se sentiu empolgado e entusiasmado com algo que fazia?		
Quando você "se perdeu" – esqueceu a hora e o lugar – enquanto fazia algo?		
Quando você resistiu às distrações por um período de tempo considerável?		
Quando você investiu um esforço voluntário para produzir, num volume significativamente maior que o exigido pela tarefa, trabalhou nos mais diversos horários para que as coisas fossem realizadas – e bem realizadas?		
Quando você achou o desafio em si tão interessante que pensou a respeito mesmo quando já não estava diretamente motivado – talvez no carro, a caminho de casa, ou tomando banho na manhã seguinte?		
Quando você desenvolveu novos meios criativos de realizar o trabalho ou buscou meios de aperfeiçoar as coisas, em vez de apenas reagir a uma abordagem óbvia?		
Quando você se ofereceu voluntariamente para as tarefas mais difíceis?		
Quando você foi contagiante, transmitiu o seu entusiasmo para os demais e acabou por instigá-los a tomar parte? Quando "recrutou" outras pessoas para a atividade?		
Quando você se identificou com a sua atividade, cheio de orgulho, e contou aos demais que você é que a tinha realizado?		

- *Expertise individual e vitória em equipe* – O trabalho é mais agradável quando a expertise faz de vocês integrantes valorosos de uma equipe vencedora.
- *Risco e recompensa* – O trabalho é mais agradável quando vocês assumem um tanto de risco, enfrentam desafios e mudanças e sabem das chances de prosperidade.

- *Respaldo flexível* – O trabalho é mais agradável quando não exige muito do seu tempo, quando vocês podem seguir um horário adequado às demais prioridades extraprofissionais.
- *Obrigações restritas* – O trabalho não é particularmente agradável; o valor reside, em grande parte, no ganho econômico de curto prazo.

Avaliem as 10 afirmações na Planilha 4.3. Com qual das afirmações de cada linha vocês *mais* se identificam? Depois de responderem à avaliação, vejam na Tabela 4.1, "As suas preferências no tocante aos atrativos", quais deles são mais importantes para vocês.

As descrições a seguir, sobre cada um dos atrativos, os ajudarão a avaliar o seu trabalho atual. Alguns dos quesitos dizem respeito à real natureza das tarefas que vocês realizam; outros, ao ambiente de trabalho – os valores da empresa, o estilo de gerenciamento do patrão etc. O cargo atual é o mais adequado para vocês?

Legado expressivo

Os indivíduos que se identificam mais com este arquétipo tendem a apresentar as seguintes características:

- Se preocupam em fazer algo de valor duradouro.
- São empreendedores, esforçados, criativos, têm boa educação e automotivação.
- Consideram-se líderes e adoram assumir responsabilidades.
- São os que mais definirão o sucesso como a fidelidade a si mesmo.
- Dizem que jamais vão se aposentar.
- Dão menos valor que os demais às recompensas tradicionais, como compensações, férias e um melhor pacote de benefícios.
- Procuram por um trabalho que continue a fortalecê-los e estimulá-los, que lhes permita continuar a aprender e se desenvolver, e com um maior propósito social.

Se vocês comungam dos valores deste arquétipo, a partir dos quesitos a seguir, avaliem o trabalho que fazem e o ambiente no qual se encontram hoje em dia:

- *Liberdade de ação individual* – Vocês estão aptos a "serem os seus próprios patrões"?
- *Sucesso fundamentado na criatividade* – A criatividade é necessária para se sobressair no trabalho?

PLANILHA 4.3

O que faz você se empenhar?

COM QUAIS DAS AFIRMAÇÕES VOCÊ MAIS SE IDENTIFICA? ESCOLHA A(S) CÉLULA(S) QUE MELHOR DESCREVA(M) AS SUAS PREFERÊNCIAS OU SENTIMENTOS COM RELAÇÃO AO TRABALHO.

	A	B	C	D	E	F
Gosto de realizar tarefas quando...	... elas são ambíguas em si e eu próprio me vejo obrigado a conceber tanto o resultado quanto os meios de realizá-las	... os meios de realizá-las corretamente são determinados por outros e ensinados a mim	... a minha equipe como um todo está de posse das habilidades e do conhecimento necessários para realizá-las, embora eu próprio saiba só uma parte	... os meios de realizá-las são desconhecidos e estão em aberto, obrigando-nos a explorar abordagens inéditas	... os meios de realizá-las são evidentes e fáceis de aprender	... são fáceis
Prefiro as formas de organização do trabalho que...	... me concedam uma completa liberdade de ação individual	... sejam bem definidas e "tradicionais" (das 9 horas às 18 horas)	... incluam horários regulares, aos quais se ajustem os de todos os integrantes da equipe, que viabilizem períodos de encontros presenciais	... sejam bem flexíveis quanto à hora e também ao local a fim de proporcionar um tempo para a busca de aventuras extramuros	... me permitam reorganizar os meus compromissos no cotidiano	... sejam de curto prazo
Gosto de trabalhos que sejam...	... extremamente estimulantes, demandam criatividade e proporcionam uma oportunidade de aprendizado e crescimento	... desafiadores, mas dentro dos limites das minhas presentes competências, com base no treinamento que eu tenha recebido	... baseados na minha área de expertise, permitindo-me contribuir pelo bem comum com a minha competência	... sejam extremamente desafiadores e variados – e nunca envolvam fazer a mesma coisa mais de uma vez	... não sejam complicados e tenham rotinas bem definidas, que me permitam adotá-las ou sair delas, com os demais aderindo na medida do necessário	... resguardados de toda sorte de perguntas estúpidas da parte dos clientes ou dos colegas
Uma das coisas que eu levaria em conta no que se refere a um novo emprego em potencial seria...	... saber que ele me proporcionaria uma abertura para a realização pessoal e a liberdade para atuar de forma empreendedora	... a qualidade das opções para o desenvolvimento da carreira no longo prazo – se elas configuram um percurso constante, invariável, rumo ao sucesso	... até onde a minha área de competência contribuiria para o sucesso da empresa	... a oportunidade de crescimento financeiro pessoal, por meio da concessão de gratificações e participações acionárias	... até que ponto me seria permitido estabelecer formas bastante flexíveis de organização, de preferência com direito a definir o meu próprio horário, inclusive	... saber que o processo de contratação é fácil e rápido – com a exigência de poucas qualificações

PLANILHA 4.3

O que faz você se empenhar? *(Continuação)*

	A	B	C	D	E	F
Para mim, um ponto inegociável na hora de escolher um emprego seria...	... eu não ser autorizado a realizar o melhor trabalho possível do modo como julgasse necessário...	... a filosofia da compensação não parecer justa, inclusive no tocante aos benefícios da aposentadoria com os quais se venha a contar	... não haver ambiente propício à colaboração e ao trabalho em equipe	... o acordo não oferecer a possibilidade de um incentivo compensatório significativo	... o acordo não incluir generosas políticas de férias e um programa de escolha de benefícios, para eu me decidir pelo tipo de assistência mais adequado às minhas necessidades	... ele não oferecer uma remuneração maior que a das demais empresas no mercado
Sinto que sou bem-sucedido no trabalho quando...	... sou fiel a mim mesmo e me expresso por meio da realização de algo que acredito ser valioso	... faço progressos constantes na escalada da hierarquia profissional e economizo para a aposentadoria	... a minha equipe é vitoriosa e eu dei a minha contribuição para o sucesso coletivo	... estou sempre aprendendo e crescendo graças a novas atribuições estimulantes	... as minhas atividades fora do trabalho não são prejudicadas, uma vez que, hoje, são muito mais importantes que o meu emprego	... o chefe escolhe a mim para receber uma gratificação imediata por causa de algo que fiz hoje
Sou de fato instigado por...	... oportunidades de instituir ou criar algo de valor duradouro...	... estar numa trilha estável rumo ao sucesso, com chances de aprendizado e desenvolvimento ao longo do caminho	... me divertir com os colegas – trabalhar duro em conjunto ou comemorar	... interagir com pessoas brilhantes e reconhecidas pelos líderes	... sonhar em como haverei de mergulhar no trabalho daqui a alguns anos, quando diminuírem as minhas atuais responsabilidades extraprofissionais	... um cheque de pagamento com algumas horas extras ou uma gratificação
Na minha vida, o trabalho...	... é a minha oportunidade de exercer um impacto duradouro em algo ou alguém	... é a minha via rumo à ascensão profissional e à estabilidade econômica	... é grande motivo de orgulho, tendo em vista o nosso histórico profissional de vitórias e as minhas contribuições para o sucesso da equipe	... é uma descarga de adrenalina – uma das múltiplas oportunidades de aventura e emoção	... no momento, é menos importante para mim que as demais responsabilidades e interesses	... na verdade, é uma chatice
Para mim, é importante ter um chefe que...	... me ajude a organizar os recursos necessários ao meu trabalho, realizá-lo, mantendo os burocratas à distância, e o "promova" depois de concluído	... seja franco e muito honesto no tocante às expectativas, vincule as recompensas ao cumprimento de metas justas, respeite o meu direito à estabilidade e cumpra com as promessas	... saiba formar uma equipe de peso, resolva qualquer conflito interpessoal com agilidade e competência, e atue como um participante/instrutor para que o trabalho se realize com sucesso	... me permita fazer as coisas com base nos meus interesses, me trate como um indivíduo, se livre dos colegas incompetentes e saiba como se divertir	... compreenda que, agora, a vida anda complicada para mim, esteja imbuído da empatia e da disposição de me ajudar a arranjar um cronograma flexível, mas seja capaz de enxergar o meu potencial no longo prazo	... seja competente, justo e me pague pelo trabalho que eu fizer
Para mim, é importante	... realize um trabalho no qual se criem coisas de	... seja financeiramente estável e segura	... seja conhecida no mercado pela	... seja "forte" e conduza à possibilidade de um	... tenha consideração pelos funcionários e	... pague bem e não esteja amontoada de

- *Oportunidades permanentes de aprendizado e crescimento* – Vocês estão sempre em contato com colegas brilhantes, ideias estimulantes e questões inovadoras?
- *Impacto e valor sustentável* – O trabalho exercerá impacto duradouro em algo ou alguém?

Os exemplos do tipo de trabalho em geral motivador para indivíduos identificados com este arquétipo incluem a arquitetura (criação de algo de valor duradouro), a construção (liberdade de ação individual e valor duradouro), a prestação de serviços (trabalho estimulante, impacto e liberdade de ação) e várias atividades artísticas. Muitos indivíduos voltados para o trabalho em organizações sem fins lucrativos ou no empreendedorismo social são movidos por esse atrativo. De modo geral, os meios profissionais atraentes costumam incluir a atividade autônoma e o empreendedorismo incipiente.

Se acharem que o legado expressivo é um dos seus atrativos dominantes, devem se envolver com trabalhos que proporcionem a satisfação de criar, instituir ou fazer algo que ajude os outros. Têm de fazer parte de uma empresa que atribua a máxima prioridade à natureza do trabalho em si e à criação de algo de valor duradouro – em geral, coisas que reflitam com clareza a sua herança, os seus valores e as suas ambições de modo singular e memorável. A Bright Horizons, provedora de serviços de atendimento infantil financiados pelas empresas, enfatiza o impacto duradouro exercido por uma "educação infantil precoce" na vida dos pequenos. Qualquer visitante que cruzar a sala de patentes da Xilinx e parar diante do mural no qual se descreve o visionarismo dos fundadores e os seus dispositivos lógicos programáveis perceberá a irresistível ambição da empresa.

Progresso seguro

Os indivíduos identificados com este arquétipo apresentam as seguintes características:

- Buscam a ascensão profissional e um percurso constante, invariável, rumo ao sucesso.
- Orgulham-se de serem extremamente confiáveis e trabalhadores leais.
- Valorizam as recompensas justas, tradicionais, inclusive as compensações efetivas, benefícios satisfatórios e um sólido, invariável, programa de aposentadoria.
- Sentem-se incomodados com compensações de risco ou sujeitas a grande variação, inclusive gratificações e participações acionárias.

- Gostam de trabalhar duro.
- Atribuem grande valor à família.
- Demonstram menos interesse em benefícios mais "suaves", como um trabalho estimulante, um ambiente agradável, um trabalho relevante à sociedade ou formas flexíveis de organização do trabalho.
- Buscam ambientes estáveis e seguros, e tendem a manter a estabilidade num único emprego por longos períodos.

Se vocês comungam dos valores deste arquétipo, é importante trabalhar para uma empresa capaz de proporcionar:

- *Recompensas justas e efetivas* – A maioria das suas compensações é baseada no salário ou na remuneração horária, em vez do pagamento de incentivos?
- *Compensações inalteráveis, benefícios e um sólido programa de aposentadoria* – Vocês são capazes de prever o quanto ganharão a cada ano e de quanto disporão para a aposentadoria?
- *Ambientes de trabalho estáveis e seguros* – O histórico e as perspectivas financeiras da empresa são confiáveis? Ela parece estar num rumo auspicioso e constante?
- *Trabalho com estrutura e rotina* – O papel que vocês desempenham proporciona uma rotina regular e atribuições bem definidas?
- *Treinamento relacionado com a carreira* – Vocês têm acesso a treinamentos regulares dentro da empresa?

Os exemplos de carreiras, em geral motivadoras, para indivíduos identificados com este arquétipo incluem os das áreas da educação, da saúde, do serviço público, da manufatura e dos transportes.

Procurem por empresas empenhadas em oferecer gratificações e investimentos inalteráveis no desenvolvimento do corpo de funcionários. Há muitos anos, a ExxonMobil tomou a decisão de adotar planos de pensão com benefícios definidos, em reconhecimento à importância que, pela sua experiência, os funcionários atribuíam à segurança. O investimento em treinamento da Container Store – mais de cinco vezes a média do setor – e os avanços definidos da empresa evidenciam o seu empenho no desenvolvimento das carreiras.

Expertise individual e vitória em equipe

Os indivíduos identificados com este arquétipo apresentam as seguintes características:

- Gostam de fazer parte de uma equipe vitoriosa e buscam uma atmosfera de cooperação.
- São de fato preocupados em demonstrar o máximo de competência no trabalho que realizam e contribuir para o sucesso da empresa.
- Sentem orgulho do próprio trabalho, pelo qual se dispõem a empregar um esforço a mais.
- São leais, esforçados, confiáveis, capazes e, em geral, bastante experientes.
- Atribuem menos valor que a maioria às recompensas individuais, como mais dinheiro ou maior período de férias, e expressam menos necessidade de formas flexíveis de organização do trabalho.
- Atribuem acentuada importância aos trabalhos pessoalmente estimulantes, aos ambientes de trabalho apropriados e divertidos, aos colegas cooperativos e às empresas que garantem estabilidade e segurança no emprego.

Se vocês comungam dos valores deste arquétipo, reflitam se o trabalho atual proporciona:

- *Trabalho em equipe* – Vocês têm oportunidade de trabalhar em colaboração estreita com os colegas? O sucesso do seu trabalho depende do esforço coletivo da equipe?
- *Diversão* – Vocês reservam um tempo livre para desfrutar do dia de trabalho?
- *Abordagens concebidas com vistas à colaboração* – As suas tarefas impõem que vocês interajam com os outros?
- *Ambientes estáveis, bem organizados e bem administrados* – A sua empresa adota uma abordagem exitosa e sustentável?
- *Colegas competentes* – Os seus colegas são capacitados?
- *Trabalho que alavanque e aumente a força pessoal de que vocês já dispõem* – Vocês têm aprendido?

Para os indivíduos identificados com este arquétipo, o campo particular de atuação é menos importante que achar ambientes que tomem por base o trabalho em equipe. Muitos buscam cargos gerenciais.

Procurem por empresas cujo modelo de operação requeira um comportamento voltado para o trabalho em equipe. O Royal Bank of Scotland é notório pelas suas reuniões administrativas matinais, nas quais as metas de cada dia são definidas em conjunto pelos altos executivos. Os processos de contratação e compensação da Whole Foods são baseados na equipe: os candidatos permanecem sob avaliação até a equipe votar pela sua contratação em tempo integral.

Risco e recompensa

Os indivíduos identificados com este arquétipo apresentam as seguintes características:

- Buscam levar uma vida repleta de mudanças e aventuras, encaram o trabalho como uma de múltiplas oportunidades de experimentar uma emoção.
- Tendem a ter uma boa educação e apresentar uma acentuada predileção por trabalhar com outras pessoas brilhantes.
- São bem-sucedidos quando o trabalho é estimulante.
- Gostam de assumir posições de responsabilidade.
- São movidos pela variedade e pelas oportunidades de crescimento.
- Desejam um trabalho que seja recompensador em si mesmo.
- Exploram novos meios de se trabalhar.
- Desejam que os ambientes de trabalho e cronogramas sejam flexíveis, de modo a poderem trabalhar nos próprios termos e satisfazer aos próprios interesses.
- Têm confiança na própria capacidade e procuram recompensar as suas realizações por meio de gratificações indenizatórias e participações acionárias.
- São donos da própria carreira e exploram as opções à disposição; mantêm a estabilidade num mesmo emprego por um tempo em média breve.

Se vocês comungam dos valores deste arquétipo, reflitam se o cargo atual oferece:

- *Crescimento financeiro pessoal* – Vocês têm chances de receber gratificações e participações acionárias substanciais, como resultado do seu desempenho pessoal?
- *Flexibilidade no ambiente de trabalho e no cronograma* – Vocês baseiam o trabalho nos seus próprios termos?
- *Chance de escolha das atribuições* – Vocês têm direito de escolher a partir de um cardápio variado de opções?
- *Chance de mudança frequente das tarefas* – Vocês têm opção de trocar de responsabilidades?
- *Tarefas em aberto* – Vocês são autorizados a definir a abordagem?
- *Exposição frequente a outras pessoas brilhantes e reconhecidas referências em liderança* – O trabalho os põe em contato com pessoas que vocês respeitam e com as quais aprendem?

Os exemplos de ambientes de trabalho passíveis de serem motivadores para indivíduos que se encaixam neste arquétipo incluem os das áreas da tecnologia da informação, dos bancos de investimento e da prestação de serviços. Muitos desses indivíduos são mais felizes quando trabalham em empresas pequenas ou são autônomos. A empresa de software Trilogy dispõe de um processo de orientação extremamente desafiador, de maneira a incutir essa cultura logo de início.

Respaldo flexível

Os indivíduos identificados com este arquétipo apresentam as seguintes características:

- Encaram o trabalho como fonte de sustento, mas não como foco fundamental da vida.
- Mantêm interesses e prioridades fora do trabalho e procuram o equilíbrio entre a vida pessoal, a financeira e a emocional.
- Procuram empresas que tornem as coisas um pouco mais fáceis de se lidar, por exemplo, oferecem um cardápio flexível de opções de benefícios que atendam aos seus interesses específicos.
- Valorizam ambientes apropriados e divertidos.
- Tendem à opinião de que as atividades extraprofissionais são temporárias e acham possível que, no futuro, queiram devotar mais tempo e energia ao trabalho, mas por ora procuram por funções que lhes permitam controlar tanto a carreira quanto a própria vida.

Se vocês comungam dos valores deste arquétipo, têm de estar num ambiente de trabalho que ofereça:

- *Formas muito flexíveis de organização do trabalho* – Vocês podem criar o seu próprio cronograma?
- *Férias generosas ou opções para se ausentar* – Vocês têm a opção de se ausentar por períodos de tempo significativos?
- *Programas flexíveis de benefícios* – Vocês têm como escolher entre serviços de atendimento infantil, atendimento ao idoso e outra opções baseadas nas suas necessidades específicas?
- *Trabalho com rotinas bem definidas* – Vocês têm a capacidade de adotar rotinas ou sair delas com facilidade?
- *Trabalho que se possa fazer à distância* – O seu trabalho pode ser feito sem a necessidade de interação pessoal direta?

- *Ambientes de trabalho apropriados, divertidos e pelos quais vocês tenham empatia* – Vocês gostam do seu patrão e dos seus colegas?

Os exemplos de ambientes de trabalho, com frequência, motivadores para os indivíduos que se encaixam neste arquétipo incluem os das áreas de lazer e hotelaria ou da prestação de serviços financeiros, uma vez que ambos podem oferecer a flexibilidade desejada por esse grupo. O sistema da JetBlue para os seus agentes de reserva permite que trabalhem em casa e façam o próprio horário, de comum acordo com o seu grupo de trabalho – um exemplo de disputa pelo talento com base na máxima flexibilidade. Contudo, um número crescente de empresas de outros setores reconhece a importância da flexibilidade no ambiente de trabalho, de modo que há chance de vocês acharem muitas, se não todas essas características em praticamente qualquer campo.

Obrigações restritas

Os indivíduos identificados com este perfil apresentam as seguintes características (embora, em vista dessas características, é provável que não estejam lendo este livro!):

- Em grande medida, encaram o valor do trabalho em termos de ganho econômico no curto prazo.
- Preferem os trabalhos que exijam o mínimo do seu tempo.
- Atribuem grande valor às compensações e pacotes de benefícios tradicionais.
- Expressam menos interesse que os demais perfis em trabalhos que considerem agradáveis, pessoalmente estimulantes ou úteis à sociedade.

Se vocês comungam dos valores deste arquétipo, serão mais felizes se a sua empresa tiver:

- *Restrições desprezíveis à admissão* – O processo de seleção foi rápido e fácil e o trabalho foi simples de se conseguir e aprender?
- *Trabalho com rotinas bem definidas* – A abordagem preferencial é traçada com clareza?
- *Compensações tradicionais e pacotes lucrativos de benefícios* – As suas compensações se baseiam sobretudo no salário ou na remuneração horária?
- *Estabilidade e segurança* – A empresa tem um bom histórico de estabilidade financeira e estratégica?

- *Oportunidades de reconhecimento periódico* – É possível receber recompensas por contribuições relevantes?

Os exemplos de ambientes de trabalho que talvez sejam os mais adequados para os indivíduos que se encaixam neste arquétipo, em grande parte porque as restrições ao preenchimento dos cargos são desprezíveis, incluem as vendas a varejo, as vendas por atacado e os transportes.[38]

Na situação atual, vocês têm uma oportunidade realista de apreciar o seu trabalho, se já não o fizerem? Ou têm necessidade de enfrentar o desafio de mudar para um trabalho ou lugar diferentes, conforme vocês se posicionem para a próxima fase da sua carreira?

A partir dos quesitos associados aos seus atrativos, reflitam sobre o que sentem com relação ao trabalho que realizam hoje em dia e o ambiente no qual o fazem. Se não entenderem isso direito, não importa quais estratégias empreguem para serem mais bem-sucedidos, é quase certo que vocês não se sentirão *motivados*. E, sem motivação, a busca pelo sucesso nos seus próprios termos será uma quimera.[39]

TABELA 4.1

Os atrativos da sua preferência

Os atrativos da sua preferência são os seguintes:

Coluna A	Trabalhar tem a ver com criar algo de valor duradouro.
Coluna B	Trabalhar tem a ver com ascensão profissional; uma ascensão invariável rumo ao sucesso.
Coluna C	Trabalhar é uma oportunidade de contribuir como integrante de uma equipe vitoriosa.
Coluna D	Trabalhar é uma oportunidade de desafio, mudança, aprendizado e, quem sabe, prosperidade.
Coluna E	Trabalhar cria um meio de sustento, mas não é necessariamente uma prioridade de vida.
Coluna F	O valor do trabalho reside, em grande parte, no ganho econômico no curto prazo.

CAPÍTULO 5

Uma visão nua e crua das opções futuras

A realidade das mudanças no ambiente de trabalho

A natureza e a disponibilidade do trabalho passam por mudanças importantes que afetarão de maneira significativa as oportunidades abertas para a Geração X ao longo das décadas vindouras. E a maior parte das notícias são boas. Apesar da falta de empregos no curto prazo, a perspectiva no longo prazo é promissora no tocante ao trabalho. A tendência é que os mercados se tornem mais definidos, o que proporcionará maior impulsão à sua busca pelo trabalho que desejam. Melhor ainda: a natureza do trabalho, estimulada pelas constantes mudanças na tecnologia, promete oportunidades ainda mais afins aos seus valores e ao tipo de vida que vocês têm esperança de levar.

A disponibilidade de trabalho

Eis um modo simples de se refletir sobre a situação da mão de obra no longo prazo: em todo o mundo, muitas economias têm atingido proporções que lhes garantem a capacidade de criar mais vagas de emprego do que a população em idade ativa, tal como projetada, dá conta de preencher. (Presumindo-se que se continue a definir idade ativa como hoje: entre 18 e 65 anos, o que abordarei adiante). Sem dúvida, nas últimas décadas as taxas de natalidade diminuíram, ao passo que, até o ano passado, as economias continuaram a crescer.

Nos Estados Unidos, a taxa de natalidade caiu de três ou mais crianças para cada dois adultos, nos anos 1950 e 1960, para só duas crianças para cada dois adultos, na década de 2000. Em outras palavras, só estamos repondo a população. E como as taxas de natalidade têm se mantido baixas já há várias décadas, à medida que essas crianças ingressarem na população ativa no decorrer dos próximos 20 anos, o tamanho da população ativa nos Estados Unidos crescerá de modo *muito* lento, em menos de 0,5% ao ano. Para contextualizar os dados, de 1980 a 2000, o número de pessoas na faixa etária dos 25 aos 54, historicamente a mais importante fornecedora de mão de obra do país, aumentou em 35 milhões nos Estados Unidos. De 2000 a 2020, ela aumentará em meros 3 milhões.[1]

Enquanto isso, ao longo das últimas décadas a economia disparou. As empresas cresceram, e embora a natureza dos empregos disponíveis tenha se alterado, o seu número tem aumentado de modo constante. Antes da recessão de 2008, a economia tinha crescido tanto que ameaçava criar mais empregos do que a população ativa, tal como tradicionalmente definida, era capaz de preencher.

O fenômeno – taxas de natalidade decrescentes em vista de economia crescentes – ocorre no mundo todo, conforme as economias locais passam dos empregos de base agrária para os de base industrial, e destes para os baseados no conhecimento. Eis a correlação direta. Numa economia agrária, os filhos representam trabalho. A prole maior concede às famílias produzir uma colheita maior. As crianças são *bens*. Nas economias industriais e de prestação de serviço, há uma mudança no reflexo exercido pelos filhos nas famílias. Nessas economias, eles custam dinheiro. Eles são *encargos*. Não restam dúvidas de que são amados e valorizados, mas para a maior parte dos casais numa economia baseada na indústria ou no conhecimento, bastam um ou dois. Os filhos mudaram de posição no balanço patrimonial da vida. O resultado é que, à medida que as economias no mundo todo continuarem a evoluir, é quase certo que as taxas de natalidade continuarão a cair.

Hoje em dia, a taxa de fertilidade mais alta do mundo (7,3 filhos por mulher) é da República do Mali, onde a principal atividade é a agricultura – sobretudo a algodoeira, na qual a colheita exige muita mão de obra. No outro extremo do espectro, as taxas de natalidade mais baixas do mundo se acham na Ásia (Coreia do Sul: 1,2; Taiwan e Cingapura: 1,1; Hong Kong: 1; e Macau: 0,9), onde predominam as economias baseadas no setor de serviços, centradas nas finanças, e de turismo.

À medida que as economias no mundo continuarem a se expandir, é quase certo que as taxas de natalidade continuarão a cair. Na União Europeia, a média de 2008 foi de 1,5; países como a Itália e a Espanha ficaram em 1,3, bem abaixo do nível de reposição. Na verdade, a população em idade ativa da Europa *entrará em declínio* no decorrer das décadas vindouras. Na UE, a população ativa (indivíduos entre 15 e 64 anos) diminuirá mais de 15%, ou 52 *milhões* de trabalhadores, entre 2004 e 2050.[2]

Resumo da ópera: É provável que haja uma infinidade de empregos para vocês no futuro, à medida que as economias se recuperarem do declínio atual.

É claro que há diversas suscetibilidades a essas previsões. Embora não seja provável que alguma delas vá diminuir as perspectivas de emprego num nível macro, com certeza criam rupturas e desequilíbrios – e doem sensivelmente nos bolsos afetados.

Aposentadoria dos *boomers*

E se os *boomers* não pararem de trabalhar ao chegar a idade da aposentadoria? As estatísticas apresentadas partem do princípio de que a população ativa se estende até a faixa dos 65 anos, mas já vemos evidências de que as pessoas têm trabalhado até uma idade mais avançada. Ao longo da próxima década, a minha expectativa é que a idade oficial para a aposentadoria seja aumentada, conforme um número maior de indivíduos optar por permanecer na população ativa.

Contudo, a maioria dos *boomers* não tem interesse em dedicar tamanho empenho ou tempo ao trabalho ao chegarem a esse período pós-65 anos. Quase todos dizem que desejam suspender a atividade ou trabalhar de maneira mais flexível. Embora vocês levantem algumas conjecturas bastante agressivas com relação ao número de americanos mais velhos que continuam a trabalhar, ainda haverá lacunas na população ativa e vagas interessantes se abrirão para vocês.

Terceirização

O fenômeno da terceirização tem sido, de modo particular, doloroso para a sua geração. Os níveis salariais dos homens sofrem um declínio ao longo das últimas décadas. Uma das razões é a transferência dos empregos regiamente remunerados, tradicionalmente dominados pelos homens – empregos do setor de produção – para outros países. Além disso, uma porcentagem elevada da Geração X foi trabalhar de maneira desproporcional nos setores vinculados à tecnologia da informação, outro segmento da economia que tem se mostrado vulnerável à terceirização.

No entanto, a terceirização mundial está sujeita a limitações, e há sinais de que a tendência é que diminua. Os salários sobem com rapidez nessas economias que a adotam, e há uma disputa ferrenha pelos candidatos qualificados.[3] Muitas empresas têm reavaliado as suas concessões e optado por preservar uma proporção maior dos seus cargos em economias desenvolvidas ou até repatriar alguns deles. E mesmo que todas as vagas que se pudesse abrir num lugar distante fossem terceirizadas, os países desenvolvidos ainda sofreriam com a falta de empregos. Embora a concorrência dos mercados de trabalho de outras partes do mundo continue a empurrar para baixo os salários locais e os indivíduos possam ter de se sujeitar a uma reciclagem ou uma recolocação no próprio país, ainda haverá empregos disponíveis nos Estados Unidos e noutras economias desenvolvidas.

Imigração

A Geração X também foi afetada de modo significativo pela imigração. Em primeiro lugar, uma boa porcentagem de vocês é composta de imigrantes. Nos Estados Unidos, 19% dos que estavam na faixa dos 25 aos 39 anos em 2004 nasceram no exterior, em comparação com 12% da população como um todo. Desses, quase metade era da América Central (incluindo o México) e um quarto, da Ásia. Hoje em dia, só 26% daqueles de vocês que estão nesse grupo etário e que nasceram no estrangeiro se tornaram cidadãos naturalizados.[4] Por outro lado, 40% de todos os imigrantes legais admitidos nos Estados Unidos em 2004 tinham entre 25 e 39 anos.[5]

A imigração é objeto de preocupação daqueles que acham que os empregos locais estão sendo entregues à mão de obra mais barata dos imigrantes. Porém, essa tendência também está sujeita a limitações, por dois motivos. Conforme as taxas de crescimento da população desacelerarem no mundo todo, menos pessoas se dispõem a imigrar. Por exemplo, a Polônia é uma importante fornecedora de mão de obra imigrante para o Reino Unido, mas hoje em dia a sua taxa de natalidade é uma das menores do mundo. O crescimento da população mexicana na idade ativa desacelerará 90% e passará de um crescimento de 200% nos 40 anos que vão de 1970 a 2010 para um aumento de meros 20% entre 2010 e 2050. Relatórios recentes sugerem que o fluxo de imigrantes ilegais do México para os Estados Unidos desacelerou demais em 2008, uma tendência que tem toda probabilidade de continuar nos próximos anos.[6] Como mostra a Figura 5.1, a taxa de crescimento das populações em idade ativa tem desacelerado drasticamente em muitos países.

O segundo fator é que a atratividade de muitas economias locais aumentou com rapidez e fez os indivíduos optarem por voltar para casa ou lá permanecerem.

Produtividade

É provável que nem a tecnologia, com a promessa de robôs e demais dispositivos que tornam dispensável a mão de obra, haverá de reduzir o número de empregos à disposição de vocês. A produtividade dos Estados Unidos aumentou, em média, cerca de 2% ao ano nos últimos 50 anos. A maioria dos economistas acha que a taxa global no longo prazo continuará constante nas próximas décadas.

A economia no curto prazo

Para a sorte de vocês, ao ingressarem na população ativa a economia andava desacelerada – e hoje volta a desacelerar, justamente quando vocês estão com um pé na alta administração. À medida que escrevo, a economia mundial atravessa um ciclo difícil. A taxa de desemprego nos Estados Unidos é a mais alta em 26 anos. Não abordei a economia de curto prazo nos dois livros anteriores que escrevi sobre as gerações e não o farei em detalhes neste. Sob a perspectiva demográfica, no longo prazo deve haver uma forte demanda por mão de obra. Contudo, talvez ainda se passem vários anos antes que superemos as presentes condições e retomemos a trajetória de crescimento econômico; assim, é provável que algum progresso que os indivíduos venham a ter na população ativa demore mais tempo para se materializar.

As implicações da presente economia variam de acordo com a geração. Mas seja por causa das reservas minguadas para a aposentadoria, do número reduzido de primeiros empregos ou das dispensas generalizadas de meio de carreira, todas as gerações sentem o aperto.

É provável que os Y sejam os menos prejudicados. Não obstante a desaceleração nas oportunidades imediatas de carreira, há pouca chance de que a atual crise financeira diminua a prosperidade de longo prazo dessa geração. Ela pode se dar ao luxo de bolar uma estratégia de curto prazo com a qual tirar proveito de um momento difícil da economia, com a expectativa de uma vida longeva que lhe permita usufruir de uma recuperação do ciclo de investimentos.

A recessão redefiniu o tabuleiro para os *boomers*. As opções para uma aposentadoria integral, que pareciam viáveis há 12 meses, hoje em dia estão

FIGURA 5.1

Desaceleração no crescimento da população em idade ativa

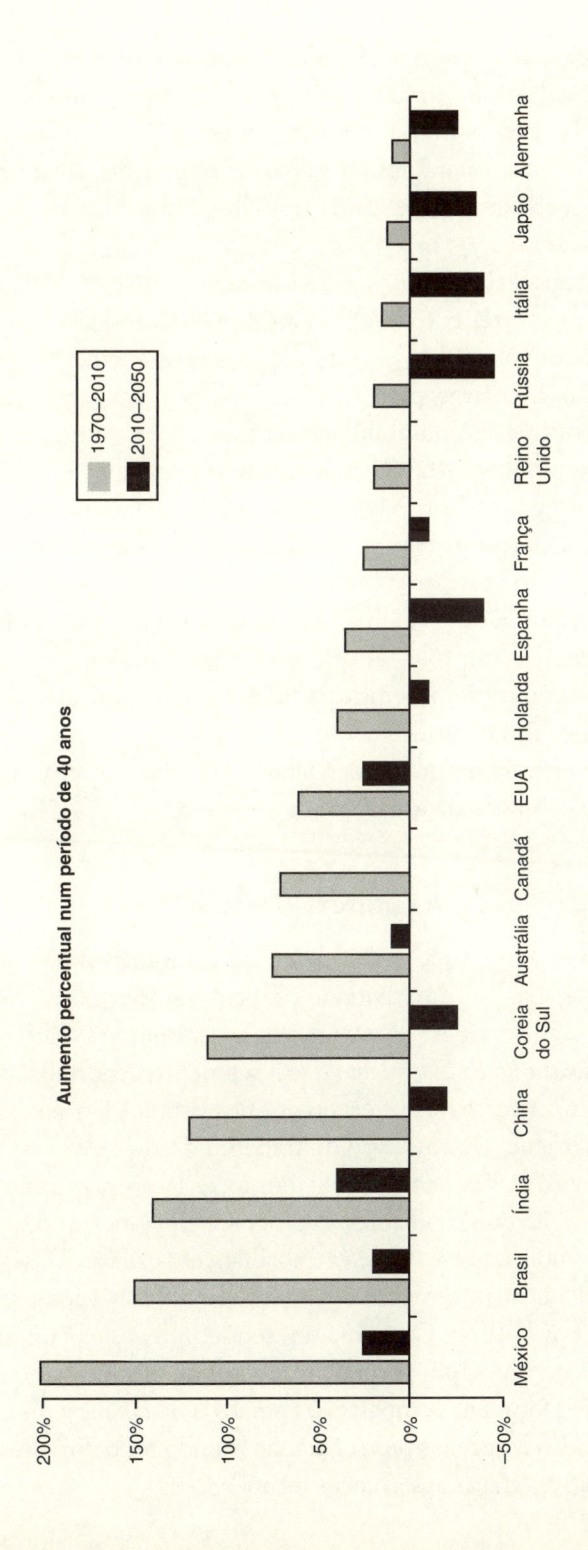

Aumento percentual num período de 40 anos

■ 1970–2010
■ 2010–2050

México, Brasil, Índia, China, Coreia do Sul, Austrália, Canadá, EUA, Holanda, Espanha, França, Reino Unido, Rússia, Itália, Japão, Alemanha

Fonte: "It's 2008: Do You Know Where Your Talent Is? Why Acquisition and Retention Strategies Don't Work", Deloitte Research/U.N. Population Division (http://esa.un.org/unpp/), 6.

descartadas para muitos. A realidade, contudo, é que, mesmo antes da recessão, poucos *boomers* tinham chances de gozar de uma versão à antiga, descansada, da aposentadoria. A maior parte terá de trabalhar depois de ter se aposentado, mas estará apta a saldar as obrigações financeiras, graças à redução nos seus compromissos de trabalho, e a satisfazer muitos dos seus demais interesses.

Das três principais gerações presentes na população ativa, é quase certo que a X é a que enfrenta o desafio mais difícil. Como abordei anteriormente, muitos deles têm sobre os ombros encargos financeiros significativos: antigos créditos escolares, prestações da hipoteca, despesas com os cuidados com filhos e outras responsabilidades adultas. Para muitos, esse período de recessão deve parecer a travessia de um mar encrespado num barco sobrecarregado, com pouco bordo livre para resistir às ondas maiores.

Há uma inclinação natural a esperar pela bonança – a se meter nas encolhas –, enquanto vocês tentam manter os salários num período em que as dispensas continuarão a ser uma realidade cotidiana em muitas empresas. Paradoxalmente, é improvável que essa seja a melhor política. De modo geral, a melhor política em tempos difíceis é tomar uma atitude, se debruçar sobre o desafio. Em capítulos posteriores, apresentarei ideias para se tirar o máximo proveito da natureza inconstante do trabalho e propor ideias inovadoras e novos meios de atuar na sua empresa.

A natureza do trabalho

A base da nossa economia – o modo como geramos valor – mudou ao longo dos séculos, passou da atividade de base agrária para a de manufatura e desta para a de serviços. Hoje em dia, as estimativas dão conta de que a *atividade baseada no conhecimento* – um segmento especializado do setor de serviços – já constitui 40% dos empregos nos Estados Unidos e responde por 70% do crescimento do mercado de trabalho desde 1998.[7]

Os empregos da sua geração refletem a oscilação para uma economia na qual os serviços são predominantes. A proporção maior está no setor do varejo e no do serviço público (11% de vocês trabalham em cada área), seguido de perto pelo da tecnologia da informação e outros serviços (10% cada), serviços de saúde (9%) e educação (8%). O padrão dos seus empregos é bem diverso daquele do das demais gerações, em particular no setor de produção, no qual só 6% de X estão empregados, em comparação com 10% de *boomers*. Essa mudança no padrão básico dos empregos prosseguirá no mundo todo durante o restante dos seus anos na ativa, graças aos avanços tecnológicos.

Geradores de mudança

As principais causas para a natureza inconstante do trabalho são fáceis de entender: cada vez mais, a tecnologia concede às pessoas no ambiente de trabalho aquilo que talvez elas sempre preferissem: exercer maior influência e usufruir de uma crescente flexibilidade. Nestes últimos 10 anos, um bom número de novas tecnologias (por cuja criação os X foram em boa parte responsáveis) alterou substancialmente o modo como fazemos muitas coisas, ao reduzir os custos da comunicação.

Com a palavra, a Geração X

Chegamos a este (nível de) desenvolvimento por causa dos X – por causa da sua iniciativa e da sua disposição de burlar as modalidades dominantes de comunicação. O que há de inspirador e ao mesmo tempo desorientador neste nosso admirável mundo novo é que os X inventaram o modelo para ele.[8]

Alguns dos avanços tecnológicos mais importantes incluem:

- *Acesso em qualquer lugar, a qualquer tempo* – Comunicações amplamente disponíveis e sem custo proporcionam uma comunicação presente em toda parte, no mundo todo.
- *A informação que se quer, quando se precisa* – Métodos fáceis de organizar e de identificar o conhecimento.
- O *compartilhamento virtual de conhecimentos e ideias* – Meios rápidos e fáceis de estabelecer relacionamentos e conduzir trabalhos.
- *A capacidade de testar as ideias* – Serviços on-line que viabilizam a experimentação sem que sejam necessários gastos elevados em investimento.

Essas mudanças redistribuem o conhecimento e, ao fazerem isso, o poder muda de mãos. Um dos grandes autores a refletir sobre o poder do conhecimento foi Harold Adams Innis. Em *The Bias of Communication*, livro inovador publicado em 1951, ele esclarece que essa quebra do monopólio do conhecimento tem consequências previsíveis, inclusive:

- Torna mais fácil aos "amadores" competir com os "profissionais", uma vez que o acesso ao conhecimento substitui o predomínio da complexidade.
- Concede aos indivíduos e minorias expressar ideias, uma vez que os meios de comunicação se tornam acessíveis a todos.
- Reduz as vantagens da velocidade antes vigente, uma vez que alguns tinham acesso ao conhecimento antes dos outros.

- Reduz as vantagens relativas ao tamanho, que se baseiam na capacidade de assumir custos elevados.[9]

Novas formas de valorizar a criação

Hoje em dia, a emergente economia baseada na informação tem evoluído para algo ainda mais poderoso e distinto. É possível percebê-lo – por exemplo, na campanha eleitoral participativa de Barack Obama, no nível de produção e distribuição de vídeos amadores pelo YouTube e na contribuição coletiva para a Wikipédia. Estamos em meio a uma transformação tecnológica de fundamental importância, que rompe com o modo de funcionamento dos mercados, negócios e sociedades.

Os contornos e possibilidades exatos continuarão a ser delineados ao longo dos anos, contudo transitamos para o que poderíamos chamar de *economia da escolha*, cuja característica é a capacidade dos indivíduos de participar diretamente e exercer o direito à escolha – direito à personalização, à cocriação, à colaboração. Umair Haque, diretor da Havas Media Lab, atribui a esse novo mundo o nome de *edge economy*,* argumentando, como Innis já tinha feito há mais de meio século, que, conforme o conhecimento muda de mãos, o valor é criado na "periferia", por gente que antes não tinha o poder de participar de maneira plena.[10]

Seja qual for o nome que se dê, o modo como os negócios criam valor está mudando, e basicamente de uma forma mais afim às preferências e suscetibilidades dos X. Por exemplo:

- *Por meio de investimentos na experiência individual* – À medida que os custos da comunicação despencam, a criação de logotipos e slogans se torna desnecessária; os indivíduos têm acesso às informações sobre custos e benefícios nos mínimos detalhes. Cada vez mais, há valores de marca sendo criados por milhões de usuários e representados nas suas próprias experiências. A transformação faz eco às suscetibilidades dos X: menos ênfase em que lhes digam o que se deve saber e no que acreditar, mais ênfase nas alternativas que dizem respeito às contribuições e às escolhas individuais.
- *Pondo de lado a mistificação* – Trata-se de outro valor fundamental dos X: a atividade de todo mundo se torna mais transparente. Conforme os

---

* *Nota do Tradutor:* Uma tradução possível seria "economia periférica", mas preferiu-se evitá-la para não haver o risco de se confundi-la com a expressão consagrada, usada para discriminar outras relações que não as aqui discutidas.

custos da comunicação se aproximam de zero, é cada vez mais provável que *tudo que vá acabe voltando*. As vantagens de curto prazo obtidas de modo desleal têm uma grande chance de resultarem em consequências negativas no longo prazo. Padrões éticos elevados serão bons para os negócios.

- *Por meio de uma estratégia de* "lessness" – Reproduz um valor clássico dos X, a 37signals, empresa de software em franco crescimento, se empenha em "menosprezar" a concorrência e "desfazer" dos rivais. Em vez de lançar produtos com mais recursos, ela deve o seu sucesso a uma estratégia de *lessness* e oferece produtos que se revelam inovadores modelos de simplicidade num setor dominado pela complexidade.[11]
- *Ao permitir a participação dos demais* – A queda no custo da comunicação facilita a criação de redes. Em economias assim, os sistemas mais exitosos são os que permitem a participação dos demais. Nos sistemas ponto-a-ponto mais em voga, produtores aplicam princípios do conceito de *open source* para criar produtos feitos de bits, de sistemas operacionais a enciclopédias.[12] Comunidades de produtores e consumidores dispõem aos clientes as ferramentas necessárias para participar da criação de valores.[13]
- *Por meio da empresa* – Mercados, redes e comunidades podem ser empregadas para gerenciar recursos e ideias de forma mais eficaz, se parte do projeto prever uma estrutura de incentivos ao crescimento sustentável e à criação de valores autênticos. A Google diz que o seu objetivo é "organizar a informação do mundo todo".[14] Muhammad Yunus revolucionou as finanças e deu início a uma transformação social quando, em vez de coletar mais dinheiro para empréstimos, lançou mão da capacidade de organização das comunidades para modificar a equação de valor de empréstimos para pobres.[15] As *ideágoras* são redes que organizam competências criativas e proporcionam às empresas o acesso a um mercado mundial de ideias, inovações e mentes singularmente qualificadas, de que elas podem se valer para ampliar a sua capacidade de resolver problemas.[16]

As estratégias nos negócios – os meios de se criar valor – apresentarão mais afinidade com a mentalidade X. E quanto às empresas?

A natureza das empresas

Entre os dois primeiros quartos deste século, organizações sustentáveis de sucesso evoluirão para comunidades conectadas, capazes de abrigar uma ampla variedade de parceiros e de trabalhadores temporários. Os participantes

– colaboradores ativos munidos de informação atualizada – estarão tecnologicamente habilitados a experimentações contínuas. Não estando sujeitas a limites rígidos, as comunidades tirarão proveito de pontos regionais de acesso, em torno de nós de conectividade, talento e infraestrutura.[17] Cada vez mais, o trabalho poderá ser feito em qualquer lugar, a qualquer tempo, em vez de em locais fixos, de 9 horas às 18 horas.

Essas tendências alterarão as suas oportunidades de trabalho ao longo das próximas décadas. As empresas adotarão relações flexíveis e conexões ativas ininterruptas, de modo a atrair tanto o funcionário talentoso quanto o cliente fiel; se empenharão para operar em escala mais humana, ao mesmo tempo que criarão empreendimentos mais sólidos e ágeis, dotados de capacidade para a inovação, o crescimento sustentável e a operação em nível global.

A nova direção representa um distanciamento significativo dos atributos característicos das empresas de hoje em dia, todos com a função de criar estabilidade *para a instituição*.

- Empresas tradicionais se concentram no indivíduo que realiza uma tarefa predefinida.
- O produto ou serviço constituído suplanta os demais fatores determinantes do sucesso.
- Critérios e estruturas são considerados essenciais.
- O desempenho é avaliado segundo resultados quantitativos baseados em critérios definidos.
- A realidade é concebida como uma coisa dicotômica e concorrente: sucesso-fracasso, grupal-individual, líder-seguidor, legítimo-ilegítimo, trabalho-lazer, razão-emoção.

Essas características não estimulam a ambiguidade nem as mudanças. A sua função essencial é conspirar com aquela parte da nossa personalidade que resiste às contradições necessárias à evolução em andamento.

E por que as coisas haveriam de mudar? Porque os pressupostos básicos já não são válidos. E porque vocês querem que seja assim.

Os velhos pressupostos

Hoje, a maior parte das empresas tem por base pressupostos que já não são válidos ou que em pouco tempo não serão. Por exemplo, a maior parte dos seus princípios ainda está centrada no pressuposto de que a população ativa tem a forma de uma pirâmide. Algumas poucas pessoas no topo (e, ao dar um passo ainda mais atrás, julga-se que haja um "topo") tomam decisões fundamentais e definem estratégias; um número maior de gente no meio da pirâmide traduz essas estratégias em atividades cotidianas; e uma porção de trabalhadores na base faz mais ou menos o que é instruída a fazer. É sobre esse modelo que se fundamentam várias práticas, consideradas modelos no momento. Por exemplo, os funcionários são promovidos (ao menos até atingirem o nível previsto no Princípio Peter)* com o objetivo de se promover a variedade (alguma coisa nova e interessante para fazer) e aumentar as compensações. Não há nada de errado com o modelo, contanto que a população na base da pirâmide deixe espaço para que a maioria das pessoas (que vivam o suficiente) possa ascender.

Contudo, hoje em dia a população ativa não forma uma pirâmide. Ela é mais parecida com um diamante, com um numeroso grupo intermediário, e evolui célere para um retângulo, com quase o mesmo número de trabalhadores em cada uma das principais etapas da vida. De agora em diante, muitos dos pressupostos registrados de modo indelével na nossa mente, quanto à trajetória da carreira de uma pessoa ao longo da vida, serão *matematicamente* inviáveis. Não há como a pirâmide oferecer número suficiente de cargos de alto nível que conceda à população ativa a oportunidade da variedade, do aprendizado ou do aumento das compensações, sobretudo à medida que as coortes geracionais se tornarem mais ávidas por mudanças frequentes e menos dispostas a continuar no mesmo cargo por muito tempo.

Outro exemplo de mudança de pressuposto: se vocês sobrepuserem o modelo demográfico de hoje em dia e a natureza inconstante da criação de valor – o crescimento da atividade da *edge economy*, baseada no conhecimento ou mesmo na escolha –, poderão questionar se ainda têm sentido os nossos parâmetros bem aceitos, quanto à concepção de posto de trabalho e de horário. A maioria dos empregos permanece descrita em termos de unidades de tempo – uma atividade de 40 horas semanais, um expediente de 8 horas. (Se tiverem a sorte de encontrar uma empresa que não deturpe as leis da física de modo a transformar 8 horas diárias em 60 ou 70 horas semanais!) Mas hoje a maior parte dos trabalhadores no mundo ocidental está empregada em setores de serviços, e mais da metade trabalha no campo do conhecimento, recebe um salário para escrever, analisar, aconselhar, contar, conceber, pesquisar e exercer inúmeras funções relacionadas, inclusive recolher, organizar e providenciar acesso ao conhecimento usado por outros.

---

* *Nota do Tradutor:* Princípio formulado por Laurence J. Peter e Raymond Hull, segundo o qual, numa empresa, todo funcionário tende a ascender até o seu "nível de incompetência", isto é, até já não demonstrar aptidão suficiente para nova promoção.

Empregos baseados no horário fazem pouco sentido para esses trabalhadores. Quem é capaz de dizer quanto tempo um indivíduo leva para redigir um relatório, conduzir uma análise ou produzir um software?

Com tudo isso, as suas necessidades e valores se transformam. Em algum momento, o mercado de trabalho apertado estimulará até empresas mais tradicionais a mudar ou encarar o risco de ver o crescimento ser refreado pela falta de talento. Em essência, a relação entre empregado e empregador – ou talvez seja melhor dizer: entre trabalhador e organizador do trabalho – será redefinida. Essas alterações servirão tanto para reforçar quanto para viabilizar os desejos dos trabalhadores individuais e permitir maior flexibilidade, autonomia e participação pessoal.

De volta do futuro – indo de cá para lá

Um tipo diferente de empreendimento, de ritmo acelerado, de colaboração intensiva e de execução de serviços sob encomenda, imporá diferentes pressupostos sobre a estrutura empresarial e um estilo diferente de gerenciamento.

Ricardo Semler, CEO da inovadora empresa brasileira Semco, diz:

Levar adiante uma organização ou negócio com base nas crenças e nas atitudes do seu corpo de funcionários significa remover obstáculos tais como políticas oficiais, restrições procedimentais e marcos inflexíveis, todos estabelecidos com o propósito de se lograr um sucesso trimestral ou, quando não, temporário. Significa abrir mão do controle e deixar que os funcionários sejam os seus próprios gestores. Significa confiar de maneira irrestrita nos trabalhadores, compartilhar com eles o poder e a informação, encorajar a dissensão e celebrar a verdadeira democracia. Poucas coisas os gerentes, executivos, acionistas e proprietários têm mais dificuldade de aceitar.[18]

Umair Haque acrescenta:

É necessário um "salto de confiança" – um passo importante da imaginação estratégica – para ver e, depois, crer num futuro inteiramente diferente e muito melhor, e não se restringir a ver e crer num futuro indistinto e sem viço, que pareça de uma inevitabilidade desoladora. (...) É preciso apetite voraz para a revolução, uma capacidade inarredável de se livrar das ortodoxias antiquadas, manjadas e perniciosas do passado, de modo a explodir a imaginação estratégica atrofiada que acomete a empresa da era industrial.[19]

Mas por maior que seja a dificuldade, as mudanças ocorrem, estimuladas pelos valores e preferências defendidas pela sua geração, apoiadas com veemência pelos Y e facilitadas pela tecnologia que permite às empresas estarem mais interligadas, mais horizontalizadas e que, assim, viabilizem novos meios de se realizar o trabalho.

Qual o significado dessas mudanças para as empresas e para as formas de organização entre elas e aqueles que realizam o trabalho? Eis uma lista parcial das mudanças que acredito que venham a ocorrer nos próximos 15 anos, muitas delas até certo ponto já evidentes.

A inovação será uma capacidade empresarial fundamental. Cada vez mais, as empresas precisarão de inovação para lograr sucesso nos negócios. As implicações serão evidentes em novos estilos de liderança e novos modelos empresariais, como abordarei no Capítulo 8.

As estratégias e planejamentos de longo alcance deixarão de existir. As operações das empresas se realizarão por meio de experimentações e avaliações contínuas, o que deixará pouco tempo para os planejamentos prolongados e ciclos de aprovação. À medida que isso ocorrer, a responsabilidade pela estratégia se distribuíra por toda a empresa.

O sucesso empresarial será medido por indicadores de sustentabilidade. Os indicadores de desempenho serão reavaliados à luz do desastre financeiro e das outras lições dolorosas de 2008. Pode ser até que cheguemos a questionar a importância do crescimento. Como pondera Jason Fried, da 37signals, "O crescimento da receita em si e por si mesmo não é uma meta. (...) Certas coisas pedem um tamanho adequado, ao menos quando se quer fazê-las direito."[20] Os efeitos da empresa no ambiente (balanço social) serão incorporados aos nossos critérios de avaliação do desempenho.

A noção de cadeia de comando sucumbirá. Uma vez que informação, conhecimento e expertise serão ampla e constantemente compartilhados, o modelo administrativo tradicional, ajustado para controlar uma burocracia responsável pelo encaminhamento de umas poucas diretrizes fundamentais ao longo de uma comprida hierarquia, desaparecerá.

Muitas decisões serão tomadas por meio de processos participativos ou democráticos. Tanto sob o prisma econômico quanto sob o logístico, tornou-se possível obter a contribuição de uma grande quantidade de pessoas e até introduzir no ambiente de trabalho mecanismos de votação ou baseados no mercado. Cada vez mais, indivíduos terão uma linha de visão dos resultados para os quais influem e terão voz nas decisões mais importantes.

Os gerentes terão o papel de conceber e orquestrar sistemas que motivem a participação dos demais. Os gerentes serão menos definidos pela sua singular expertise num assunto que pela sua capacidade de evocar a contribuição de muita gente.

Os dados não serão seguros. Abriremos mão desse ideal já ultrapassado e, em vez disso, nos concentraremos em atrair para o empreendimento indivíduos confiáveis – adultos que vejam afinidade entre os próprios interesses e os da empresa – e, portanto, não sejam movidos pela destruição de valores.

As pessoas estarão de posse da tecnologia. As empresas não mais fornecerão tecnologia de uso pessoal, como laptops e celulares, porque os funcionários já terão a deles; o foco será deslocado para a sua conectividade. O corolário inconteste é que os funcionários acessarão os dados externos – das redes sociais ou da blogosfera – como parte integrante da experiência de trabalho.

Elevados padrões éticos serão importantes para um prognóstico de sucesso contínuo. Não haverá problema nenhum em dizer a um cliente que vocês cometeram um erro ou, mais honestamente, admitir que fizeram besteira.[21] A transparência favorecerá o comportamento ético voluntário.

Unidades de trabalho serão expressas e medidas em termos de tarefas, não de tempo. As realidades práticas da nova economia estimulam a que se passe a adotar uma definição das funções com base nas tarefas. É difícil quantificar o tempo necessário para o conhecimento apresentar resultado: quanto tempo leva para se escrever um software, por exemplo? Os funcionários dedicarão só o tempo de fato necessário para realizar o trabalho. A distinção entre cargos de expediente integral ou de meio expediente darão lugar à diferenciação no tocante à complexidade da tarefa atribuída.

Formas flexíveis de organização serão substituídas pelo critério pessoal. Em vez das variações de tempo e lugar que a maioria das empresas oferece como opção predeterminada, os indivíduos controlarão quando e onde trabalharão. A maior parte do trabalho será feita em diferentes tempos, a partir de múltiplos lugares.

O conceito de fim de semana desaparecerá. As empresas não mais decretarão em que dias o indivíduo deverá ou não trabalhar. A maior parte das ocupações prescindirá desses horários simultâneos definidos pela empresa.

A maioria das reuniões presenciais será opcional. As reuniões simultâneas ocorrerão com menos frequência e os indivíduos decidirão quando o seu comparecimento será benéfico. As ferramentas de relacionamento social serão adotadas com o objetivo de recolher as contribuições de modo não simultâneo.

Trabalharemos menos horas. Algumas empresas progressistas já reconhecem os benefícios de trabalhar menos. Não faz muito tempo, a 37signals, que insiste numa carga horária menor, também adotou oficialmente uma semana de quatro dias úteis – o melhor para manter todos bem-dispostos, estimulados e compelidos a evitar distrações.[22] Felizmente, a tecnologia e, em particular, a opção pelas contribuições não simultâneas também nos tornarão mais eficientes, o que possibilitará esse horário reduzido.

Os títulos que refletem status desaparecerão. Nos dias de hoje, os títulos atendem a dois propósitos: um é para que os demais (clientes e colegas no local da empresa) identifiquem de quem devem esperar ações ou decisões específicas; outro é refletir o nosso status na empresa. O primeiro propósito continuará válido e se tornará cada vez mais importante. A colaboração ocorre quando as responsabilidades e os papéis são definidos com clareza. Títulos que destacam qual função a pessoa desempenha – redator do boletim informativo da empresa, gerente da equipe de vendas, auditor operacional da Costa Oeste – serão mais importantes que nunca. Porém, os títulos em reconhecimento ao nosso progresso na empresa desaparecerão, porque nos vinculam a uma estrutura hierárquica que já não atende às nossas necessidades ou, em alguns casos, nem existe mais.

As funções clássicas do quadro de pessoal reassumirão algumas das responsabilidades hoje distribuídas entre cargos de gestão de linha. À medida que aumenta a diversidade de formas de organização do trabalho – seja em meio expediente ou em ciclos, como funcionário ou como contratado – e se intensifica a necessidade de dar conta de uma enorme variedade de indivíduos com distintas preferências e necessidades, os gestores de linha tradicionais ficarão felizes de passar adiante o desafio de conduzir um conjunto tão complicado de competências de volta a uma função do quadro de pessoal. O gerenciamento de talentos – próxima evolução dos recursos humanos de hoje em dia – se tornará o centro administrativo da mão de obra da empresa ao captar, acompanhar, desenvolver e orquestrar esse complexo corpo de talentos. Do mesmo modo como hoje ocorre com os gerentes de seleção de mão de obra das empresas de prestação de serviço ou das agências de talento da indústria cinematográfica, o gerenciamento de talentos será avaliado pela qualidade, motivação e disposição dos talentos necessários aos negócios.

Gestores de linha funcionarão mais como gerentes de projeto. À medida que se reverter o movimento atual, em que mais responsabilidades de gestão de pessoal são transferidas para gestores de linha, os gerentes operacionais se concentrarão em supervisionar a mobilização de talentos – como faz o diretor na indústria cinematográfica – e, assim, definir diretrizes para a equipe de funcionários à qual se tenha atribuído a tarefa ou divisão naquele momento.

A carreira das pessoas não será nem contínua, nem linear. Os trabalhadores deixarão e voltarão à população ativa, fenômeno que Sylvia Ann Hewlett e Caroline Buck Luce chamaram de *"off-ramping"* e *"on-ramping"*.[23] As empresas aprenderão a se ajustar a essa tendência.

A aposentadoria não ocorrerá numa idade específica comum. Já é de 34% o número de trabalhadores dos Estados Unidos que dizem que *jamais* planejam se aposentar.[24] As expectativas de vida mais extensas também pressagiarão o fim da aposentadoria planejada como conhecemos.

As trajetórias profissionais levarão para baixo, e também para cima. Em lugar daquela trajetória profissional do século passado, em formato de falésia, na qual o indivíduo tomava o rumo ascendente de um sucesso cada vez maior que, todavia, era abruptamente interrompido pela aposentadoria completa, a trajetória do século XXI assumirá formato de sino. Uma etapa de desaceleração, para os trabalhadores entre 50 e 80 anos, equivalerá à de desenvolvimento da carreira, que vai dos 20 aos 40 anos de idade (Figura 5.2.).

Os trabalhadores mais velhos exercerão funções de nível básico. Conforme os indivíduos optarem por entrar e sair da população ativa diversas vezes ao longo da vida, e em muitos casos seguir diversas carreiras, os trabalhadores mais velhos se candidatarão às funções de nível básico que abram caminho para novas frentes de trabalho ou ofereçam opções flexíveis que se adaptem ao estilo de vida da sua preferência.

O trabalho em ciclos será a regra. Muitos indivíduos optarão por um trabalho parecido com o de um contrato temporário: um intenso período de atividade seguido de extenso período de inatividade. Uma proporção substancial de trabalhadores de todas as idades já admite que, se estivesse disponível, esse seria o esquema da sua preferência.[25]

O emprego será um subconjunto especializado das relações entre os trabalhadores e as empresas. As relações que a empresa manterá com as pessoas que desempenham funções no seu nome abrangerão uma extensa variedade, entre contratados, freelancers, especialistas de pequenas empresas, terceirizados e muitos outros. A diferença entre quem está dentro e quem está fora se tornará indistinta.

Fornecer feedback significará ensinar, não avaliar. Revisões anuais em volta de uma mesa já constituem um anacronismo. Os gerentes deverão ensinar de maneira contínua, em lugar de julgar periodicamente. Os mecanismos de contribuições individuais frequentes serão a regra.

As permanências breves serão o esperado, não a exceção. Os empregos serão concebidos de forma a assumir movimentos frequentes e permanências breves. O tempo necessário para se pôr a par do desempenho de uma função específica será reduzido.

As formas de organização do trabalho serão justas, contudo, personalizadas, em vez de iguais. As empresas estruturarão formas exclusivas de organização,

---

FIGURA 5.2

Como será o formato das carreiras

Aposentadoria tradicional: queda em vertical, do alto do poder e do prestígio

Como será o formato das carreiras: "deslocamento descendente" com previsão da continuidade da contribuição profissional

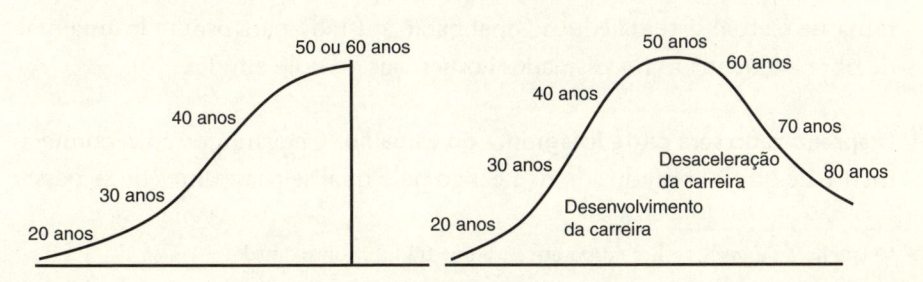

20 anos — 30 anos — 40 anos — 50 ou 60 anos

20 anos — 30 anos — 40 anos — 50 anos — 60 anos — 70 anos — 80 anos
Desenvolvimento da carreira / Desaceleração da carreira

que sejam adequadas às necessidades e preferências de cada indivíduo, e reconhecerão a grande diversidade de valores e pressupostos que a população ativa de hoje relaciona com o trabalho. Por exemplo, a empresa Deloitte & Touche já substituiu a hierarquia tradicional por uma *corporate lattice*.* A partir de um leque de opções, os funcionários decidem se querem aumentar ou reduzir quatro aspectos do trabalho: a velocidade do seu progresso rumo à promoção, o volume da sua produção, as restrições ao seu horário de trabalho e de deslocamento, o nível da sua responsabilidade, dos colaboradores individuais aos líderes. O objetivo é permitir que os indivíduos se desloquem para cima, para os lados ou para baixo à medida que as circunstâncias mudarem.[26]

Os indivíduos terão mais opções para determinar todos os aspectos da sua forma de organização, inclusive as compensações. A Semco já dispõe de um programa chamado "Up 'n' Down Pay", no qual os funcionários administram de forma flexível o próprio pagamento.[27] A empresa constatou que quase sempre o fazem de modo razoável, com base nas informações a eles fornecidas quanto aos níveis de compensação para funções equivalentes na empresa ou no setor e no conhecimento de que as suas decisões serão transparentes para os colegas.

Uma apreciação mais sutil da diversidade aumentará em particular a diversidade em torno de pontos de vista. À medida que a complexidade aumentar, os líderes bem-sucedidos serão aqueles que demonstrarem apreço pela equidade das múltiplas posições. (Sob diversos aspectos, uma das principais metas deste livro é ajudar a explicar por que os X *estão* certos e os *boomers* e Y também, com base nos eventos e ideias que moldaram a sua vida).

As empresas serão participantes e parceiras ativas da educação. As empresas já exercem um papel cada vez mais ativo na criação de uma mão de obra com a capacidade e a habilidade necessárias ao desenvolvimento da economia. Esse envolvimento aumentará à proporção que mais organizações constatarem que o atual sistema educacional não é ajustado para produzir uma mão de obra adequada às necessidades comerciais de hoje em dia.

O aprendizado será parte integrante do trabalho. Chegaremos ao reconhecimento de que o aprendizado não é algo pelo qual se passe antes de se passar

---

* *Nota do Tradutor:* "Treliça corporativa", numa tradução aproximada.

a trabalhar, mas parte contínua do processo de trabalho. Já estamos transitando de um aprendizado linear, por intermédio de fontes autorizadas, para um processo chamado *bricolagem* – recolher partes de informação de fontes variadas e juntá-las numa única peça.

As empresas estimularão os funcionários a optar por recusar um ajuste que não pareça adequado. A responsabilidade pela escolha do ajuste mais adequado entre os trabalhadores e a empresa será cada vez mais atribuída aos trabalhadores. Sempre que um novo funcionário é contratado para o setor de atendimento da Zappos, varejista virtual de calçados, é submetido a um período de treinamento de quatro semanas que o mergulha na estratégia, na cultura e na obsessão da empresa pelo cliente. Após uma semana dessa experiência de imersão, a empresa oferece ao funcionário uma gratificação de US$1 mil, caso ele concorde em se demitir naquele mesmo dia, guiada pela lógica de que, se você tiver interesse em aceitar a oferta, não é dotado do senso de compromisso que a empresa busca.[28] A Zappos quer descobrir se há um problema de ajuste entre o que a faz funcionar e que faz funcionar os indivíduos que ela emprega, e está disposta a pagar para descobrir, antes cedo do que tarde. Cada vez mais, as empresas acharão meios de fazer os funcionários entenderem por si mesmos o que representa trabalhar nelas e, depois, estimular o funcionário em potencial a avaliar se ele se enquadra.

Os processos de trabalho recolherão contribuições de diversas fontes. Os processos de trabalho serão especialmente concebidos para aceitar e aproveitar contribuições de múltiplas fontes. O uso da colaboração coletiva na pesquisa científica reduzirá os custos e acelerará o ritmo em que assimilamos um número cada vez maior de informações. Haverá plataformas para atrair a participação de desenvolvedores e parceiros externos na criação de ferramentas ou na invenção de novas aplicações. Os processos de produção multiplicarão o capital humano para além das fronteiras e dos limites das empresas, com o propósito de projetar e criar bens materiais. Os ambientes de trabalho serão um convite à inovação participativa.

Se as formas de organização do trabalho hoje adotadas não incluem aquela da sua preferência, incentivem a criação de um leque de opções maior. (Eu e os meus coautores abordamos mais detalhadamente muitos desses tipos de organização no nosso livro *Workforce Crisis*).[29] Caso a sua empresa não incentive a adoção de novas opções tecnológicas tanto para a maneira como vocês fornecem produtos e serviços quanto para a maneira como vocês atuam internamente, tomem a iniciativa e proponham novas ideias. (No Capítulo 6, apresentamos ideias concretas para adequar a empresa a vocês).

As implicações no tocante à distribuição dos empregos

Quando forem atrás de oportunidades para os seus próximos 50 anos de vida ativa, procurem primeiro as empresas que adotem estratégias baseadas nos princípios de uma nova economia: que sejam abertas, transparentes e justas com todos quantos participem do ecossistema e que façam uso dos recursos que hoje a tecnologia proporciona à organização de mercados, redes e comunidades. É mais provável encontrar esse tipo de empresa onde haja maior necessidade e, portanto, oportunidade, além de maior motivação para transformações: as áreas da economia nas quais hoje prevalecem os impedimentos estruturais à eficiência e à produtividade.[30] Muitas das oportunidades adiante em campos com responsabilidade social: os de energia, água, saúde, combate à fome, finanças e educação – todas atividades ineficientes, que clamam por novas abordagens.[31] Contudo, não estão sozinhas. Como demonstrou a Wikipédia, até um produto consagrado como a enciclopédia está sujeito a uma completa reviravolta, quando se adotam as abordagens da nova economia.

Ninguém sabe ao certo onde se acharão os empregos amanhã. Algumas tendências são óbvias: num futuro próximo, as oportunidades no setor da assistência médica serão vantajosas. As da ciência e da engenharia, bem como as do serviço público, sofrerão os efeitos da aposentadoria dos *boomers*. No início dos anos 2000, houve uma queda tão drástica nas vagas da educação, no campo das ciências da computação, que daqui por diante a demanda de TI vai suplantar a oferta. Porém, fora essas tendências óbvias, a verdadeira oportunidade está na sua criatividade, na capacidade da Geração X de atacar velhos problemas de novas formas.

Para além da empresa

Claro que a atividade empresarial não é a única área de ocupação e as empresas estão longe de ser o único tipo de patrão. Contudo, se é numa delas que vocês se encontram, mas sentem que é hora de seguir em frente, nunca é tarde para voltar os olhos para campos opostos. É possível que vocês já sejam dotados de competências adaptáveis. Caso não tenham, ainda dá tempo de obtê-las, mesmo por intermédio de um aprendizado e treinamento de meio período.

Eis outras opções de empresa ou trabalho que estão em transformação.

Prestação de serviços

A opção de se transformar num consultor ou, quando não, abrir o seu próprio negócio na área da contabilidade, direito ou outras é um modo de se ganhar flexibilidade e independência sem as complicações de se começar um negócio do zero. Além disso, muitas firmas de prestação de serviços já oferecem uma variedade de opções mais flexíveis de carreira, nas quais talvez vocês achem o equilíbrio que têm procurado em meio às vantagens de uma grande empresa.

Educação

A educação está desafiada a mudar e a se esforçar para obter resultados mais condizentes com o mercado de trabalho deste século. À medida que a ascensão da Geração X a faz assumir um papel de liderança civil e profissional cada vez maior, é provável que também aumente a pressão que vocês exercem em prol da variedade, da responsabilidade, da transparência e do desempenho. Graças à sua influência, diversos esforços empresariais audaciosos poderão ser envidados com a finalidade de reformular a educação.[32] Empreendedores sociais da Geração X já abriram diversas empresas para angariar sangue novo para o sistema educacional e criar uma concorrência à hierarquia existente.[33] Por exemplo:

- O Teach for America (TFA), com a sua meta de angariar para a educação os profissionais de melhor desempenho, é talvez a mais conhecida, e a sua fundadora, Wendy Kopp, virou uma lenda da Geração X.[34]
- O New Leaders for New Schools foi fundado pelo X Jon Schnur, membro da administração Clinton, com a missão de angariar, para a educação, profissionais com experiência de valor e de relevo em outras áreas de gestão.[35]
- O New Teacher Project (NTP), que tem à frente Michelle Rhee, uma X que já foi aluna da TFA, mira os profissionais bem-sucedidos em meio de carreira, para inocular naqueles convertidos à profissão do magistério o mesmo tipo de seletividade e desempenho dos diretores de escola da New Leaders.[36]

Organizações sem fins lucrativos e empreendedorismo social

Cada vez mais, as organizações sem fins lucrativos tradicionais têm empregado competências empresariais e administrativas de alta qualidade nas tarefas que lhes competem. O empreendedorismo social põe modelos empresariais capitalistas inovadores à serviço das necessidades sociais. O desafio para ambos os tipos de organização é criar valores extraordinários com recursos limitados.

> **Com a palavra, a Geração X**
>
> Estou me preparando para fazer uma troca com a minha mulher, que começará a trabalhar em tempo integral pela primeira vez desde quando tínhamos vinte e poucos anos. Nos próximos quatro ou cinco anos trabalharei no programa de dupla graduação de um seminário/curso de pós-graduação, ao fim dos quais gostaria de abrir uma firma de consultoria para trabalhar com igrejas, organizações ecumênicas e talvez até organizações seculares, na gestão e solução de conflitos. Foi uma guinada drástica, sair da carreira na qual eu nem bem tinha começado a ser verdadeiramente bem-sucedido; mas o meu plano é aproveitar o máximo das lições e experiências que assimilei no mundo corporativo nessa nova e – espero – mais gratificante aventura.

Os ramos de negócio e outras ocupações de "meia competência"

Ainda há disponível uma quantidade expressiva de ocupações que exigem níveis medianos de treinamento educacional – quem sabe um curso sequencial de dois anos. De fato, elas se tornam uma parcela ligeiramente menor do total de empregos, caindo de 55% para 48% de todos os empregos nos Estados Unidos. Não obstante, somam *quase metade* de todas as oportunidades de emprego dos dias atuais.[37] Nessa categoria, entre as ocupações que mais crescem estão as de especialista em suporte técnico de informática, carpinteiro, eletricista, bombeiro hidráulico, higienista dentário, técnico de laboratório, mecânico, caminhoneiro, chefe de cozinha e assistente jurídico. Muitos desses empregos tiveram aumentos salariais significativos, em razão da oferta por demais exígua para a demanda, e estão entre aqueles com menos chances de se verem sujeitos à concorrência global, uma vez que muitos têm de ser exercidos no local. Muitos oferecem grandes oportunidades para quem valoriza a independência e a flexibilidade ou que apenas prefere um trabalho que crie algo tangível.

> **Com a palavra, a Geração X**
>
> Eu também andava farto da vida corporativa. Arranjei um emprego sindicalizado na fabricação de elevadores e experimentei não só uma satisfação profissional, como também menos estresse, melhor remuneração e menos preocupação de me sujei-

tar àqueles superiores que não fazem a menor ideia do que acontece na empresa. Não podia ter tomado uma decisão melhor há cinco anos. Sem mencionar que tenho uma pensão, um plano de aposentadoria e quatro semanas de folga por ano, que posso tirar quando quiser.

_____

A maioria dos X, sobreviventes de qualquer modo, tem a sensação de que a única maneira de se obter um tratamento justo é numa meritocracia, que é o que há de menos aparentado com uma empresa. É por isso que muitos de nós ingressamos nos setores da culinária, da TI e outros semelhantes. Se você for capaz de cozinhar ou codificar, pode fazer exigências.[38]

Serviço público e Forças Armadas

Ao longo dos próximos 10 anos, 60% dos funcionários menos graduados do governo federal e 90% dos mais graduados estarão aptos a se aposentar. Em vista das pensões que são pagas, é quase certo que *vão* fazê-lo.[39] O gradual surgimento dessas aposentadorias significa que há numerosas vagas sendo abertas. As carreiras no serviço público mostram potencial tanto para o reflexo imediato quanto para a estabilidade no longo prazo. A desvantagem é que a vantagem financeira é limitada.

Com a palavra, a Geração X

Tenho 35 anos, trabalhei no mundo empresarial e, hoje, trabalho para o governo. É uma opção que vale a pena levar em consideração. Tenho estabilidade no emprego; a conta do meu plano de aposentadoria vale hoje mais de US$45 mil; tenho plano de saúde integral e férias de três semanas por ano, que não posso deixar de tirar; e tenho a sensação de que cumpro uma missão, motivado menos pelo dinheiro que pelo serviço. É preciso gostar da ideia, pois não se consegue enriquecer como funcionário público, mas se consegue estabilidade. E é devagar e sempre que se ganha uma corrida. O governo vai precisar de todos os X que puder, e somos perfeitamente talhados para o serviço público.

_____

Vocês deveriam ter ingressado nas Forças Armadas, rapazes. Lá não se vê uma disputa entre a Geração X e a Y. Além disso, ganhamos pensão depois de 20 anos, estabilidade, gratificações anuais e promoções regulares. Quando chegar aos 43 anos, vou me aposentar ganhando US$70 mil por ano pelo resto da vida.

Resumo da ópera com relação aos futuros empregos: É claro que vocês têm de correr atrás dos desafios que consideram de modo pessoal intrigantes, sedutores, e das áreas em que a inovação é necessária. Seja o que for que vocês façam, tenham em mente o pressuposto de que tudo que sabem e fazem hoje em dia em breve virará uma conveniência. Vocês podem até não querer subir a escada da hierarquia empresarial, mas assumam como prioridade máxima a escalada da escada do conhecimento.

No livro O *mundo é plano*, Thomas Friedman conta a história do amigo de infância, Bill Greer, artista freelancer e designer gráfico que, ao longo de 20 anos, trabalhou para clientes como o *New York Times* sempre da mesma forma, a bem dizer. Durante todo esse tempo, produziu arte para reprodução fotográfica, peças materiais que depois eram fotografadas e preparadas para publicação. Porém, a partir do ano 2000, mais ou menos, o seu mundo começou a mudar. Com a ajuda de sofisticados softwares, a ilustração gráfica virou uma conveniência. De uma hora para outra, qualquer um era capaz de fazer um produto de qualidade razoável.

Greer arremeteu pela escada do conhecimento, buscou trabalhos que a sua experiência e o seu talento lhe permitissem fazer mas que os jovens artistas não conseguissem – ao menos, não tão bem, somente graças aos recursos tecnológicos, pela metade do preço. Passou à *ideação*, o esboço de conceitos criativos que, depois, eram finalizados ou ilustrados por indivíduos ainda menos bem remunerados, com uso de programas de computador.

A tecnologia não demorou a evoluir ainda mais e, a pedido de um cliente, Greer lançou mão da tecnologia mais avançada para desenvolver uma especialização em *morphs* – uma história em quadrinhos na qual um personagem se transforma em outro. Segundo notícias mais recentes, ele trabalha com sucesso nessa área de especialização, mas de olho no próximo degrau.[40]

Numa *edge economy*, a chave para resguardar as opções de carreira é manter competências de ponta.

CAPÍTULO 6

Aprimorando-se

A empresa para a qual vocês trabalham, trabalhando para vocês

Para a maior parte de vocês, o trabalho está vinculado a uma empresa. Embora uma pequena porcentagem seja de fato independente – no caso, artistas ou escritores –, para a grande maioria da Geração X o sucesso, qualquer que seja a sua definição, requer navegar pelas complexidades de uma empresa e equilibrar as suas preferências pessoais com as prioridades muitas vezes conflitantes dos demais. Hoje, quase 95% de vocês trabalham em empresas que pertencem ou são dirigidas por outras pessoas.[1] Dos remanescentes, a maior parte é de empresários que trabalham de forma regular com negócios diversos.

Este capítulo discorre sobre trabalhar de modo mais eficaz com os outros, dentro de uma empresa. Sobre alcançar o sucesso a esta altura de sua carreira, nos seus termos e segundo a sua definição – sobre alcançar aquilo que vocês desejam agora, depois de avaliar as suas opções e prioridades.

Na verdade, a Geração X mede o sucesso a partir de vários critérios diferentes; os elementos específicos do seu plano de carreira precisam ser configurados de modo a se adequarem às suas metas pessoais. No entanto, em grande parte, conseguir *seja o que for* dentro de uma empresa vai depender da sua habilidade em ser visto como alguém que realmente contribui. O trabalho numa empresa equivale a um jogo de pôquer: a meta é conseguir pilhas de fichas, uma vez que são elas que garantem o poder. É possível trocá-las pelo prêmio mais cobiçado. A regra fundamental nas empresas é que talvez nenhum prêmio será conquistado – mais dinheiro, mais controle, mais flexibilidade ou seja o que for – até que se tenha acumulado um grande número de fichas com as quais negociar.

Hoje, o desafio de juntar fichas e trabalhar de maneira eficaz se complica em vista da quantidade de elementos inconstantes. As empresas têm desenvolvido novas formas de funcionamento, estabelecido novas regras e criado diferentes opções e relações. O chão onde vocês pisam se transforma, e provavelmente vocês também. O fato de a maioria dos X estar pelos 10 ou 20 anos de carreira profissional suscita 3 questões afins:

1. *Funções cambiantes*. Ao longo de uma carreira profissional, espera-se que haja mudanças. Alguns cargos referem-se basicamente a conteúdo – produzir aquilo que se espera do negócio e "dar conta do recado". O seu sucesso depende de conhecimento, de excelência técnica ou profissional e de empenho no trabalho. Outras funções são responsáveis pela administração de processos, pela concepção das atividades ou pela supervisão de pessoas dentro da empresa. A maior parte das funções da gerência de nível intermediário se encaixa nessa categoria; o sucesso depende da sua capacidade de organizar e motivar. Muitas das funções de nível superior, por sua vez, dizem respeito ao contexto – ou seja, à fixação de metas e ao reforço de valores, estratégias, diretrizes e comportamentos de liderança que estabelecem o cenário mais amplo para as atividades do negócio. Aqui o sucesso depende da sua capacidade de configurar um ambiente no qual os outros sejam bem-sucedidos. Em geral, à medida que vocês ascendem na hierarquia empresarial, as funções mudam de conteúdo para processo, e deste para contexto. No entanto, à medida que as estruturas hierárquicas se dissipam, a clareza da progressão dos papéis também vai desaparece. Muitas das funções superiores de hoje carregam um conteúdo significativo de responsabilidade; funções que, na maior parte das vezes, exigem menos experiência podem exercer maior influência no contexto empresarial. No entanto, para haver progresso na carreira profissional, é fundamental compreender as suas responsabilidades específicas quanto a essas funções e adequar o seu comportamento. Para muitos de vocês, as maiores mudanças acontecem nesta altura da vida.
2. *Sentido progressivo do eu*. No Capítulo 2, argumentei sobre o desafio do posicionamento pessoal por entre os marcos inerentes à vida adulta. Segundo psicólogos do desenvolvimento, trata-se de um movimento em direção à próxima fase do desenvolvimento adulto. Outros

descrevem como um processo de maturidade crescente ou de aprimoramento do quociente emocional. Seja qual for a definição, muitos são aqueles que, pela idade em que estão, vivenciam uma variação sutil no foco – do desenvolvimento pessoal para o desenvolvimento dos que estão à sua volta, da avaliação do sucesso enquanto indivíduo para uma medição feita em função dos outros e pelo seu intermédio. Para muitos, a necessidade de ser o centro das atenções, que poderia ser denominado *síndrome do profissional "estrela"*, diminui ou até desaparece por completo. É uma variação que acarreta implicações importantes para as funções que vocês podem cumprir com êxito no trabalho; muitas vezes, é difícil ser eficaz numa função baseada no contexto quando a sua necessidade emocional é a de ser uma estrela solitária. À medida que as suas necessidades se modificam, aumenta a sua capacidade de desempenhar funções que envolvam a promoção do sucesso dos demais.

3. *Calibragem do potencial de carreira.* Em algum momento, a maioria de nós começa a calibrar as expectativas pessoais de carreira com a realidade – com as nossas capacidades fundamentais, com o tempo e a energia que queremos investir no trabalho e com as exigências impostas pela vida fora dele. Isso não quer dizer que vocês não vão conquistar mais coisas ou subir ainda mais, se for do seu desejo fazê--lo, ou até expandir para novas áreas. Vocês dispõem de tempo para tudo isso e muito mais. Entretanto, a esta altura, vocês têm uma visão mais realista daquilo que é possível; compreendem melhor os prováveis retrocessos, tendo em vista os seus talentos e as suas inclinações para o trabalho. Alguns poderão ter se decepcionado e descoberto que as aspirações que sustentavam no início não são plausíveis, seja pela má sorte de uma demissão ou por uma reavaliação pessoal de si mesmos. Para muitos, este é o momento em que se está em paz com a vida que leva e se encontram caminhos construtivos alternativos. É menos uma questão de ascensão e mais uma questão de otimização.

Este capítulo trata do seu trabalho no âmbito de empresas que evoluem para novas formas de trabalho e de vidas que passam pelas três mudanças inter-relacionadas. Embora alguns de vocês possam planejar retirar-se por completo para tentar o caminho do empreendedorismo, para a maioria o passo seguinte requer o traçado de uma trajetória que atenda às suas metas *dentro* de uma empresa menor ou maior. Estejam vocês na alta administração ou prefiram uma função que lhes dê maior flexibilidade, para equilibrar o trabalho com outras prioridades de vida, o sucesso *dentro* da empresa será o segredo para atingir os seus objetivos. Novamente, se a natureza básica do seu trabalho não reflete coisas que considerem estimulantes – se é grande o risco de que vocês *jamais* gostem do que fazem –, vocês precisam mudar de direção de maneira urgente. Conforme esboçado no Capítulo 4, é fundamental para uma carreira recompensadora encontrar um trabalho que esteja alinhado com os seus atrativos de vida. Este capítulo é sobre como ser mais eficaz e mais bem-sucedido no trabalho. É sobre:

- *Maximização da sua eficácia* – Recorrer aos seus pontos fortes e assim, criar contexto para o sucesso, influenciar a empresa, compreender a sua função e perseverando.
- *Otimização do que você faz* – Gerenciar o gerente ao tomar a iniciativa ou ao trocar sistematicamente de emprego.
- *Ampliação das suas opções para maior sustentabilidade da carreira no longo prazo* – Educação, amplitude, redes sociais e um anteparo que lhes permita partir para outra.
- *Equilíbrio das exigências da empresa com outras prioridades na sua vida* – Ser espertos e preguiçosos, reexaminar a situação e manter-se fora de alcance – demonstrar boa vontade quando sob pressão.

Aumente a sua eficácia no trabalho

Pense num bem de consumo qualquer. O sucesso comercial não significa que o produto tenha todas ou mesmo as melhores características. Significa que existe coerência entre a proposta de valor comunicada com clareza, o público-alvo e a disponibilidade. Talvez ele refletirá um posicionamento dentre outras opções e investimentos continuados para manter o produto atualizado.

A maximização do seu sucesso na esfera do trabalho obedece à mesma lógica, aplicada a vocês como indivíduos. O desenvolvimento de uma carreira eficaz requer gerenciar-se como um "produto" – compreender a sua capacitação, ser claro quanto às suas promessas e otimizar o seu tempo e energia em áreas nas quais o seu valor potencial seja maior. Para aumentar a sua eficácia, vocês terão de:

- Recorrer aos seus pontos fortes.
- Criar o contexto para o seu sucesso.
- Influenciar a empresa.

- Compreender cada função que exercem.
- Perseverar.

É essencial ter um quadro nítido dos seus pontos fortes, utilizá-los de forma convincente e continuar a aprimorá-los enquanto progridem.

Recorra aos seus pontos fortes

Talvez o mais importante elemento a esta altura da sua carreira, sobretudo em tempos econômicos difíceis, seja a exploração dos seus pontos fortes. Em início de carreira, fez sentido experimentar um pouco de tudo e se empenhar em melhorar as áreas mais fracas. Embora o autodesenvolvimento sempre faça sentido, a estratégia ideal agora é fazer muito daquilo que vocês fazem melhor. Vocês se devem os louros resultantes da concentração do seu tempo e da sua energia. A faixa dos trinta aos quarenta e poucos anos é o período para a consolidação dos seus esforços nos lugares onde a vantagem for máxima. Concentrem-se no que de fato forem bons, e naquilo em que não forem:

1. *Imaginem-se como um produto. Como descreveriam as suas características pessoais?* Que fazem de melhor? No que e como vocês dão o máximo da sua contribuição? Que dirão os colegas se forem questionados?
2. *Quais os pontos fracos da sua marca pessoal* – as características mais fracas, aquelas que as pessoas deveriam buscar noutro lugar?
3. *As suas percepções sobre pontos fortes e fracos são precisas e completas?* Faça um teste. Talvez alguns de vocês contem com um instrutor pessoal; nesse caso, tirem o maior proveito do processo, de modo a obter um feedback honesto quanto ao seu desempenho atual. Por não serem colegas ou chefes, os instrutores podem fornecer dados de forma mais direta e incisiva do que a empresa formal. Se não dispuserem de um instrutor pessoal, encontrem alguém de fora do ambiente imediato de trabalho que possa oferecer um ponto de vista imparcial.
4. *Como as suas características se comparam às dos outros?* Ganhe perspectiva quanto aos seus pontos fortes e, ainda mais importante, como eles se posicionam dentro de um leque de possibilidades. Existem diversas ferramentas úteis, a maioria disponível na internet, e cada uma delas constitui uma lente ligeiramente diferente. A avaliação Myers--Briggs, por exemplo, ajuda a compreender como vocês percebem as

informações, chegam a conclusões e tomam decisões.² Essas diferenças, baseadas na filosofia junguiana, correspondem aos interesses, reações, valores, motivações e habilidades das pessoas. Outro instrumento de grande utilidade é a avaliação dos hemisférios direito e esquerdo do cérebro, que comprova, com base em pesquisas, a lateralidade da função cerebral, ou seja, que os dois hemisférios trabalham de formas distintas.³ O instrumento ajuda a compreender se vocês são mais capazes em tarefas visuais, intuitivas, simultâneas (lado direito) ou em tarefas verbais, analíticas ou sequenciais (lado esquerdo). O StrengthFinder, instrumento desenvolvido pelo Gallup Inc., visa identificar as cinco principais coisas que vocês fazem bem.⁴ A compreensão mais nítida dos padrões que lhes são característicos constitui uma base com a qual melhor identificar as áreas de sucesso no futuro.

5. *Como vocês podem se destacar?* O que os torna únicos e distintos? Levem a sua personalidade, inclusive com os pontos fortes da Geração X – a sua habilidade com tecnologia e redes sociais, o seu humor, a sua busca de inovação – para o local de trabalho, como fonte de diferenciação. Nas etapas iniciais da carreira, muitas vezes o sucesso depende em grande escala de ajuste, de conformidade e do desempenho à luz de padrões existentes. Entretanto, a esta altura da carreira, é cada vez mais importante se sobressair pela manifestação das suas características únicas e pelo desenvolvimento de uma reputação, uma marca registrada que transmita aos outros o que significa trabalhar com vocês.

6. *Vocês veiculam de forma eficaz a sua marca?* Uma vez cientes de um quadro mais nítido dos seus pontos fortes e atributos, comuniquem-nos e tornem-se mais conhecidos por esses traços. Considerem o seguinte:
    - *Na medida do possível, vocês escolhem as oportunidades que manifestam os seus pontos fortes?* Informam a sua lógica aos outros? Digamos, por exemplo, "Gostaria de me oferecer para gerenciar esse projeto, porque organização e cumprimento de prazos são o meu forte."
    - *Algumas das suas atividades secundárias reforçam a sua "marca"?* Por exemplo, caso estejam envolvidos com a comunidade local, vocês escolhem formas de reforçar o seu foco, talvez como voluntário no comitê de construção de escolas, se forem bons em gerência de projetos; ou para atuar no comitê de estratégia de longo prazo da organização de eventos locais, se for esse o seu forte. São atividades que lhes proporcionam tanto uma experiência mais ampla quanto meios informais de reforçar as suas competências e interesses.

- *Vocês reforçam os seus atributos únicos pela linguagem e "voz" que utilizam?* Pensem a respeito das características da imagem que criam e como poderiam empregar essa linguagem ou pontos de vista específicos para fortalecer essa imagem junto aos outros. Por exemplo, alguém que crie uma reputação por insights analíticos poderia introduzir um comentário do tipo "Baseado nos fatos que examinei..." ou "Indo mais a fundo, a minha análise revelou..." Por outro lado, se a sua reputação se criou em torno da habilidade para desenvolver e gerenciar talentos, vocês poderão trazer para o debate a sua avaliação quanto ao possível impacto de uma iniciativa em potencial sobre os indivíduos envolvidos na discussão.
- *Os colegas reforçam as mensagens que vocês tentam passar?* É muito apropriado solicitar aos colegas que se refiram aos seus êxitos ao enviar um comentário sobre uma realização em particular para um grupo maior (e vocês devem deixar claro que farão o mesmo por eles).

7. *O que vocês deveriam parar de fazer?* Sempre que possível, eliminem as coisas que não são o seu forte. Em vez de assumir tarefas nas quais não sejam bons, tentem trabalhar bem próximo daqueles colegas cujos pontos fortes complementam os seus.
8. *O que vocês deveriam ensinar aos outros?* Atraiam os que têm desejo de aprender o que vocês fazem bem, ofereçam-se para compartilhar a sua especialidade. Tornem-se conhecidos como "os caras" da área.
9. *Usem a sua "marca" como filtro.* À medida que consideram investir mais na carreira – por exemplo, em educação ou no tempo que dedicam ao trabalho –, refinem as suas escolhas ao considerar até que ponto elas reforçam os pontos fortes que vocês constroem.
10. *Vocês têm como receber feedback contínuo?* Façam seu orientador ou mentor, se tiverem algum, lhes dar feedback. Ou descubram outras formas de receber informações frequentes. Há opções em tecnologia, como o inovador serviço Rypple, que garante feedback anônimo e imediato, fundamentado em perguntas feitas por vocês a um grupo seleto de amigos e colegas.[5]

O essencial a esta altura é construir o seu trabalho em torno de coisas de que gostam e que fazem bem. Otimizem. Concentrem-se nos seus pontos fortes e usem ao máximo o melhor da sua capacidade.

> **Com a palavra, a Geração X**
>
> Lutei por 15 anos para encontrar satisfação e felicidade no trabalho. A certa altura, deixei-o para trás para abrir um café. (...) Mudei de emprego três vezes. Hoje acredito que o meu empregador acertou em cheio. A primeira coisa que pediram foi para preencher o meu StrengthFinder. Depois, as minhas metas foram alinhadas aos meus pontos fortes e as oportunidades, identificadas para atingir essas metas. (...) Sinto-me aliviado em encontrar uma empresa que tenta e age no sentido de mostrar que os seus funcionários são valorizados.

Criem o contexto para o seu sucesso

Construam relações fortes com aqueles de que necessitam para o seu bom desempenho no trabalho. Criem um ambiente no qual sejam bem-sucedidos. As pesquisas mostram que o êxito no trabalho com os outros depende fundamentalmente de relações *baseadas em confiança*. Portanto, vale a pena fazer um investimento significativo na construção de relações junto àqueles com quem vocês colaboram ou precisarão colaborar para realizar o seu trabalho. Ser eficaz requer estabelecer vínculos *pessoais* positivos com os colegas de trabalho. É preciso que as pessoas conheçam umas às outras suficientemente bem para reconhecer os valores e as metas comuns, antes de se disporem a compartilhar o que sabem, trazer novos insights para o debate e ultrapassar as fronteiras empresariais. Eis algumas medidas:

1. Criem um mapa de relações pessoais e identifiquem todas as pessoas que possam influenciar o sucesso do seu trabalho, todos aqueles com quem precisem colaborar para obter êxito no seu trabalho. Perguntem-se quais delas vocês conhecem bem como indivíduos e quais precisam conhecer melhor.
2. Invistam tempo e esforço para firmar relações mais fortes com cada pessoa. Comecem pela otimização dos instrumentos e das atividades de trabalho já estabelecidas na empresa.
   - *Por meio do processo contínuo do trabalho* – reservem um tempo nas suas atividades normais de trabalho para as interações pessoais. Estabeleçam a meta de se tornarem mais familiarizados com as pessoas como parte de cada processo.
   - *Seleção da equipe e dos colegas de trabalho* – Trabalhem com novos colegas. Uma regra prática: cerca de três quartos daqueles envolvidos em qualquer tarefa deveriam ser pessoas em quem vocês já confiam, de modo a assegurar que o trabalho saia benfeito.

Contudo, quanto ao um quarto restante, procurem por outros para adquirir novas ideias e continuar a ampliar seu networking.
- *Tecnologia* – Estimulem os colegas a utilizar as ferramentas da rede social da empresa não apenas para trocas relacionadas com o trabalho, mas também para compartilhar fotos ou notícias sobre acontecimentos pessoais. Ajudem os colegas que não estiverem habituados às redes sociais a começar a usá-las.
- *Local de trabalho* – Se possível, mudem com frequência o lugar onde se sentam, procurem ocupar diferentes áreas, para ficar perto de colegas diferentes ao longo do tempo.
- *Fóruns* – Aproveitem qualquer atividade que reúna pessoas – eventos sociais e eventos voltados para clientes, grupos de interesses especiais, programas educacionais ou quaisquer outros fóruns oferecidos pela sua empresa – para conhecer novas pessoas.

3. Deve haver pessoas fundamentais para o sucesso do seu trabalho, mas que vocês não tenham como conhecê-las por meio de quaisquer das abordagens mencionadas. Adotem um procedimento direto – procurem por elas e passem um tempo em sua companhia. O essencial é ser ativo em formar relações pessoais sólidas, necessárias à eficácia do trabalho.

Influenciem a empresa

O sucesso nos negócios *não* significa obter a resposta mais brilhante. Significa fazer as coisas acontecerem, ou seja, desenvolver uma compreensão realmente boa da empresa na qual vocês querem exercer impacto e sobre as pessoas que tentam convencer. Portanto:

1. Compreendam as regras da empresa, as escritas e as não escritas. Cada uma tem seu jeito de trabalhar – códigos que, no conjunto, representam "uma lógica oculta".[6] Ouçam os conselhos dos colegas, deem atenção à sua linguagem exata. Compreendam o seguinte:
   - Motivações pessoais – O que é de fato relevante para as pessoas nesta empresa? O que mais entusiasma os seus colegas em termos de realização?
   - Catalisadores sociais – Quem é importante e influente nesta empresa? A quem os outros ouvem?
   - Fatores estruturais – Como e quando ocorrem coisas importantes?
2. Caracterizem a lógica oculta da sua empresa e pensem nos pontos em que ela tende a ameaçar ou apoiar o que vocês tentam lograr.

3. Gerem a mudança que desejam ao influenciar de várias formas cada fator de resistência ou de apoio.[7] Criem a motivação para a mudança ao responder "Devo mudar?" e "Será que vale a pena?" em cada um dos seguintes níveis:
   - Motivação pessoal – Discutam os valores essenciais e a satisfação intrínseca.
   - Motivação social – Busquem a pressão dos colegas.
   - Motivação estrutural – Listem recompensas e consequências.
4. Construam a capacidade de mudança ao responder "Posso fazê-lo?" e "Posso mudar?" em cada um dos seguintes níveis:
   - Capacitação pessoal – Desenvolvam habilidades.
   - Capacitação social – Estimulem a colaboração e o trabalho em equipe.
   - Capacitação estrutural – Estabeleçam os processos, os sistemas e o fluxo de dados apropriados.

Compreendam cada papel que vocês desempenham

Muitos dos problemas em meio de carreira derivam da confusão em torno da natureza do papel que vocês devem desempenhar ao longo do seu progresso na empresa. Eis um exemplo. Alan fora promovido de designer para gerente de primeiro nível da equipe de design. Desenvolveu uma abordagem muito eficaz, passava alguns minutos por dia com cada pessoa da equipe e oferecia ideias e sugestões concebidas para estimular e desafiar o raciocínio de cada designer. O grupo ficou conhecido pelo trabalho de alta qualidade e ele logo foi promovido para o nível hierárquico superior, passou a gerenciar todo o departamento de design.

Alan continuou com a abordagem gerencial já comprovada e muito bem-sucedida, dedicou alguns minutos a cada designer e ofereceu ideias e sugestões. Em pouco tempo, todo o departamento tornou-se caótico. Os projetos atrasaram; os designers ficaram desmoralizados; as equipes se frustraram quando as peças não se ajustaram conforme originalmente planejado. O que estava acontecendo?

A função de Alan mudou, entretanto ele não adaptou a sua abordagem gerencial de modo a refletir a mudança. O seu primeiro papel gerencial fora essencialmente o de melhorar o conteúdo, e o estilo que então usava funcionara bem. O segundo papel nada tinha a ver com conteúdo; ele deveria ter se concentrado nos processos que mantinham unido o departamento e no contexto para criar um ambiente estimulante. Ao continuar focado no conteúdo,

Alan fazia duas coisas. Não prestava a devida atenção aos elementos da sua nova função. E o que é pior: o maior grau de autoridade da função significava que as suas ideias não eram mais interpretadas pelos designers como sugestões que visavam estimular o pensamento. Elas agora surgiam como ordens e levavam o designer envolvido a se sentir na obrigação de mudar o curso, ainda que comprometesse os planos e o cronograma do projeto.

Eis outro exemplo. Com base em um fantástico trabalho individual, Barbara fora avaliada como uma estrela em ascensão e promovida ainda muito jovem a um cargo sênior que envolvia gerenciar muitas outras pessoas, todas elas já estrelas reconhecidas ou ansiosas por esse status. O sucesso no novo cargo exigia a criação de um contexto no qual todos esses indivíduos pudessem ser bem-sucedidos. Significava, ainda, acalentá-los, promover as suas realizações e acatar as suas necessidades de reconhecimento. A função de Barbara se modificara abruptamente de conteúdo com o sucesso medido pela sua projeção como indivíduo para a criação de contexto. Caso continuasse com o mesmo comportamento que a conduzira até este ponto – com as suas realizações pessoais de "estrelato" –, sua capacidade de executar o novo papel com êxito estaria comprometida.

Ambos os exemplos mostram como é importante compreender a força da sua função e como ela se ajusta ao seu estilo pessoal e à sua fase de desenvolvimento. E, embora a sua tarefa como um todo possa estar centrada num conjunto de atividades, vocês tenderão a passar por eventos periódicos que o envolverão em outra função por curto espaço de tempo. Muitas vezes, esses períodos são os mais desafiantes e se revelam as maiores oportunidades para brilhar ou sucumbir de maneira completa. Por exemplo, se vocês participarem de uma reunião da equipe sênior pela primeira vez, considerem de antemão a função do grupo na empresa, de modo a obter dicas importantes sobre a natureza da discussão e os tipos de comentário ou contribuição que vocês poderão fazer. Se chegarem sem uma noção das questões que estão na pauta, no mínimo não terão condições de contribuir de forma útil e, na pior das hipóteses, poderão ser vistos como incômodos ou irrelevantes. Reuniões são como teatro. Compreendam o papel que lhes cabe em cena.

Uma observação especial, no caso de vocês assumirem responsabilidades como integrante de uma diretoria: funções de liderança, típicas de diretores, asseguram que as atividades da empresa sejam realizadas de acordo com padrões aceitáveis. Um conselho diretor é responsável por garantir que as coisas certas sejam feitas; não é responsável por fazê-las pessoalmente. Em outras palavras, o seu papel como membro do conselho não é criar o contexto para a empresa; é assegurar, para a sua completa satisfação, que a companhia seja conduzida por uma equipe administrativa capaz e motivada para criar um contexto de sucesso – no qual as considerações de estratégia, a ética, o desenvolvimento empresarial e a sustentabilidade financeira estão incluídos.

Perseverem

Vivemos num mundo incontrolável. Vocês lidam com informações que vêm de todas as direções. Na maior parte dos casos, encaram cargas de trabalho que jamais serão concluídas. Há sempre mais a aprender, a fazer e a ler. E é provável que mais pessoas queiram gastar tempo com vocês do que seja fisicamente possível.

Alguns livros úteis sobre a importância da priorização sugerem que vocês compreendam a importância e a urgência de cada tarefa e escolham de acordo, ataquem primeiro a mais importante e urgente.[8] Isso parece ótimo, até tentarem fazer e constatarem que quase tudo na sua lista é importante de algum modo ou urgente para alguém. Quantas vezes vocês já não começaram o dia com a certeza de que, fizessem o que fizessem, alguém acabaria contrariado com vocês por não terem cuidado da tarefa mais importante para ele?

O segredo é priorizar, utilizar os três elementos mencionados: a sua marca, a "lógica oculta" da empresa e a sua função específica, de modo a criar um quadro referencial para determinar o que é importante e urgente na sua situação. Concentrem-se nas atividades que reforçam os seus pontos fortes pessoais, que firmam as bases para o sucesso na empresa e que são condizentes com a função que vocês exercem no momento. Elas devem estabelecer as suas prioridades quanto ao que fazer, ao que aprender e as informações a serem digeridas. As situações individuais descritas na Tabela 6.1 ilustram como essas considerações podem levar a prioridades distintas.

Ninguém pode estar informado sobre tudo o que acontece no mundo de hoje, mas mediante a priorização, é possível manter-se atualizado com o que é necessário para ser eficaz no trabalho.

Como otimizar as suas contribuições para o sucesso – do jeito que for

Supondo que vocês desempenhem de modo eficaz o papel que lhes foi atribuído e contribuam para a empresa de um modo geral, estarão em condições de fazer das suas realizações uma alavanca para o sucesso – seja como for que o definam. Vocês têm um monte de fichas acumuladas e a chance de trocá-las.

TABELA 6.1

Prioridades para o sucesso na carreira: O que é realmente importante e urgente para vocês?

Se você for...	... e a lógica oculta da sua organização for...	... e sua atual função for...	As suas prioridades provavelmente serão...
Criativo, imaginativo	Cuide-se. Junte-se a projetos e pessoas importantes. Conserve a imagem "correta". Ignore as diretrizes administrativas.	Gerente de projeto iniciante	O desafio está em deixar de ser uma estrela isolada para ser um líder no desenvolvimento de estrelas. Use a sua criatividade para definir metas instigantes para o projeto e atrair os "melhores" para a sua equipe, valendo-se da sua reputação. Aprender a ajudar os outros a desenvolver a própria criatividade.
Amigo empático, intuitivo	Concentre-se no trabalho. Não balance o barco, nem critique ou constranja ninguém. Ajuste-se e crie redes sociais sólidas. Não compartilhe resultados negativos.	Colaborador individual	Empregue a sua grande habilidade interpessoal para ajudar a empresa e melhorar o desempenho, quem sabe por meio do aporte de novos insights de um grupo para outro. Certifique-se de que a sua empatia não o leve a aceitar, dos outros, contribuições de baixa qualidade ou padrões, inferiores.
Gerente de programa organizado, confiável	Não deixe criar limo. Mude de emprego o mais rápido possível. Mantenha o chefe feliz. Não se envolva em nenhum projeto que possa falhar; mantenha o histórico limpo.	Líder sênior	O desafio está em sair da gerência de processos para a criação de contexto. Institucionalize a sua qualificação em programas de gerência bem-sucedidos por toda a organização, mediante políticas, práticas normativas e educação patrocinada.
Criador de clientela carismático	Participe da comunidade. Compartilhe informações. Responda a todos os pedidos de ajuda com rapidez e entusiasmo. Traga algo valioso para a pauta de discussões.	Líder de equipe	Modifique a empatia e o entusiasmo demonstrado com os clientes para ganhar insight em relação aos integrantes da equipe. Ajude as pessoas da equipe a desenvolver novas abordagens à resposta diferenciada. Otimize as relações com os clientes para trazer novos insights para o trabalho da equipe.

Com a palavra, a Geração X

Não confio (nem mesmo tenho o mínimo respeito) pelo modelo da empresa. Fui demitido, "recolocado" e rebaixado em inúmeras ocasiões e nenhuma delas teve ligação com o desempenho. Resumindo – é difícil, para mim, demonstrar um grande compromisso de lealdade em relação a uma empresa, sabendo que ela de fato não se interessa pelo meu bem-estar.

Em termos realistas, uma empresa não é uma entidade beneficente. Isso, porém, não significa que a instituição não ofereça vantagens maravilhosas. Em geral, vocês devem partir do pressuposto de que o modelo empresarial os estimula amplamente a fazer uso dessas vantagens no seu próprio benefício, com base na crença bem fundamentada de que o que é bom para vocês é bom para a empresa. Encarem a empresa como uma confeitaria, cheia de guloseimas. Aproveitem tudo o que ela oferece. Trabalhem a empresa.

Com a palavra, a Geração X

A vida empresarial pode ser fantástica se você souber como trabalhar o sistema, o que não é ensinado num programa de MBA de qualidade. Ao trabalhar numa grande empresa com o raciocínio de que vai marcar presença, vai ser infeliz logo de cara. Eu uso as empresas para alcançar os meus objetivos de vida. Usei uma delas para obter o meu MBA e o meu CFA; eles financiaram tudo. Depois, saí dali para ganhar três vezes mais em outro emprego. (...) Estou com 32 anos e vou poder me aposentar daqui a três com mais de US$5 milhões, quando então vou sumir do país e, essencialmente, do mapa.

Tudo bem, isso poderia soar um pouco exagerado, porém é imensa a capacidade das grandes empresas de oferecer benefícios valiosos, se vocês aproveitarem todo o sistema. Dentre os "doces" oferecidos, provavelmente haverá:

- *Treinamento de todos os tipos* – Cursos dentro ou fora da empresa, relacionados com o trabalho, ou, quando menos restritos, de idiomas, de habilidades interpessoais, de liderança, de habilidades profissionais mais específicas ou de iniciação em novas áreas que ampliem as suas perspectivas e agucem o interesse por aprender mais.[9]
- *Tarefas que nunca executaram, mas que têm de aprender* – Paralelamente à atual função, mas que incrementam o seu conjunto de habilidades, capacitações de que vocês precisarão para alcançar metas de longo prazo, como começar o próprio negócio, no futuro.
- *Uma tarefa inteiramente nova* – Talvez algo que misture, em partes iguais, antigas e novas responsabilidades, talvez num local ou seção diferente

da empresa, e que lhes permita empregar as habilidades, experiências e contatos profissionais que hoje possuem, à medida que desenvolvem outros novos. Uma oportunidade de risco baixo para experimentar algo essencialmente novo.[10]

- *Pessoas com quem possam aprender* – Pessoas inteligentes que sabem muito sobre diferentes tipos de coisas (dicas sobre a carreira, ou algo útil completamente fora do mundo empresarial); pessoas de diversos tipos (jovens ou idosos, de raças e origens diferentes).[11]
- *Oportunidades de viagem* – Em geral para lugares aonde vocês talvez não iriam por conta própria.
- *Capitalizar para investir* – Que outra forma melhor de tentar uma ideia de nova iniciativa do que contar com recursos vindos da empresa?
- *Processos e metodologias de peso* – Habilidades essenciais para líderes seniores nos negócios, como a análise rigorosa, financeira e de risco.
- *Benefícios extensivos à família* – Um dos cônjuges pode tentar um empreendimento independente, enquanto outro conserva as vantagens que a empresa oferece à família.
- *Apoio a causas que vocês valorizam* – Muitas vezes sob a forma de contribuição em dinheiro, por intermédio da empresa, ou de tempo livre para se dedicarem a atividades comunitárias.
- *Uma oportunidade de escapar* – Um período sabático, se possível, um dos melhores meios de se revigorar pessoal e profissionalmente da rotina do trabalho.[12]

Seja qual for a que mais lhes atraia, há três estratégias básicas para usar o seu histórico de realizações e contribuições para conquistar os tipos de recompensa que vocês valorizam e dos quais se beneficiam:

1. *Hierarquia acima* – estratégia essencial em quase todas as circunstâncias.
2. *Tomar a iniciativa* – opção se vocês desejam algo diferente dentro de sua empresa.
3. *Troca sistemática de emprego* – opção se vocês estiverem de fato interessados em subir na hierarquia e/ou aumentar a sua remuneração.

Hierarquia acima

Refere-se a trabalhar pelos canais da empresa a fim de obter: mais dinheiro, controle, autonomia, flexibilidade, aprendizado, desafios – o que vocês utilizam para medir o sucesso. Para muitos de vocês, isso significará trabalhar com *boomers* que ocupam cargos mais elevados. Não pressuponham que os *boomers* vislumbrem de maneira automática as suas prioridades. As relações entre chefes X e *boomers* costumam ser complicadas para ambas as partes. Vocês já se mostraram um grupo desafiador para os *boomers* gerenciarem, em parte porque muitos não os compreendem e em parte porque vocês não gostam de ser gerenciados. Como grupo, o funcionário em meio de carreira de hoje (no caso, vocês) apresenta as taxas mais baixas de satisfação com os gerentes imediatos e de confiança mínima em relação aos executivos de primeiro escalão. Apenas um em três concorda que a gerência de cúpula manifesta integridade ou um comprometimento com o desenvolvimento dos funcionários, e um em quatro afirma que, em geral, discorda das políticas empresariais em relação a assuntos relevantes para os funcionários.[13]

As suas diferentes abordagens ao trabalho confundiram os *boomers*. Segundo Lynne Lancaster e David Stillman, "Quando os X integraram a força de trabalho, a maioria de nós presumiu que eles teriam a mesma visão de mundo sustentada pelos *boomers* e que os nossos métodos gerenciais funcionariam bem, o que se mostrou um grande equívoco. A Geração X se comportava de forma diversa da dos seus predecessores, e as empresas que não devotaram tempo para conhecê-los ainda pagam o preço em termos de rotatividade elevada, índices inferiores de contratação e moral precário.[14]

Uma das maiores preocupações dos *boomers* é que vocês se desligam muito facilmente do trabalho, ao final do expediente. Não manifestam os mesmos vínculos emocionais com a empresa que eles passaram a valorizar. Conforme William Strauss e Neil Howe escreveram em *The Fourth Turning*, "O problema percebido não será se os X trabalham o suficiente, o que decerto farão, mas a distância que mantêm da cultura empresarial. Eles respeitarão o contrato – quando for hora de trabalhar, estarão concentrados, mas quando for hora de sair, eles se desligarão."[15] Os *boomers* não compreendem essa abordagem; querem saber que vocês "se importam".

E, ironicamente, apesar dos próprios sentimentos antiautoritários, os *boomers* muitas vezes ficam surpresos de vocês não desejarem ser comandados. É comum não reconhecerem a grande necessidade de responsabilidade individual dos X, sem se dar conta que muitos de vocês tomaram decisões cruciais ainda muito jovens, uma experiência de infância muito distanciada da sua própria. Segundo o escritor Michael Muetzel, "No passado, os gerentes amealharam responsabilidades da estaca zero. (...) Os administradores foram moldados segundo uma estrutura básica de aprendizado, receberam pequenas doses de responsabilidade de cada vez. Estes novos e jovens gerentes administram responsabilidades desde os 8 anos. Tinham mais responsabilidade pela segurança própria, por seu tempo, aos 8 do que vocês e eu tínhamos com quase o dobro dessa idade."[16]

Os *boomers* também pecam por não reconhecerem o valor atribuído por vocês à propriedade dos processos, ao envolvimento no projeto e ao acesso à transparência nas informações. Durante a infância, muitos X não só tiveram poder e decisão, como muitas vezes foram primordialmente tomadores de decisões na própria vida.[17] A inclusão no processo decisório é fundamental para os X. Vocês anseiam por merecer crédito. Rejeitam estilos de liderança diretivos e se sentem mal com a microgerência, típica dos chefes que verificam até as responsabilidades mais triviais. Porém, esse tipo de preferência está em desacordo com a forma de funcionamento tradicional das grandes empresas.

Portanto, não se surpreendam se acharem que o seu chefe não pensa do seu jeito nem prevê o que vocês desejam. Para tirar vantagem das fichas que juntaram no mundo empresarial, talvez tenham de tomar a iniciativa para superar o hiato entre vocês e os chefes *boomers*. É triste ver muitos X *não* tomaram essa iniciativa e *não* pararam para dar dois passos atrás ou perguntar por quê. Em vez de fazer um lobby eficaz, os X costumam ir em frente do seu jeito, conforme foram condicionados a fazer.[18]

Com a palavra, a Geração X

O que não fazemos bem é nos vender, nem vender o produto do nosso trabalho (uma vez que tendemos a supor que os nossos empregadores não se importam mesmo). Esse é o nosso erro.

A seguir, destacam-se quatro medidas para criar relações mais construtivas com os seus gerentes *boomers* e prosseguir na hierarquia mencionada anteriormente:

1. Entendam como o seu chefe é avaliado e o que o preocupa. Identifiquem coisas específicas que vocês podem fazer para ajudar o seu gerente a parecer e *ser* mais bem-sucedido.
2. Expressem com clareza aquilo que querem (depois de reunirem uma pilha de fichas, nunca antes). Os chefes não são adivinhos; não presumam que eles não queiram dar o que desejam, se vocês não deixaram explícitas as suas preferências. E não saiam porta afora sem dizê-las antes. Esse é um mau hábito dos X.
3. Anunciem os sucessos, seus e os dos outros, de forma justa e regular. A maioria dos X não faz isso o suficiente. Não se trata de bajulação; é um comportamento empresarial esperado.

4. Facilitem para o seu chefe oferecer o que desejam. A "marca registrada" que vocês construíram deve ser coerente com a recompensa que desejam (entrega confiável, se querem mais flexibilidade; ideias criativas, se desejam projetos mais desafiadores).

É claro que nem toda relação de subordinação envolve um *boomer* mais velho. Em alguns casos, vocês se reportarão a outro X ou mesmo a um chefe bem mais novo. Eis algumas dicas:

1. Façam o possível para sinalizar que respeitam o talento e a habilidade da outra pessoa. Uma atitude de arrogância é irritante e destrutiva. Mesmo que vocês sejam mais experientes que o seu chefe, ele poderá ter novos ângulos de visão valiosos.
2. Descubram como o seu chefe gosta de se expressar e deem o melhor de si para se adaptar. De modo geral, quanto mais jovem o funcionário, mais estará acostumado a interagir. Não interpretem as mensagens frequentes de um chefe mais jovem como falta de confiança, mas como uma diferença de estilo e hábito de comunicação.

Tomem a iniciativa

Embora gostasse de muitas coisas na empresa em que trabalhei quando terminei a faculdade, fiquei frustrada em diversas ocasiões. Assim como acontece na maior parte das grandes empresas, uma quantidade de processos parecia irremediavelmente burocrática, e oportunidades "de ouro" pareciam implorar por aproveitamento. Por que diabos alguém não cuidava delas? Um dia, a ficha óbvia caiu: *eu* mesma poderia aproveitá-las.

Sempre que se ouvirem pensando, "Por que será que *alguém* não...?" apenas considerem que vocês mesmos poderiam assumi-lo. Caso a oportunidade que vocês desejam não exista no presente, tomem a iniciativa de criá-la. Assumam a responsabilidade de fazer da sua empresa um lugar melhor para vocês e os seus colegas, um ambiente de trabalho mais estimulante. Ofereçam sugestões construtivas *e* manifestem prontidão para realizar o trabalho necessário para tocar novos programas. Preencham um vazio de liderança.

Delineiem o modo de fazer a sua ideia acontecer. Tomem a frente para convencer os outros e, assim, empreguem os seis fatores de influência discutidos anteriormente. A seguir, algumas ideias a considerar:

- Modifiquem as regras da sua função, demarquem o próximo movimento na cadeia de valores – não necessariamente a hierarquia anterior. Levem

a sua atribuição regular um passo à frente em termos de valor agregado. Acrescentem uma análise e uma recomendação ao seu trabalho original. Com o tempo, deleguem a sua tarefa inicial para alguém. Tornem-se obsoletos à atual função.
- Modifiquem as regras do seu grupo ou departamento, transformem-se num "expansor de fronteiras", aquele que interage de maneira eficaz com outros grupos fora e dentro da empresa e compartilha conhecimentos e insights de modo a se produzirem novas perspectivas e formas de pensar.
- Modifiquem as regras do negócio, atuem dentro da sua esfera de responsabilidade, de acordo com os princípios da nova economia. As metas são abertura, compartilhamento e ação em termos globais; entre as táticas específicas para alcançá-las estão criar uma infraestrutura de colaboração, ajustar as estruturas e a governança, assegurar-se de que todos os participantes colherão algum benefício e respeitar as normas da comunidade.

Com a palavra, a Geração X

Como um X mais jovem, não entendo por que as pessoas não assumem mais o controle do destino da empresa em que trabalham. Existem empresas (grandes e pequenas) que oferecem condições de exercer impacto em termos corporativos. Você só tem de encontrar a empresa certa e o nicho certo dentro dela. (...) Acredito piamente no princípio da "inovação sem permissão". (...) Quem sabe, você poderá até encontrar formas de ser mais produtivo, produzir maiores ganhos e fazer do trabalho um lugar bem mais agradável.

Um corolário muito importante resulta da lição de tomar iniciativa: primeiro, façam o que lhes foi confiado fazer – e bem. Nunca suponham que assumir um novo projeto, mesmo reconhecido como muito útil e importante, é desculpa para deixar para trás os seus objetivos originais. Se assumir a nova iniciativa vai impedi-los de realizar bem a sua atual tarefa, terão primeiro de renegociar os objetivos.

Troca sistemática de emprego

Esta é uma abordagem clássica dos X para aumentar o seu nível de responsabilidade empresarial e/ou de remuneração, muitas vezes com bastante sucesso.

Com a palavra, a Geração X

Não comecei devagar. Iniciei a carreira em 1993 e fui trocando de emprego, a cada mudança ganhando muito mais.

Levada por oportunidades de progresso, por demissões, por mudança de interesses ou preferência geográfica, a maioria de vocês mudou de trabalho diversas vezes ao longo da carreira. Em média, os americanos mudam de emprego 11 vezes durante a vida, e muito dessa estatística se deve à inquietação da Geração X.[19]

Strauss e Howe escreveram sobre os X: "Aquilo que o *Wall Street Journal* chama de 'nômades do high-tech' serão os trabalhadores substituíveis da economia globalizada. Eles vão dominar o mercado, explorar cada nuance, buscar cada 'filão', aproveitar-se de cada ponto de vantagem. Falarão sobre cargos em detrimento de carreiras, sobre o que podem realizar ao final do dia de trabalho. O seu estilo típico de trabalho, cumpridor de tarefas, sem grandes esforços, será bom para a lucratividade dos Estados Unidos."[20]

Com a palavra, a Geração X

Beth Hilbing, hoje com 44 anos, é uma CIO muito respeitada de uma divisão da Northrop Grumman. Além das responsabilidades diretas, Beth atua junto a várias atividades de intercâmbio entre empresas, inclusive o recrutamento em faculdades e o Habitat for Humanity, e coopera em diversos quadros diretivos não lucrativos.

Desde os 12 anos, trabalhei em lojas de departamentos, em bancos. Assim que concluí o ensino médio, arranjei um emprego em tempo integral e passei a frequentar a faculdade em tempo parcial.

Nunca me fixei numa certa área. Sabia que era competente de verdade em criar algo do zero, e cumprir tarefas difíceis me trazia imenso prazer. É imensa a minha vontade de fazer coisas que gerem mudança. Gosto de exercer influência sobre colegas e clientes. E tenho em alta conta a ética no trabalho. Sempre estive aberta para o que se me apresentava.

Parti para a TI meio que por acaso. Havia uma oferta de emprego e oportunidade de maiores responsabilidades. Consegui o meu primeiro cargo de gerência aos 26 anos.

Desde então, trabalhei em 7 empresas no espaço de 24 anos. Algumas dessas mudanças foram recolocações em função da carreira do meu marido, mas a maior parte resultou de um sentimento de que as opções disponíveis haviam se exaurido ou de que levaria muito tempo para progredir no lugar onde estava empregada. Basicamente, mudei para crescer na carreira. Nunca tive dificuldade em mudar ou trocar de direção.[21]

A troca frequente de emprego faz sentido se a moeda que vocês quiserem receber pelas suas fichas não estiver disponível na atual empresa. Para a maioria, isso significa acesso a mais dinheiro, mais autoridade ou diferentes oportunidades de aprendizagem, embora, na verdade, qualquer moeda sirva como motivação para mudar de emprego.

Se optarem pela troca de emprego como forma de otimizar as suas realizações, deem particular atenção ao modo como chegam e saem. A primeira e a última semanas são críticas. Vocês estão sob os holofotes. É grande a sua oportunidade de subir ao chegarem, e é enorme o potencial de queda ao saírem. A sua reputação assume contornos positivos ou negativos pela maneira como vocês chegam e vão embora.

Certa vez, contratei alguém para me ajudar na liberação de uma sobrecarga de trabalho. O novo funcionário passou pela minha sala logo depois de ter assinado todos os formulários de praxe. "Quais são seus três maiores problemas?" perguntou. Hmmmm. Um começo meio estranho, mas tudo bem, decidi entrar no jogo. Dividi com ele as minhas três maiores dores de cabeça, todas questões complicadas, com múltiplos desdobramentos e ramificações intrincadas. Conforme eu falava, ele anotava uns garranchos num bloquinho. Quando acabei, ele não fez qualquer comentário nem perguntou nada; se limitou a concordar com a cabeça, saiu e bateu a porta. Isso me deixou muito desapontada e com a sensação de que tinha acrescentado uma quarta dor de cabeça à minha lista. Para o meu espanto, ele reapareceu no fim do dia à minha porta e disse: "Resolvido. E quais as três seguintes?"

Bem, não recomendaria que essa fosse, exatamente, a forma perfeita de começar num novo emprego. No mínimo, aquilo estressou o novo chefe. No entanto, diria que, em termos de deixar uma impressão – não apenas uma boa impressão, mas aquela que ficará por décadas – aquele foi *o cara*. Sem exceções, o melhor que já vi. Por outro lado, já vi muitos começarem num emprego e causarem uma impressão fraca ou, pior ainda, levarem todos a se perguntar por que razão o tal sujeito tinha sido contratado.

É claro que há quem se saia melhor que outros. Os que o fazem bem, deixam o seu mundinho para se aproximar dos colegas, de modo a assegurar o andamento de tudo de que necessitam. Os que o fazem bem, fazem vocês sentirem que, mesmo com a sua saída, eles desejam o sucesso de ambos: o seu e o da empresa.

A filosofia fundamental da troca frequente de emprego é que tanto a chegada quanto a partida são ocasiões nas quais o seu foco principal precisa estar (ou parecer estar) fixado na empresa e nos colegas. Ambos são momentos em que perguntas como "Do que precisam?" e "Como posso ajudar?" deveriam ser ouvidas com maior clareza. Não é hora de vocês falarem sobre vocês e sobre o que desejam, mas hora de retribuir. Vocês serão recompensados diversas vezes, em termos da reputação que constroem.

Ampliando as suas opções

Quando ouço os X descrevendo as suas estratégias de carreira, costumo me sentir como se assistisse a um goleiro de futebol na boca do gol que observa cuidadosamente o time contrário, se prepara para se atirar para a direita ou para a esquerda, conforme a direção que a bola tomar. A maioria de vocês me relata as opções que consideraram: o seu foco atual, as sementes que plantam para uma segunda carreira e as formas de abordar uma terceira ou quarta, caso haja necessidade. A descrição que costumam fazer quase sempre inclui a frase "se algo de errado acontecer". Embora atualmente vocês possam trabalhar com empenho numa empresa, a maioria também pensa nas alternativas e eventuais mudanças futuras. Para os X, segurança e autoconfiança provêm da ampliação das opções. Vocês já identificaram e, como geração, já dominaram três estratégias essenciais para manter as opções em aberto.

1. Educação
2. Amplitude
3. Networking

Educação

Desde o começo, a educação foi parte essencial do seu plano de jogo. Vocês já possuem boa formação e continuam a estudar. Os X são, na realidade, mais bem formados para a idade que qualquer outra geração. 31% de vocês têm curso superior.[22] Aproximadamente 1 em 10 tem pós-graduação.[23] Cerca de 6% de vocês ainda estão na faculdade, muitos em busca de maior qualificação. Muitos participam de cursos relacionados com o trabalho ou atividades menos formais de aprendizagem a ele relacionada, como seminários oferecidos pelo empregador.[24] Para a sua geração como um todo, a sua formação compensou; os seus ganhos estão ligados de maneira direta ao que realizaram em termos educacionais. Aqueles de vocês com melhor qualificação ganham bem mais que os outros.[25]

Para quem tem a opção da educação continuada, duas disciplinas são muito importantes nos dias de hoje:

1. *Finanças, com uma noção sofisticada de análise do retorno sobre o investimento.* Seja qual for a sua função, é essencial estar muito bem familiarizado com conceitos financeiros. À medida que as empresas desenvolvem novos modelos de negócio para agregar valor, a compreensão pessoal da economia subjacente e das negociações envolvidas é fundamental. Vocês precisam ter condições de interpretar os relatórios financeiros referentes ao seu negócio, de compreender os pontos críticos de alavancagem e de usar, com facilidade, os conceitos de retorno sobre o investimento, inclusive o valor atual líquido e a taxa interna de retorno, para discutir as opções.

2. *Astúcia em termos de marketing e formação de marca.* Os conceitos clássicos de marketing – as ligações entre todos os elementos da oferta, assim como é fundamental dominar habilidades de primeiro nível em pesquisa de mercado, segmentação, direcionamento, posicionamento e comunicação. E, mais uma vez, vocês precisam disso, independente da sua função específica. A maior facilidade na comunicação significa que grande número de pessoas representa a sua marca em milhares de interações diárias com clientes, com fornecedores e entre eles. Embora a *comunicação* da simbologia tradicional da marca – os logotipos e os slogans – apresentem retornos decrescentes, a *existência* de uma experiência coesa de "marca" ganha importância.

Amplitude

Muitos X detestam apostar tudo numa só empresa. Vocês não gostam de se sentir enclausurados, com a liberdade ou as opções reduzidas. Vocês não querem ser engaiolados ou pressionados a adotar um ramo de especialização, correr o perigo de que, de uma hora para outra, a empresa corte o tal ramo na próxima reestruturação.

É claro que, na maior parte das trajetórias de carreira, cercear as pessoas, pressioná-las para se especializarem ou assumirem funções gerenciais que as afastam das habilidades características do negócio, é de fato o que as empresas fazem com aqueles na faixa dos 30 ou 40 anos. De um modo geral, as trajetórias de carreira se estreitam no topo; o leque de opções diminui à medida que os indivíduos se tornam mais identificados com funções ou papéis específicos. O sentimento de estreitamento nas trajetórias de carreira e de uma crescente vulnerabilidade costuma ser mais ostensivo na transição da gerência intermediária para a superior – justamente o ponto em que muitos de vocês se encontram hoje.

Com a palavra, a Geração X

Concordo inteiramente em não querer subir muito alto... se eu galgar um degrau, me especializo, e se essa corda for cortada, estarei sem trabalho. Portanto, permaneço na minha função atual, empurrando com a barriga, quando deveria estar, a esta altura, em condições de comprar a casa própria. Não me leve a mal, tenho iniciativa e impulso para melhorar e crescer, e desenvolvi a minha área para além das expectativas gerais. Porém um movimento acima na escala hierárquica parece uma perda... não há volta para mim, se eu tomar essa direção.

De modo a conservar as opções em aberto, muitos de vocês escolheram uma entre duas estratégias básicas: evitar a especialização ou acrescentar de modo sistemático ao seu repertório outras áreas de especialização. Fugir da especialização poderá prover um conjunto intercambiável de habilidades, mas, por outro lado, não oferecer a melhoria financeira, acessível a quem é mais focado.

Com a palavra, a Geração X

Rory Madden, de 39 anos, é executivo de uma importante companhia de petróleo. Nascido na Escócia, formou-se em Engenharia Mecânica pela University of Edinburgh, viveu e trabalhou em Londres antes de se mudar para Houston, há quatro anos. Sem nunca ter se casado, Rory tem um círculo reduzido de amigos, entre os quais cinco ou seis ainda dos tempos do ensino fundamental.

Sempre tomei o rumo contrário. Todos escolhiam ser contador ou banqueiro. Decidi que seria outra a minha direção. A via contrária tem menos concorrência. Por que aderir ao rebanho se não tenho de fazê-lo? Escolhi Engenharia Mecânica por prover uma formação básica. De certo modo, ela mantinha em aberto a maior parte das minhas opções de carreira.

No entanto, logo no início da carreira, decidi que não havia caminho técnico para o sucesso. Pensava, que quando se compreende como as pessoas funcionam, dispõe-se de grandes habilidades transferíveis. Se a economia sucumbisse, se a indústria entrasse em colapso, eu sempre poderia abandonar o navio. O meu setor empurra pra valer a pessoa para cima por uma escala técnica. Rebelei-me e parti para uma função comercial. Não queria ser um especialista funcional.

Há prós e contras nessa decisão. Tenho mais opções, mas foi uma decisão financeira ruim para o mercado de hoje. A especialidade técnica tem um forte aporte financeiro. Pela forma que adotei, fortuita, mato um leão por dia. Por outro lado, tenho habilidades intercambiáveis. Sou um "homem dos sete instrumentos". Não me sinto vulnerável do ponto de vista do conjunto de habilidades que possuo.[26]

A alternativa à criação de amplitude é o domínio de uma quantidade de especialidades diferentes.

Com a palavra, a Geração X

Eric Kimble tem 41 anos, é casado e tem três filhos. Formou-se pela Harvard Business School em 1994 e, atualmente, está muito bem empregado como executivo sênior de marketing e vendas na Cubist, empresa do ramo biofarmacêutico com capital de US$400 milhões e em franco crescimento.

A minha estratégia de carreira foi estabelecer fundações de grande alcance. Eu não queria apenas subir dentro de uma só função, como "João e o pé de feijão", quanto mais alto mais fino, com risco de queda. A minha meta sempre foi construir uma base ampla. Comecei na pesquisa de mercado, dali fui para as vendas externas, voltei para a gerência de pessoas na pesquisa de mercado e, daí, parti para o marketing. Foi então que senti o meu pé de feijão ficar muito fino, meio instável, e pedi para mudar para vendas. Foi um movimento considerado incomum – mudar para vendas depois de ter construído uma carreira sólida em marketing –, mas eu o tinha na conta de um passo para o lado, para fortalecer a carreira. Hoje sou o chefe de vendas, conto com uma base sólida para executar bem o meu trabalho. Ao fazer essas mudanças, saí de uma empresa com 50 mil empregados para outra com 3 mil e, agora, estou numa com 400.

Em geral, me percebo como avesso a riscos. Só os assumo quando muito, muito calculados. Medidos. Bem pensados. Assim na teoria, algumas das minhas mudanças na carreira podem ter parecido bruscas, tipo um salto para vendas; mas todo o tempo em que estive no marketing, mantive um olho no que acontecia nas vendas. Penso, no momento, que se quiser estar na gerência geral, eu deveria ficar por algum tempo na fabricação.

A minha estratégia básica é me tornar excelente em poucas coisas de cada vez. A excelência traz uma força interior. Se você lida com grande quantidade de coisas muito rapidamente – se for medíocre em *n* coisas –, jamais alcançará a excelência.[27]

E, como sempre, há aqueles que discordam.

Com a palavra, a Geração X

Construa uma trajetória de carreira de colaborador individual: o técnico em arquitetura, o especialista em finanças, o pesquisador de projetos especial, o estrategista de marketing. (...) Muitos de nós desejam liderar pelo exemplo, ser o "apagador de incêndios", para capitanear projetos.

Networking

Uma das características mais marcantes da Geração X – e a melhor fonte de opções em termos de futuro – é a rede de amizades que ela formou e preservou. Os teóricos das redes descrevem duas grandes categorias de relações: os *vínculos fortes*, relacionamentos que remontam ao passado e se fundamentam sobre a confiança e a reciprocidade, e os *vínculos fracos*, aqueles conhecidos com quem não mantemos ligação emocional e na verdade, neste momento, podemos nem saber quem são.[28] Lynda Gratton, professora de Prática Gerencial da London Business School, registra: "A verdade é que insights e novas ideias não costumam vir dos vínculos fortes, mas dos muitos vínculos fracos que as pessoas têm."[29]

Ao examinar as tribos urbanas da Geração X, Ethan Watters observou que a sua tribo dá acesso a muitas pessoas de fora das fronteiras aparentes do grupo. Cada integrante em si tem outras conexões que se estendem para o exterior – para pessoas que conheceram noutros momentos ou conhecem de outras ocasiões da vida. Por intermédio delas, você está – ainda que sem saber – conectado a um networking, recursos ou vínculos fracos.[30]

Os benefícios de se fazer parte dessa comunidade mais ampla são consideráveis, quase sempre leva a uma proliferação de possibilidades na carreira e noutros aspectos da vida.[31] Conforme Watters verificou:

> *A minha tribo me beneficiou, ao mesmo tempo, com duas vantagens aparentemente contraditórias. Ofereceu amparo emocional, ao passar uma meia dúzia de vínculos fortes bem sólidos, e ao mesmo tempo me ligou à cidade com centenas (talvez milhares) de vínculos fracos que iam de amigo em amigo e de tribo em tribo.[32] ... [Putnam, no livro Bowling Alone] se surpreendeu ao compreender a parte social sombria oculta nos nossos vínculos fracos... a minha rede de vínculos fracos fez eu me sentir ligado de modo singular ao burburinho da vida urbana dos tempos atuais.[33]*

Com a palavra, a Geração X

Mike Dover, nascido em 1968, é um profissional canadense bem-sucedido na nGenera. Mike é casado e concluiu o curso superior em 1991.

Sou um superusuário de redes sociais.

Mantenho contato com todos os meus antigos chefes. Procuro saber dos candidatos qual o melhor chefe e o que aprenderam com ele. Se o sujeito nunca teve um chefe favorito, paro de escutar: nunca aproveitou as experiências que teve. Procuro pessoas que afirmem que o chefe favorito proporcionou rédeas frouxas, mas também foi acolhedor e conselheiro quando necessário e também sempre manteve sua posição em público. Esse é o tipo de chefe que valorizo e espero ser.

Mantenho contato com cerca de 150 antigos clientes. Eu poderia chegar pelo menos aos 90 até o fim do dia.

Ainda sou muito próximo dos meus colegas de colégio. O grupo se reúne a cada três meses e sempre passa o Ano-Novo junto. Trinta e seis de nós viajaram juntos; dois se casaram durante a viagem e dois comemoraram o aniversário de 40 anos. Vamos programar outra viagem do grupo para breve.

É importante ser ativo no mundo on-line. Tenho 451 pessoas no LinkedIn e não entrevistaria alguém que não aparecesse no Google.

Se acontecessem demissões em massa na minha empresa, eu estaria bem. Faria umas 100 ligações, e diria, "Olha, estou disponível. Preciso de ajuda para saber sobre o meu próximo passo. E aí? E a sua empresa, o que faz?" Eu teria como recorrer a uma grande quantidade de opções.[34]

Equilibrando as necessidades da empresa com a "vida"

Um dos maiores desafios do trabalho para muitos X é conciliar as exigências da empresa com as da "vida". Vocês exigem muito de si, para serem o máximo e darem conta de tudo. É fácil se esvair em suor nas infinitas demandas do trabalho.

Com a palavra, a Geração X

A verdade é que não quero enveredar pela gerência. Sinto que o equilíbrio entre vida e trabalho é mais importante e sei que os gerentes não duram muito tempo. Tendem a se desgastar com muita rapidez. Preferiria trabalhar num cargo de remuneração inferior e desfrutar de segurança e tempo livre.

Existem formas de equilibrar essas exigências conflitantes – para se destacar no trabalho e viver a vida. Eis três sugestões:

1. *Sejam espertos e preguiçosos* – Pensem fora do convencional e otimizem novas abordagens.
2. *Sigam o conselho de Fagin* – Reexaminem a situação.
3. *Mantenham a borda livre* – Criem possibilidades nos seus compromissos.

Sejam espertos e preguiçosos

Como ex-presidente da Disney Imageneering, Bran Ferren apresentava uma palestra. Ele traçou uma grade com dois eixos cartesianos, perfazendo quatro quadrantes. Um dos eixos rotulou "esperto" e "idiota" e o outro, "ativo" e "preguiçoso".[35] "Em quais dos quadrantes gostariam que os seus subordinados estivessem?", perguntou. A plateia foi rápida em concordar que "idiotas e preguiçosos" seria ruim e que "idiotas e ativos", talvez, pior ainda (imaginem o estrago que poderiam causar). Havia, porém, discordância quanto às duas opções para "esperto". A maioria logo se bandeou para os "espertos e ativos". Não seria ótimo? Gente esperta correndo de um lado para o outro, alucinada, fazendo todo o tipo de coisa? Talvez. Ferren, porém, argumentou que a melhor escolha seria "espertos e preguiçosos". São eles que tendem a dar um passo atrás para repensar sobre uma possível solução mais fácil. Tenham uma abordagem prática e prospectiva para imaginar como realizar as coisas com um mínimo de complicação. Sejam espertos – e preguiçosos.

Uma das grandes vantagens de hoje, claro, é a tecnologia. Sei que os Blackberrys interrompem o tempo com a família e invadem as suas noites nesta economia global, mas não precisa ser assim. Ao observar de perto, os Y, mais jovens (aqueles nascidos depois de 1983 ou 1984, que eram adolescentes na época em que o MySpace e o Facebook despontavam), são bem menos controlados pela tecnologia do que muitos X. Eles desligam. E eles respeitam o direito de cada um de estar fora do ar por certos períodos, provavelmente por estarem mais acostumados que nós à comunicação não sincronizada. Eles deixam mensagens sem esperar uma resposta imediata.

Com a palavra, a Geração X

Na qualidade de Y "mais velho", nem eu entendia direito o que o Facebook significava para a minha irmã, recém pós-graduada, e os amigos dela, até que finalmente comecei a acessá-lo com alguma regularidade. Compreender como os Y usam sites assim – que não são apenas para e-mail ou rede social, mas sobretudo para conduzir a *vida* – poderia de longe amenizar a ansiedade tecnológica dos X.[36]

Hoje, tornou-se essencial o uso da tecnologia para simplificar a vida e proporcionar mais liberdade e flexibilidade. No Capítulo 8, abordarei o estabelecimento de normas no ambiente de trabalho que tornarão mais confortável para todos a fixação de limites para os períodos em que não estarão disponíveis para comunicação sobre trabalho.

Por enquanto, muitos X guardam muito bem um segredo: nem *todos* vocês estão assim tão confortáveis com a tecnologia transformadora, como todos parecem pensar que estão. Na verdade, vocês cresceram jogando *Pong*, mas as tecnologias da Web 2.0 se desenvolvem num ritmo avassalador; novos aplicativos se tornam disponíveis. Embora os X sejam percebidos como muito entendidos em tecnologia, alguns de vocês – nem todos, eu sei, eu sei – não se sentem tão à vontade com a tecnologia assim como parece. E, enquanto para os *boomers* é perfeitamente aceitável admitir a ignorância e pedir ajuda, para os X isso é muitas vezes embaraçoso, devido à sua reputação de sofisticação tecnológica.

Com a palavra, a Geração X

Eu me julgo contrário à tecnologia. Tenho de me esforçar um bocado. Aprendi muito tarde e tenho dificuldades de acompanhar.[37]

Em relação aos recursos mais modernos em TI, sim, devo admitir, não estou atualizado com a maioria deles – e encontrar quem possa ajudar é quase impossível.

A tecnologia, sobretudo as mídias sociais, podem ajudá-los a trabalhar, espertos e preguiçosos. Obriguem-se a experimentar e adotar novos recursos.

Sigam o conselho de Fagin

Às vezes, as coisas resultam desastrosas, torna-se óbvio que o que você esperava realizar não tem a mínima chance de ocorrer.

Em *Oliver Twist*, de Charles Dickens, o personagem Fagin lidera uma gangue de crianças que atua nas ruas batendo carteiras. Embora talvez uma fonte de inspiração duvidosa, ele possui um hábito de grande utilidade quando se trata de equilibrar as pressões no trabalho. Nos momentos mais difíceis, dá um passo atrás e considera atentamente as opções que tem à frente. Na versão do musical, *Oliver!*, ele canta: "Estou repensando... a si--tu-a-ção... Acho melhor pensar mais ainda!"[38]

Quando tudo mais falhar, não entrem em pânico. Deixem de lado a ideia de que tem de fazer *este* trabalho. Pensem nas alternativas – mesmo as mais desagradáveis – e partam em busca de atalhos e acordos razoáveis. Negociem um novo passo à frente.

Mike, por exemplo, estava num momento crítico. Mesmo ao trabalhar além da hora a semana inteira, o projeto que deveria entregar estava muito atrasado e fora do cronograma. A sua equipe estava estressada e desmoralizada, e o prazo final de entrega para o cliente se aproximava. Ele respirou fundo e, primeiro, reconheceu a realidade da situação para si mesmo. Em seguida, considerou as opções com seriedade. Ele poderia:

- Ligar para o cliente e negociar uma extensão do prazo de entrega, coisa nada agradável para o cliente, mas melhor do que surpreendê-lo com más notícias no último instante.
- Contratar mais gente para a equipe, talvez empreiteiros que pudessem começar de imediato; isso não inflaria muito o orçamento, mas poderia ajudar a cumprir o prazo, contanto que eles pudessem agir com rapidez.
- Rever as especificações do projeto. Será que não seria possível concluí-lo de modo satisfatório para o cliente de maneira mais simples?
- Elaborar uma proposta conciliatória/alternativa. Talvez, ao compreender melhor as necessidades do cliente, fosse possível entregar uma parte considerável do prometido na data prevista e o restante mais tarde.

O ponto essencial é dar um passo atrás e considerar o maior número de opções criativas possíveis. E manter-se desligado em relação a algumas coisas.

Mantenham a borda livre

Os conselhos quanto às relações em geral se concentram na negociação de acordos: comprometer-se consigo e com o companheiro quanto ao que vai ou *não* fazer; estabelecer limites quanto aos compromissos profissionais; acertar suas responsabilidades familiares.

É um conselho decerto razoável como ponto de partida, mas segundo a minha experiência pessoal, terrivelmente inadequado. O segredo para ser um bom parceiro, seja qual for o âmbito – como cônjuge, pai ou mãe e empregado –, é ser capaz de reagir a situações que extrapolam quaisquer combinações previstas. Por mais cautelosos que sejam ao planejar, imprevistos vão acontecer. É essencial manterem alguma borda livre. (Borda livre é um termo náutico que se refere à altura do casco do navio que fica fora d'água. Quando se sobrecarrega o navio, não há suficiente borda livre para suportar as grandes ondas que porventura atinjam a proa.)

O ideal é que cada segmento da sua vida possa contar com uma flexibilidade contingencial. O trabalho em tempo parcial, segundo uma programação fixa e rígida, costuma ser mais difícil do que um emprego de tempo integral que lhes permita uma escapada na parte da tarde para atender alguma emergência em casa. Uma creche que cobra taxas exorbitantes para cada minuto de atraso na hora da saída causa estresse. Com certeza, vocês desejam cumprir com os seus compromissos sempre que possível, mas as melhores composições são aquelas que permitem uma flexibilidade ante o inesperado, aquelas que reconhecem que imprevistos acontecem. Portanto, por exemplo, caso vocês reassumam após uma licença-maternidade e desejem uma agenda reduzida de trabalho, recomendo que proponham uma programação flexível, em vez de dias predeterminados da semana. Mesmo que vocês quase sempre trabalhem nos mesmos dias toda semana, contar com a flexibilidade como parte do acordo será melhor para vocês e para a empresa. Vocês criam condições para que a empresa conte com as suas habilidades, caso necessário – por exemplo, comparecer num dia não programado para participar de uma reunião importante. É claro que vocês terão de providenciar o mesmo grau de flexibilidade na creche, mas terão condições de atender a ambas as emergências, a do trabalho e a familiar.

Com certeza, há opções disponíveis que vocês (e a maioria dos seus colegas) não consideraram. A maior parte das empresas oferece composições com ampla gama de variação em termos de tempo e lugar: tempo flexível, com programações individualizadas de trabalho, turnos flexíveis e semanas de trabalho compactadas; opções de expediente reduzido, com uma variedade de trabalhos em tempo parcial, trabalho compartilhado e licenças; e lugar flexível, com "telexpediente" (trabalho feito primordialmente de casa) e trabalho móvel (como o do vendedor que atua na rua). Algumas empresas oferecem ainda períodos sabáticos e licenças remuneradas ou não remuneradas. Outras firmarão contratos isolados. Em muitas empresas, as normas sociais impedem os funcionários de escolher algumas das opções oferecidas. É hora de seguir adiante, considerar o que serve para vocês e negociar para obtê-lo.

No processo de negociação, os primeiros entendimentos necessários sobre essas questões devem ser com o superior imediato. Vão munidos de uma análise detida e imparcial dos prós e contras dos acertos desejados, traduzidos em termos financeiros, ou seja, de retorno sobre o investimento. Incluam informações sobre como pretendem solucionar os possíveis contras. Elaborem um plano contingencial para abordar quaisquer desdobramentos imprevistos. Façam o seu superior se sentir à vontade com a proposta, ganhem o seu apoio e, então, recorram aos canais competentes, como o departamento de recursos humanos, para solicitar a confirmação oficial.

Ironicamente, o maior artifício para o sucesso no trabalho dentro de uma empresa é estar bem fundamentado em relação àquilo em que se é bom e ao que de fato se deseja. Ao estabelecer os seus predicados e esclarecer as suas metas, o desafio é se comunicar de forma clara e persuasiva, prosseguir tanto com o desenvolvimento da sua capacitação pessoal quanto com as suas soluções de reserva.

CAPÍTULO 7

Diversificando-se

*Ambientes alternativos de trabalho
e portfólio de carreiras*

Mais que qualquer outra geração contemporânea, vocês têm sido atraídos por trabalhos que oferecem formas alternativas de organização e um leque de opções. Trabalhar como autônomos, investir em empreendimentos de risco, se juntar a empresas de pequeno porte e dar conta de vários trabalhos simultâneos são marcos da Geração X.

Com a palavra, a Geração X

A minha aversão a regras e estruturas de poder é algo tão arraigado que dificultou a minha entrada no ambiente de trabalho corporativo, quando tinha vinte e poucos anos. Depois de beirar algumas catástrofes profissionais, finalmente descobri como me colocar no ambiente de trabalho, me sentir satisfeito e ser bem-sucedido. No entanto, lá no fundo dos meus pensamentos e sempre a rondar a imaginação, estava a pergunta "Como é que saio daqui?"

Aparentemente, esse poderia ser outro dos enigmas de sua geração. Assim como vocês são, ao mesmo tempo, independentes e orientados para o grupo, valorizam a segurança, embora muitas vezes escolham o que outros veriam como uma trajetória arriscada na direção dessa meta. Os anos de adolescência oferecem percepções sobre ambos os enigmas. A responsabilidade que tiveram na adolescência fortaleceu tanto a confiança na sua capacidade de cuidar de si mesmos quanto a busca de amigos que lhes dessem respaldo. Passaram a valorizar tanto a autodependência quanto a associação a um círculo muito fechado de amigos – uma tribo. O seu desejo de autodependência, por sua vez, parece se manifestar de formas contraditórias. Para alguns, isso significa pressionar para alcançar patamares mais elevados em grandes empresas (permanecer, ao mesmo tempo, alerta aos meios de ampliar as suas bases e elevar a sustentabilidade da carreira). Para outros, porém, o mesmo desejo de autodependência os afasta de grandes empresas e os aproxima de várias formas alternativas: pequenas empresas, empreendimentos de risco e, para um número crescente, um portfólio de diversas carreiras, combinações de trabalhos e composições de empregos. Em meio a tudo isso, os amigos e a família que vocês constituem permanecem como prioridade importante e, para a maioria, uma fonte essencial concreta de apoio emocional e intelectual.

O denominador comum à maioria dos X é o desejo de ter um controle maior sobre o próprio destino. Entretanto, as suas óticas quanto à melhor forma de lograr essa sensação diferem de modo substancial.

Com a palavra, a Geração X

Era mais que evidente para mim que havia desvantagens em ser funcionário numa empresa grande, bem estabelecida – em termos da capacidade de controlar o tempo, impacto e destino. Estava mais do que claro o contorno que a minha trajetória de carreira assumiria. As opções empreendedoras permitem que você controle o ambiente e as pessoas com quem trabalha para criar a sua própria cultura e as suas próprias normas.[1]

O que funciona? Permanecer no cargo, se tornar valioso para a empresa, e não só alguém que comparece no fim do mês para receber o contracheque. É preciso realmente aprender a gostar de extrair o sustento do trabalho numa empresa. Depois, pode-se usufruir das recompensas resultantes do bom desempenho no trabalho – aumentos salariais, promoções, premiações, construção de um patrimônio apoiado pela empresa com planos de aposentadoria e de amizades que durarão o resto da vida.[2]

Este capítulo é para quem discorda da última fala, quem quer ser independente, empreendedor, ou constituir uma pequena empresa. Talvez, o desejo mais comum àqueles de vocês que optam por essas alternativas no lugar de se tornarem integrantes estáveis e arraigados de uma grande empresa será o de poder influenciar diretamente as decisões que governam a sua carreira e a sua vida particular. Embora grande parte dos pesquisadores concorde que não existe um conjunto claro de atributos comportamentais que descrevam a personalidade empreendedora, parece de fato nítido que os empreendedores possuem um forte desejo de estar no controle do próprio destino.

> **Com a palavra, a Geração X**
>
> Embora não possa comer filé e caviar todo dia, não morro de fome e pago todas as minhas contas. Nunca mais vou trabalhar numa grande empresa. (...) Posso ver os meus filhos na hora que quero, ter uma aula se quiser, tirar o dia de folga se o tempo estiver bonito. Tenho a possibilidade de aumentar ou diminuir a quantidade de trabalho que estou a fim de fazer. Já que temos de trabalhar para sobreviver, melhor dispor de algum controle sobre a única coisa que não se pode recuperar: o tempo.

Sem sombra de dúvida, o impulso dos X para as formas alternativas de organização é motivado por uma série de considerações afins – um desejo de expressar a criatividade, as demandas concorrentes dos compromissos familiares, preocupações com a trajetória da empresa e necessidade de resultado final. Para muitos, o desejo de realizar por conta própria é um fator motivacional importante. Existe também uma lealdade à sensação de independência que dificulta a aceitação de uma cultura empresarial materialista. Some-se a isso a profunda desconfiança dos X em relação à autoridade e ao comprometimento da empresa e não será surpresa que tantos de vocês optem por deixar o mundo empresarial.

> **Com a palavra, a Geração X**
>
> Sério? As empresas precisam da gente? Elas nos tratam como mercadorias e se espantam quando nos tornamos mercenários. Como essa coisa de lealdade corporativa não existe, o lógico para um X é abrir a própria empresa. (...) Eu fundei a minha. É pequena, mas não vou ser rebaixado, dispensado nem terceirizado. A aposentadoria é muito boa porque estou à frente do plano de previdência.

Há, então, as realidades externas. Uma demissão terá forçado alguns de vocês a "se virarem" sozinhos. Mesmo na sua área de trabalho, muitos se sentem assoberbados em carreiras na empresa, preocupados com um teto formado por *boomers*, que sempre pairam sobre o seu potencial de ascensão. Alguns que saíram inicialmente por necessidade percebem agora que a nova realidade lhes atende melhor que o cargo empresarial que foram forçados a deixar.

> **Com a palavra, a Geração X**
>
> Compreendi que não há como solucionar o gargalo dos *boomers* na extremidade superior da hierarquia empresarial. Essas pessoas vivem mais e são numerosos. Portanto, em vez de contribuir para a sua base de poder e trabalhar para eles, trabalho para mim mesmo e fecho contratos com eles. Dane-se o emprego. Vou pegar o que é meu agora, porque, se for para esperar que eles me deem, não vou conseguir nada. Nesse meio-tempo, devo me aposentar antes da maioria deles, e essa será a mais doce das vinganças.[3]

É evidente que o caminho do empreendedorismo total não é para todos. Não é opção para muitos X que preferem a estabilidade. Por outro lado, raramente os X deixam de considerar alternativas, a diversificação das suas habilidades e a preparação para uma vida de trabalho que possa não envolver uma próxima colocação numa empresa.

Este capítulo levanta considerações realistas a respeito da diversificação – deixar o grande ambiente corporativo ou trabalhar em mais de uma empresa – e se ela é para você. Falaremos de:

- Ambiente alternativo de trabalho – Tanto em pequenas empresas quanto em formas de organização autônomas.
- O caminho do empreendedorismo – Lições básicas para minimizar o risco.
- Portfólio de vidas – Mixagem de carreiras diversas como forma de diluir o risco e de fixar bases para oportunidades no futuro.

O ambiente alternativo de trabalho

As pequenas empresas e as formas de organização autônomas são escolhas comuns para os X que decidem deixar a vida corporativa tradicional. Em pesquisa realizada em 2004, com um número ligeiramente desproporcional de homens e de renda elevada, 38% dos entrevistados afirmaram ter vínculo de trabalho com empresas privadas ou com um indivíduo.[4] As oportunidades em pequenas empresas oferecem uma via para expressar a sua preferência, como X, por uma maior sensação de controle do seu destino e, como resultado, mais autodependência. A mudança para baixo em termos de tamanho de empresa permite uma mudança para cima em termos de responsabilidade e recompensas. Ela pode lhes facultar uma voz mais ativa sobre o destino da empresa em relação a recrutamento e desenvolvimento de pessoal, à consideração das suas ideias e ao planejamento de estratégias. As habilidades que vocês tiverem aprendido num ambiente corporativo maior podem, de fato, compensar.

Com a palavra, a Geração X

Tamanho é documento, pelo menos no que se refere às empresas. O meu último trabalho foi numa empresa menor. (...) Eu e outros X tínhamos livre circulação pela hierarquia, graças em grande parte à experiência profissional dos últimos trinta e poucos anos – o alto padrão de ética no trabalho, a disciplina e os sacrifícios que aprendemos a fazer.

E há que se considerar ainda a questão material. O caminho da pequena empresa costuma trazer também a oportunidade de uma participação societária.

Uma segunda alternativa, também ao gosto da Geração X, talvez devido à sua identidade de "forasteiro", é trabalhar à base de contrato ou em formas alternativas de organização, segundo o Bureau of Labor Statistics. Se comparada a outras gerações, uma porcentagem um pouco maior de vocês se classifica nessa categoria, que compreende trabalhadores independentes (com a maioria daqueles também classificados como autônomos), provisórios (como professores substitutos) e temporários, além daqueles inscritos em agências de serviços terceirizados (como manutenção de jardins e serviços gerais). Daqueles na faixa de 35 a 40 anos, 10,9% foram classificados como possuidores de formas alternativas de organização do trabalho em 2005, comparados à média geral de 10,7%.[5] Vocês se classificam como profissionais autônomos com frequência 25% maior que os autônomos mais velhos.[6]

À semelhança do caminho da pequena empresa, o contrato temporário é atraente quando se quer autonomia, flexibilidade e liberdade da rigidez empresarial. Atuar mediante contratação pode isolá-lo de uma tribo de colegas de trabalho, mas, de modo surpreendente, nem sempre os temporários são solitários. Às vezes, é um caminho que oferece o melhor de dois mundos – o ambiente corporativo sem a concorrência, as políticas ou o medo de demissão.

Com a palavra, a Geração X

Permaneci no setor vinte e muitos anos e trabalhava em tempo integral. Há um ano, decidi virar um temporário. (...) Sinto-me menos "sobrecarregado" com as políticas do atual empregador. Recorro aos colegas temporários que manifestam real interesse em colaborar e ver o trabalho realizado. (...) Como temporário, os meus colegas me temem menos – sou uma visita constante – mas, se gostarem de mim e houver trabalho a fazer, pode ser que eu fique por um tempo – o que é aceitável para eles, novamente porque sou um temporário. Eles sabem que não me importo em ir fundo nas políticas do escritório, porém me preocupo com eles enquanto estão empregados ali. Tem sido uma grata surpresa. Talvez eu já devesse estar nesse regime de trabalho há alguns anos.

Ao pensarem em formas alternativas de organização do trabalho, observem que aquelas que envolvem temporários ou consultores carregam os próprios desafios. A seguir, uma lista simples das considerações práticas.

- *Equilibrar o marketing e a produção* – Vocês têm de procurar sempre um próximo trabalho, mesmo se estiverem concentrados na entrega da atual

tarefa ou serviço. Busquem meios práticos de equilibrar ambos, talvez reservem um momento específico da semana para se dedicar ao marketing.
- *Manter-se afiado* – Permaneçam atualizados. Procurem meios de acessar novas ideias e abordagens, talvez seja melhor vincular-se a uma comunidade profissional.
- *Manter contato com os clientes entre os compromissos* – Desenvolvam uma forma de administrar as relações com os clientes quando não estiverem diretamente envolvidos no trabalho e recorram a boletins informativos ou outros meios.
- *Criar uma infraestrutura de apoio* – O trabalho solitário exige soluções para dezenas de atividades – de mensagens telefônicas a faturamento – que as grandes empresas tiram de letra. Há uma grande variedade de opções virtuais e presenciais que surgem como forma flexível de respaldo.

A tecnologia facilita o cumprimento desses desafios, contudo pode ser bem difícil desenvolver a disciplina de ajustar as coisas, no caso de um profissional solitário ou de uma pequena empresa. Ao planejar seguir esse rumo, assegurem-se de considerar, com antecedência, como abordarão cada um desses desafios.

A trajetória do profissional empreendedor

Para alguns de vocês, não há meio-termo. Apenas querem ser proprietários e dirigentes da própria empresa. Desejam o caminho do empresário.

Com a palavra, a Geração X

Do ponto de vista da carreira, todos sonham em ser um empresário. Para alguns é uma questão de controle, como aqueles que querem ser triatletas. Outros fazem escolhas de estilo de vida em função dos filhos. Mas bem lá no fundo, quase todos nós queremos ser empresários. O meu conselho: não esperem muito.[7]

Muitos de vocês que *já "pularam* fora" me parecem bastante felizes com a decisão que tomaram.

Com a palavra, a Geração X

Já "pulei fora" para ter a minha própria vida de empresário. Estou nela há quase cinco anos e posso afirmar com segurança que nada me arrastaria de volta àquele universo. Adoro ser independente, estabelecer as minhas próprias regras, no meu ritmo, e ter a liberdade de trabalhar no que quero, quando quero. Se outros da minha geração tiverem o gostinho da vida de empresário, haverá uma debandada geral. Uma vez fora da garrafa, o gênio não volta para dentro dela.

As pesquisas estatísticas comprovam aquilo que vocês já afirmaram: os profissionais autônomos sentem-se, de modo considerável, mais satisfeitos com o que fazem do que outros trabalhadores. Estão mais satisfeitos com a remuneração, a estabilidade, as chances de promoção, o nível de estresse quando em serviço, a flexibilidade de horário e a proximidade entre casa e trabalho.[8]

Muitos de vocês estão se aventurando por conta própria. Hoje, quatro entre cinco start-ups são comandadas por X. Cada vez mais, o empreendedorismo é o curso que mais requisitam nos programas de MBA; à medida que frequentam as aulas, fortalecem as finanças e sonham com novos conceitos de negócios.

Quais as vantagens?

A boa notícia é que as chances de sucesso empresarial estão em ascensão. As mudanças na natureza do trabalho discutidas no Capítulo 5 – firmas menores, voltadas para determinado nicho, negócios montados sobre a oferta de maior personalização ou individualização e modelos de negócios baseados em informações compartilhadas ou criadas em conjunto – abrem muitas portas. Novas tecnologias reduzem as vantagens da produção em grande escala e os custos das transações, e tornam a entrada no mercado mais fácil para os pequenos jogadores. Espera-se a proliferação de empresas menores, especializadas em competências essenciais. Na verdade, podemos entrar numa era de ouro para o pequeno empreendedor. Thomas W. Malone, professor do Massachusetts Institute of Technology, estima que a internet e outras tecnologias poderosas disponíveis criaram um ambiente no qual 1 entre 10 pequenos negócios será bem-sucedido – proporção bem mais elevada que no passado.[9]

Boas novas? Com certeza. Mas mesmo que as previsões de Malone estejam corretas, restam ainda 90% de taxa de fracasso. Em termos realistas, a escolha do caminho empreendedor significa escolher o risco da decepção. São negócios que representam um tremendo passeio de montanha-russa. Vocês têm de estar preparados para encarar subidas íngremes e, possivelmente, descidas mais vertiginosas.

Com a palavra, a Geração X

Para ser direto, pensamos em sair do mundo empresarial, mas temos medo dos custos e riscos. Talvez o mundo empresarial seja um lugar bom, mas não quero ser como o meu pai, que nunca chegou a ser chefe e aos 72 anos ainda precisa trabalhar.

Mesmo numa start-up bem-sucedida, há certos ajustes a se considerar. Na maioria dos casos, o caminho do empreendedorismo reduzirá o seu ganho imediato. E é provável que isso leve horas, dias e semanas. Mesmo a falta de apoio da família pode ser um problema.

Com a palavra, a Geração X

É difícil para a geração dos meus pais compreender por que escolhemos o rumo do empreendedorismo. É um desafio convencê-los de que é um caminho aceitável. Com ele, é provável que haja uma pressão negativa em torno das escolhas que você faz.[10]

Para ajudar a neutralizar o risco de fracasso e criar a adesão dos principais parceiros, abordem essa iniciativa com sabedoria e prudência. Há quatro coisas que vocês devem definir com precisão antes de bater o martelo.

1. Uma boa ideia
2. Um bom plano
3. Recursos tangíveis – as devidas habilidades e o capital suficiente
4. Respaldo intangível – uma boa rede social e conselhos relevantes

Uma boa ideia

Por definição, as empresas empreendedoras têm "todos os ovos numa só cesta". E é melhor que a cesta seja muito boa.

A melhor forma de apresentar uma grande ideia de negócio é observar e resolver um problema importante. Os empreendedores mais bem-sucedidos extraem ideias da experiência pessoal. Um estudo das 500 empresas americanas de crescimento mais acelerado verificou que 57% dos fundadores tiveram a ideia ao observarem problemas na indústria em que haviam trabalhado antes de fundar a empresa.[11] Ideias também surgem das experiências como consumidor: algo que não os agradou e que vocês poderiam resolver de forma mais eficaz, ou algo com que vocês se preocupem de verdade.

Com a palavra, a Geração X

Becky Minard e o marido, Paal Gisholt, fundaram a SmartPak, empresa em franco crescimento que supre criadores de cães e cavalos com as melhores marcas de suplementos em embalagens personalizadas, patenteadas, acondicionados em doses únicas.

A minha ideia surgiu da frustração com a maneira pela qual o meu cavalo era tratado. Achava que *deveria* haver um jeito melhor. A minha frustração me ajudou a ter a ideia do produto e de como ele funcionaria. Também ficou claro para mim que precisava dar vazão à minha criatividade.[12]

> Steven Kramer é cofundador do College Coach, negócio que oferece serviços de aconselhamento universitário, adquirido por empresas como benefício para filhos de funcionários. Recentemente, ele e o sócio foram bem-sucedidos na venda do negócio para a Bright Horizons.
> Preocupo-me com as mudanças na educação. Tinha vontade de exercer um impacto sobre a vida das pessoas. Nossos serviços criam oportunidades para pessoas que não poderiam ter acesso a elas antes. Oferecemos alternativas de melhor qualidade. Não existem muitas oportunidades lucrativas em educação, portanto, se quisesse entrar nessa área, teria de começar algo por conta própria.[13]

As novas tecnologias fornecem a base para muitos empreendimentos de risco. As cinco perguntas a seguir, baseadas nos princípios da nova economia e nos recursos sugeridos nas notas incluídas em cada uma, vão estimular as suas ideias.[14]

1. *Vocês têm condições de aprimorar o desenvolvimento do conhecimento comum ou extrair mais dele?* Talvez a área mais "quente" hoje seja a aplicação da tecnologia da Web 2.0 para melhorar a produtividade de interações altamente dependentes de conhecimento e muito valorizadas, aquelas que requerem competência e discernimento. Ferramentas tecnológicas como as wikis, os ambientes de equipe virtuais e a videoconferência eliminam a perda de tempo com atividades que não agregam valor, asseguram que os funcionários tenham a informação certa no tempo certo e captam insights em maior profundidade.[15]
2. *Vocês têm como combinar dados de múltiplos processos para automatizar atividades mais complexas?* Nas décadas de 1980 e 1990, houve um foco muito acentuado na automação de processos isolados: previsão de redes de abastecimento, planejamento dos recursos da empresa e gerência das relações com clientes. Hoje, esses sistemas podem ser conectados por meio de padrões comuns para a troca de informações. O entrecruzamento de informações resultante pode ser combinado de novas formas para automatizar uma série de atividades, desde a gerência de estoques até o atendimento ao cliente.[16]
3. *Vocês têm novas formas de analisar os dados?* Está mais fácil que nunca coletar e comparar dados, o que permite o desenvolvimento de novos insights. A Intel integra um "mercado de previsão" com processos regulares de prognóstico no curto prazo a fim de criar estimativas mais precisas e menos voláteis. Os operadores de pedágio segmentam os motoristas e cobram tarifas diferenciadas com base em condições

estáticas (como a hora do dia) e dinâmicas (o trânsito). Os cassinos Harrah investigam dados sobre os clientes de modo a direcionar as promoções e conceder um serviço irrepreensível.[17]
4. *Vocês podem empregar a transparência de informações como base para um novo negócio?* A internet trouxe mais transparência a muitos mercados, de passagens aéreas ao mercado de ações e possibilitou novos negócios, como a Expedia. Muitos outros setores oferecem oportunidades semelhantes.[18]
5. *Vocês conseguem identificar "dados de escape"?* A digitalização dos processos e das atividades cria subprodutos ou "dados de escape" que podem ser explorados em termos lucrativos. Um varejista com câmeras digitais instaladas para evitar roubos, por exemplo, cria uma base de dados digital sobre o comportamento de consumidores a ser utilizada pelos vendedores para reformular as suas abordagens de merchandising.[19]

O que quer que decida fazer, faça antes o dever de casa – bastante dever de casa.

Com a palavra, a Geração X

Tenho uma ideia por semana para começar um negócio. Isso deixa o meu marido doido! Fazemos muita pesquisa para compreender nossas ideias e as opções para abordá-las seriamente recorremos a todas as nossas habilidades de consultoria anteriores. Façam perguntas relevantes para descobrir se tem um produto à procura de um mercado ou se de fato pode oferecer a solução para um problema. Compreenda o mercado em profundidade e assegurem-se de que solucionam uma verdadeira questão.[20]

Um bom plano

Invistam muito tempo e energia na criação de um bom plano de negócio. Há roteiros sobre o tipo de formação a ser incluído, assim como bons exemplos, facilmente acessíveis na internet. Por outro lado, se possível, vocês poderão ter aulas sobre empreendimento, muito convenientes pelo feedback em tempo real oferecido pelos colegas de curso.

Com a palavra, a Geração X

Completo 41 anos amanhã e, no momento, trabalho num plano de fuga do cubículo que ocupo. Redijo um plano de negócios para seguir por conta própria.

Elaborem uma boa quantidade de ideias e/ou variações em modelos de negócio. Em muitas ocasiões, a maior inovação e a vantagem mais duradoura provêm do modelo de negócio ou abordagem operacional básica, a *maneira* como vocês solucionam o problema. Considerem as quatro questões a seguir.

1. *Vocês têm como suprir a necessidade – e reduzir o seu risco – ao organizar um networking com outros indivíduos ou empresas independentes para participar do processo de inovação em relação a um novo produto ou serviço?* A franca inovação ou a criação conjunta congregam os talentos de vários inovadores independentes – clientes, fornecedores, especialistas em pequenos negócios, trabalhadores independentes. Pensem em recorrer a pessoas que ofereçam insights, mas criem um processo de comando que permita à sua empresa conceber o processo de inovação. A loja virtual de roupas Threadless solicita às pessoas que sugiram novos modelos de camisetas e permite que a comunidade vote nas preferidas.[21]
2. *Vocês podem produzir o produto ou serviço que recorram a talentos autônomos especializados?* Muitas atividades, de finanças e marketing a TI e operações, podem ser encontradas em qualquer lugar – por exemplo, um indivíduo em Cingapura ou uma pequena empresa na Itália. É possível montar um negócio por meio da integração de um número crescente de pessoas de fora. Ao considerarem essa alternativa, procurem formas novas e inovadoras de configurar o modelo de gerência de talentos. Por exemplo, a TopCoder, empresa criadora de uma rede de desenvolvedores de softwares, permite que os seus clientes premiem aqueles que fazem o melhor trabalho de criação de determinado software.[22]
3. *Vocês têm como atender à demanda ao permitir que os consumidores sejam também produtores?* Vocês conseguem construir um modelo de negócio em torno do "prosumo" (produção e consumo simultâneos) e colocar os consumidores dentro do processo real de produção? Considere o OhMyNews, jornal virtual da Coreia do Sul escrito por mais de 60 mil colaboradores ou "repórteres cidadãos".[23]
4. *Vocês têm como fixar o preço de produtos separadamente e utilizar as vantagens concretas de empresas já existentes de modo a criar uma nova proposição de valor?* Muitos negócios altamente dependentes de ativos – fábricas, depósitos, frotas de caminhões, redes de TI e assim por diante – podem ser desagregados, fracionando-se a capacidade produtiva em componentes passíveis de serem gerenciados com maior eficácia de custos.[24] Para a grande empresa, a venda de capacidade

ociosa eleva a taxa de utilização e o retorno sobre o investimento, isso permite o acesso a recursos e vantagens que de outro modo exigiriam um pesado investimento fixo ou uma escala significativa para alcançar custos marginais competitivos.[25]

Elaborem minutas de planos para *no mínimo seis opções de negócios*, mesmo aquelas que não pareçam tão atraentes quanto a sua ideia inicial. O cumprimento dessa etapa vai ajudá-los a compreender as suscetibilidades da ideia que vierem a escolher. Vai auxiliá-los a explorar algumas concessões, sobretudo aquelas que aumentarem a sua velocidade de comercialização, determinante essencial para o sucesso.

Reúnam (não necessariamente em termos físicos, embora, às vezes, um bom debate presencial ajude) um grupo de pessoas para criticar os seus planos. Aqui, outra vez é vantajoso ter aulas. Vocês contam com um grupo constituído de pessoas interessadas em empreendedorismo e que podem ajudá-los a avaliar as suas ideias. Entretanto, o que quer que venham a fazer, encontrem formas de discutir as suas ideias com outras pessoas.

Com a palavra, a Geração X

Nós, de fato, discutimos à exaustão o modelo do negócio. Levamos muito a sério o processo de escrever um plano de negócios. Na época, ninguém estava voltado para serviços inovadores; tínhamos de nos destacar em meio a todo o entusiasmo criado pela eclosão da internet. Uma coisa que funcionou bem foi estarmos abertos e conversarmos com *boomers* que haviam feito aquilo antes.[26]

Uma vez que estreitem as suas opções para uma ou duas que pareçam mais promissoras, elaborem uma versão mais detalhada do plano, capaz de orientar as suas ações e medir o progresso durante os anos críticos iniciais.

Com a palavra, a Geração X

Quais os marcos a serem atingidos dentro de certo período de tempo? De quantos clientes vocês precisam nas diversas etapas? É preciso monitorar os serviços para que sejam mensuráveis e passíveis de refinamento ao longo do tempo. Usem o plano de negócios como um documento ativo.[27]

Caso estejam empacados na etapa de planejamento, considerem contratar outros empreendedores para ajudá-los nesta fase tão importante. Existem empresas que auxiliam profissionais atarefados a começar um negócio, conservando o atual emprego.

Recursos tangíveis – as competências certas e capital suficiente

Com um bom plano de negócio em mãos, vocês devem estar em boas condições de determinar os recursos tangíveis, como os tipos de habilidades e a quantia que precisam levantar em termos do aporte financeiro inicial necessário para viabilizar a iniciativa. Evidentemente, o domínio profundo das habilidades – a competência nas áreas cruciais do seu conceito de negócio – é questão de vital importância. Assegurem-se de possuir o talento e o conhecimento na área ou de ter acesso a eles para imprimir valor máximo à empreitada.

Entretanto, em uma iniciativa empresarial, vocês têm de ser "pau pra toda obra". Precisam entender o suficiente sobre todas as atividades necessárias ao funcionamento de uma empresa de modo a ter a segurança para obter o melhor dos outros. Isto inclui *tudo:* finanças e marketing, questões relativas a recursos humanos, como remuneração e benefícios para os funcionários, questões referentes a infraestrutura física, como espaço para os escritórios e telecomunicações etc.

Com a palavra, a Geração X

Uma das partes mais difíceis foi que nem eu nem o meu sócio havíamos trabalhado numa iniciativa de empreendimento. Jamais havíamos sido expostos ao "feijão com arroz" – coisas do tipo folha de pagamento e aluguel.[28]

Se faltar respaldo em áreas críticas, tente reunir uma equipe que preencha as lacunas. Se não estiver pensando em mudar na direção do empreendedorismo por enquanto, tenha por meta fazer dos anos restantes de vida corporativa o período para conquistar o conjunto mais abrangente de habilidades de que venha a necessitar. Desloque-se lateralmente, a fim de ampliar o seu entendimento sobre uma ampla gama de habilidades nos negócios. É possível que as habilidades e os talentos de que necessite não se restrinjam àqueles envolvidos de maneira direta nos processos operacionais. Por exemplo, o sucesso da SmartPak se deveu à aprovação por parte de destacados criadores de equinos que utilizam os produtos no trato dos seus cavalos.[29]

Muitos empreendedores decidem entrar num negócio com amigos ou com a família para assegurar a proximidade de pessoas em quem confiam e que podem colaborar. A SmartPak surgiu da forte parceria entre Becky e o marido, cada um trouxe habilidades complementares para a iniciativa.

Com a palavra, a Geração X

A vontade de experimentar algumas das minhas ideias e o desejo de Paal de dirigir alguma coisa continuavam a crescer. Ele tinha os contatos para uma iniciativa de risco e a capacidade de levantar o capital. Eu entendia do mercado. Éramos os dois maníacos por controle e cumprimento de cronogramas. Então era só por as mãos na massa.[30]

É claro que além das habilidades é preciso dinheiro. Será que vocês deveriam tentar arcar sozinho com a sua iniciativa? Empreendedores mais experimentados recomendam que se obtenha capital externo. A participação de um investidor reforça a estrutura, torna-os responsáveis e exige que vocês pensem com disciplina.[31] No entanto, ao considerarem que um mau parceiro financeiro pode ser desastroso, assegurem-se de conseguir um financiamento com um investidor que compreenda o seu negócio.[32]

Respaldo intangível – um bom networking e conselhos relevantes

Um bom networking e a disposição para buscar conselhos são elementos importantes para o sucesso do empreendedor.

Com a palavra, a Geração X

Sem sombra de dúvida, procure por conselheiros. Nós contamos com uma porção deles. Indagamos indivíduos capazes de ajudar, em busca de conselhos e consultoria – pessoas dotadas de sólida experiência no negócio. Nunca tivemos receio de pedir a opinião das pessoas. Na minha experiência com consultoria, aprendi que uma equipe sempre consegue melhores soluções do que um indivíduo isoladamente. O networking certo é de fato uma peça importante para o sucesso.[33]

Antes de se lançarem num empreendimento de risco, procurem conhecer pessoas em condições de ajudá-los mais adiante, não só aquelas que tenham acesso a capital, embora isso seja essencial, mas com experiência no ramo e com quem vocês possam se aconselhar.

Sem dúvida, alguns de vocês jamais optarão por essa alternativa. Eis uma X que começou por esse ponto de vista.

Com a palavra, a Geração X

Jean Ayers acabara de completar 40 anos quando enviou os seus primeiros comentários.

Primeiro depoimento: Trabalho na mesma empresa há 12 anos. (...) É um ótimo lugar para trabalhar, razão pela qual ainda estou por aqui. Adoro as pessoas com quem trabalho. (...) É uma "marca" extremamente respeitada (o nome conta). Ah, e consigo conciliar o trabalho com a minha vida pessoal. Não quero trabalhar mais do que 70 horas semanais, a não ser que seja para salvar vidas, o que não é o caso.

A pergunta que me persegue é: Será que é isso o que me resta? Já estou com 40 anos. Não faço um trabalho *de fato muito* importante (veja o comentário anterior sobre "salvar vidas"). Intelectualmente, compreendo que o importante são as pequenas coisas que fazemos ao longo da vida, como ajudar um amigo, estar disponível para a família, dizer "por favor" e "obrigado". Entretanto, sinto como se ainda precisasse fazer algo *grandioso*. Será que o que eu faço não deveria deixar uma marca positiva no mundo? Qual será o meu *legado*? Espero que, no mínimo, eu seja lembrada como uma pessoa boa que fez o melhor que podia. Será que sou mesmo? Será que faço o melhor possível?

Além de toda essa angústia existencial, é costume eu me imaginar jogando tudo para o alto e fazendo uma viagem ao redor do mundo, só conhecendo gente interessante, escrevendo, explorando, sem me preocupar com coisas corriqueiras do dia a dia, deixando o convencional para trás. Sonho em ter o meu próprio negócio (muito Geração X da minha parte, não acha?) Mas, para ser bem honesta, me sinto acovardada. Definitivamente, *não* sou de assumir riscos. (...) Não estou pronta para abrir mão do meu condomínio, do meu carro, do meu gato e me sentir livre e desimpedida. Segurança é uma questão extremamente importante para mim.

Será que eu deveria seguir adiante? E, se for o caso, por que ainda não o fiz? Será porque minha carreira se tornou menos importante para mim com a idade e todas essas "trivialidades" são o que me preenche cada vez mais, assumindo um lugar mais importante na minha vida? Talvez... O que me segura é o medo de perder esse equilíbrio entre trabalho e vida pessoal que conquistei. Ou, apenas, o receio de fracassar. Assim, luto contra o meu desejo externo de salvar o mundo e o desejo interno de salvar a minha própria vida.[34]

12 meses mais tarde: Uma atualização sobre como anda a minha vida. Finalmente deixei o tal emprego e passei a ocupar a vice-presidência de marketing de uma empresa virtual. (...) No entanto, depois de oito meses, concluí que não era aquilo que queria fazer na vida. Portanto, dei outro salto, desta vez para começar um negócio próprio (mantive, em paralelo, o trabalho como consultora virtual de marketing). O negócio é algo em que penso há uns sete anos. É uma combinação de viagem de aventura com trabalho voluntário. Penso que se quero trabalhar pra valer em prol de alguma coisa, deve ser algo apaixonante. Penso em salvar o mundo com isso? Provavelmente não, mas estou mais próxima de me sentir bem em relação ao meu papel específico. O reexame do meu depoimento inicial me fez sentir melhor quanto à minha decisão de deixar o que faço agora e aproveitar o resto da vida.[35]

Como vocês se sentem em relação à alternativa de se tornarem empreendedores?

Com a palavra, a Geração X

Em algum ponto da carreira, muitos X foram forçados a tentar alguma coisa por conta própria. E boa parte deles considerou essa opção melhor do que retomar a vida numa empresa. Estamos no controle. Se formos bem-sucedidos, teremos lucros. E se falharmos, é culpa nossa, e está bem da mesma forma. (...) Minha carreira não está mais à mercê das políticas da empresa. (...) E nada disso aconteceria agora se a empresa tivesse funcionado como deveria. Ainda bem que isso não aconteceu. Estou mais feliz agora. Mais atarefado. E com muito mais controle da minha vida.

Portfólio de carreiras

Para muitos de vocês, o movimento mais inteligente é o de manter diversas alternativas de reserva à mão. São alternativas de trabalho que vocês assumem além do seu "emprego formal", baseado numa preocupação pela sustentabilidade de sua carreira, com a intenção de melhorar a renda ou a necessidade de maior flexibilidade.

Com a palavra, a Geração X

Tenho 33 anos. No ano em que me casei, tinha três empregos diferentes. Os planos de reserva não são algo da minha predileção, mas são necessários à sobrevivência. (...) Eu e a minha mulher temos um pequeno negócio que conduzimos por fora. Ele nos manteve quando ambos estávamos num intervalo, sem emprego. Hoje, é de onde ela tira o sustento. A minha mulher define o próprio horário, consegue ficar em casa com o nosso filho e ganha melhor do que o salário pago por qualquer patrão. Não era para gostar? Sou da opinião de que a opção de ter o próprio negócio é muito boa para o pessoal da Geração X. Temos ótimas ideias e as grandes empresas não querem ouvi-las, já que significam uma fonte de competição para elas.

Trabalhamos com afinco. Dispomos de habilidades e conhecimento. Caramba, temos milhares de ideias, conforme nossos vários empreendimentos de risco demonstram. Todos aqueles que conheço têm um projeto paralelo, e muitos são pequenos empresários ou têm um emprego em tempo parcial.

Há muito tempo, comecei a considerar a possibilidade de ser consultor, não mais um empregado, e sempre trabalho em planos B e C, especialmente à medida que transfiro mais e mais vagas de emprego para a Índia. Apesar de ser um líder de mudanças, tenho poucas chances de ser promovido a vice-presidente na minha empresa, uma das 1.000 na revista *Fortune*: os *boomers* estão incrustados e a tendência é de que todos sejamos terceirizados de qualquer maneira. Além disso, se fosse promovido, não sei se os 15% de aumento valeriam eu deixar de estar com os meus três filhos pequenos. Portanto, trabalho para começar negócios próprios em paralelo, reservo horas para isso, e

> também estou à procura de um curso de doutorado em tempo parcial para tornar-me professor universitário. Autopreservação. Isso, porém, é só o que tenho a fazer para garantir o sustento da minha família. Não se trata de conspiração, apenas de modificação de faixa demográfica e globalização. Tal é a realidade à minha frente.
>
> ───────
>
> Eu tenho um plano de reserva. Além de nossos empregos formais, eu e o meu marido tocamos uma pequena imobiliária e um negócio de plantio sazonal em estufa. É difícil para nós abrirmos mão dos planos de reserva, já que continuamos inseguros quanto à sustentabilidade de nossos empregos formais. Agora mesmo, estamos concentrados em extrair o máximo possível de nosso potencial de ganhos pelos próximos 10 anos, quando então devemos "pular fora".

Para muitos de vocês, esses trabalhos de reserva são um tipo de intróito para uma mudança de carreira no futuro – uma maneira de firmar as bases. Dependendo do tipo de negócio que comece, pode ser que você não tenha muito o que fazer na fase de lançamento. Por exemplo, se um programador tiver de codificar, a sua inarredável dedicação às especificações só faria desacelerar o processo.

Aqueles que enveredaram pela via empreendedora concordariam em que conservar o emprego na empresa o maior tempo possível é uma ótima maneira de minimizar os riscos e de facilitar as coisas.

Caso estejam pensando num portfólio de carreiras, lembrem-se sempre das seguintes considerações.

- Não se superestimem ao tentarem fazer milhares de coisas sem dar conta de nenhuma.
- Assegurem-se de que os "andamentos" estejam ajustados, ou seja, que os negócios tenham diferentes "pontos críticos".
- Reservem um espaço para as contingências. Imprevistos acontecem.
- Apliquem a cada negócio o mesmo rigor que descrevi anteriormente para iniciar um empreendimento de risco. Façam pesquisa de mercado, um bom planejamento, uma lista de consultores e assim por diante.

Explorem e experimentem

Há muitas oportunidades interessantes fora da estrutura das grandes empresas. Pensem em termos de 50 anos ou mais de vida ativa. Usem o tempo que têm agora para poder desfrutar melhor do futuro.

Herminia Ibarra, professora de Liderança e Aprendizagem no Insead, verificou nas suas pesquisas sobre adultos que mudam de carreira que "acontecimentos na vida e no trabalho levaram-nos a encarar uma nova gama de *possíveis 'eus'*, as várias imagens – tanto boas quanto ruins – de quem poderiam vir a ser..."[36] Ela prossegue e afirma: "Para os iniciantes, precisamos reformular as perguntas, deixar para trás os questionamentos convencionais de aconselhamento de carreira – 'Quem sou eu?' – em favor de alternativas mais abertas. Dentre os muitos 'eus' possíveis que eu poderia me tornar, qual o mais fascinante para mim no momento? Qual o mais fácil para ser testado?"[37]

Mesmo que não estejam prontos para começar novos negócios dediquem algum tempo para explorar e experimentar.[38]

- *Explorem* – Experimentem o contato com novas pessoas e novas ideias, de modo a descobrir possibilidades. Para encontrar um caminho interessante, procurem visitar lugares interessantes, entrem em contato com gente interessante e conheçam as variações de comportamento e atitudes hoje em curso no mundo. Limitar-se a um círculo íntimo de amigos próximos e à família pode não oferecer um leque variado de alternativas; essas relações tendem a preservar estabilidade e familiaridade. Em vez disso, recorram às relações menos estreitas de seu networking para descobrir novas oportunidades.
- *Experimentem* – Tentem coisas novas aos poucos. Quase ninguém acerta de primeira ou ao dar um passo muito grande. A descoberta de atividades novas e atraentes é um processo repetitivo. Experimentem algo novo, avaliem como a novidade realmente se ajusta às suas necessidades e preferências e deem mais um passo. O essencial é agir. Richard Pascale, reconhecida autoridade em mudança empresarial, e os coautores Mark Milleman e Linda Gioja demonstraram em *Surfing The Edge of Chaos*, "É mais fácil um adulto mudar seu modo de pensar do que pensar em mudar seu modo de agir."[39] Conforme Ibarra aconselha, "Dedique a maior parte de [seu] tempo e energia à ação em detrimento da reflexão, a realizar em vez de planejar."[40]

Seja lá o que venham a fazer, se acharem que a vida de trabalho numa empresa não é tudo aquilo que deveria ser, não se deixem abater ou frustrar. Encontrem um novo caminho que os levem a uma vida mais satisfatória.

CAPÍTULO 8

O líder da próXima geração

Por que vocês são o que precisamos agora... e como

As gerações que precederam a de vocês contribuíram para a situação dos negócios e do mundo de hoje. Trouxeram consigo combinações de energia e idealismo, otimismo e alguma arrogância, produtividade e, por vezes, ambição. Construíram instituições importantes, a maioria baseada num modelo hierárquico, em abordagens de comando e controle, na premissa de que as informações podem ser consideradas propriedade e em regras que ditavam um resultado de soma zero.

Alcançamos um progresso econômico e social extraordinário sob aquela liderança. Talvez o mais notório tenha sido termos conquistado maior tolerância racial e igualdade entre os sexos. Em muitas partes do mundo, oportunidades sem precedentes trazem milhões de pessoas para a esfera da economia global.

Esses grandes ganhos são compensados por inúmeras preocupações complexas e prementes. Entretanto, os avanços tecnológicos significativos que possibilitam novas oportunidades trazem desafios e permitem cada vez mais aos que estão na periferia a expressão de suas ideias, assim como a raiva e a frustração.

Futuros líderes em todas as esferas terão de competir com um mundo de limites finitos, sem respostas fáceis, e a triste constatação de que enfrentamos grandes problemas, aparentemente insolúveis, em múltiplas frentes. Talvez a maior mudança em relação aos modelos do passado seja: os líderes terão de ouvir e responder a diferentes pontos de vista. Não haverá uma voz dominante.

William Strauss e Neil Howe, coautores de *Generations*, pressupõem que cada geração deixa um legado único para os sucessores, que, em geral, procuram corrigir os excessos da geração anterior. Os autores argumentam que o excesso dos *boomers* é a ideologia e que a reação da Geração X a esse excesso enfatiza o pragmatismo e a eficácia.[1] Essa prioridade das gerações lhes proporcionará uma vantagem considerável na reestruturação das empresas de modo a refletir a realidade do século XXI: a necessidade de transparência, de responsabilidade, de desempenho em tempo real, de ausência de ideologia, de eficácia de destaque no mercado e de valor pecuniário.[2]

Estou convencida de que os X serão os líderes de que precisaremos por outras razões, também. A sua consciência em relação a questões globais foi formada na juventude, e vocês, os X, são extremamente multiculturais. Aceitam a diversidade de maneira inconsciente, mais do que qualquer geração anterior. Seus anos de formação seguiram os avanços dos direitos civis na década de 1960. Altas taxas de divórcio durante a sua juventude significam que vocês são parte da primeira geração que cresceu com mulheres independentes em cargos de autoridade. Os fatores mais difíceis do seu passado podem também ser aqueles que proporcionaram as maiores habilidades de que dispõem hoje.

Com a palavra, a Geração X

Nascido em 1970, eu me ressinto dos infortúnios que parecem ter comprometido a Geração X em momentos cruciais: recessões, dívidas, AIDS e o divórcio. (...)

Entretanto, dentre os atributos mais positivos da Geração X oriundos dessa experiência estão flexibilidade, articulação, visão e capacidade de recuperação. (...)

Acho que a Geração X tem, hoje, perfeita capacidade gerencial, sendo capaz de tomar melhores decisões no médio e longo prazo que protegerão todas as três gerações.

Vocês trocaram idealismo por realismo, com uma sensibilidade orientada por valores que os ajudará a exercer o papel de eficientes administradores, tanto das empresas de hoje como do mundo de amanhã. Vocês serão os gerentes de meia-idade pragmáticos da crise: econômica, ambiental, política, militar ou cultural, para defender com firmeza e determinação a sociedade, ao mesmo tempo salvaguardando os interesses dos jovens. Vocês forçarão a nação a produzir mais do que ela consome e a reparar a infraestrutura.[3] Strauss e Howe perceberam que: "Toda ferramenta adquirida durante uma infância difícil e uma juventude individualista será submetida à prova máxima."[4]

Com a palavra, a Geração X

O problema com a geração dos *boomers* é que eles realmente acreditam na utopia. E a utopia está morta. (...) Nós sabemos o que é uma crise. E estamos de saco cheio, porque sabemos que a utopia não funciona.[5]

O ceticismo e a habilidade que têm para isolar verdades práticas os ajudarão a redefinir problemas e questionar a realidade. Até mesmo seu humor será uma vantagem. O líder tcheco Václav Havel disse: "Não há diretrizes exatas. Talvez não exista diretriz alguma. A única coisa que posso recomendar a esta altura é ter senso de humor, a habilidade para ver as coisas em suas dimensões absurdas e ridículas, para rir dos outros e de nós mesmos, um senso de ironia em relação a tudo que dê margem a gozação neste mundo."[6]

Vocês terão oportunidade de mudar o padrão empresarial e criar organizações que sejam mais compatíveis com os seus valores. Como líderes, vocês serão capazes de reformular as empresas que lideram, tornando-as lugares melhores para vocês e para as futuras gerações, fazendo-as mais humanas e rompendo com normas culturais da vida corporativa – longos expedientes, foco no trabalho em tempo integral, perspectivas heterogêneas e linguagem de combate.[7] Vocês trarão consigo o desejo de criar melhores alternativas, com uma maneira de equilibrar o trabalho com os compromissos externos e de encontrar significado no trabalho. E o mais importante: sua preferência pelo "alternativo" e sua inclinação para inovar lhes permitirão seguir um rumo diferente daqui por diante.

Com a palavra, a Geração X

Penso que o aprendizado acumulado pela Geração X é muito valioso quando impera o caos político e socioeconômico. Vocês fazem uma grande coisa, trazem o foco novamente para esta geração depois de termos escondido nosso caminho por meio do nosso legado curto e inglório dentro da hierarquia corporativa. Puxa! Eu quase me esqueço de que nós existimos.

Este capítulo trata de vocês no papel de líderes, caso liderem por meio de influência, gerenciem pessoas dentro de uma unidade ou grupo, tomem para si o desafio de transformar uma organização tradicional, comecem um negócio próprio ou trabalhem em empresas que têm por objetivo necessidades maiores da sociedade.

O capítulo abrange um amplo espectro de desafios, porque, muito provavelmente, o período entre o ingresso na faixa dos 30 anos e a segunda metade da faixa dos 40 é de grandes mudanças em sua carreira. Os integrantes mais jovens da Geração X podem ainda engatinhar na liderança, enquanto que os mais velhos já ocupam importantes cargos superiores. Todavia, os princípios de liderança advindos das sensibilidades da sua geração e as necessidades estabelecidas pelo ambiente complexo da atualidade são surpreendentemente os mesmos. Em muitos níveis, o desafio permanece como sendo o de inovação, colaboração, diversidade e comprometimento.

Com a palavra, a Geração X

Dispomos da matéria-prima para fazer algo. (...) Estamos equipados. Estamos conscientes o suficiente para perceber "movimentos" enganosos; somos suficientemente velhos para sentirmos uma conexão com o passado (e ainda assim suficientemente isentos a ponto de não sermos levados por isso); somos jovens o bastante para nos sentirmos estimulados; arrogantes o bastante para não aturar a bagunça; despachados o suficiente para transformar bobagens em ouro; somos calmos o suficiente para manter nosso trabalho sob controle; temos experiência suficiente para saber que as mudanças *começam pelas bordas*. Além disso, *somos tudo o que conquistamos*.[8]

Um modelo para as lideranças de hoje

Talvez precisemos de uma nova palavra. O dicionário *Roget's Thesaurus* possui os seguintes sinônimos para *liderança*: administração, autoridade, comando, controle, direção, domínio, previsão, orientação, hegemonia, influência, iniciativa, gerenciamento, poder, preeminência, primazia, habilidade, superintendência, superioridade, supremacia.[9] A expectativa é que um líder esteja logo à frente, para indicar o norte e fornecer todas as respostas.

As normas da liderança de hoje foram desenvolvidas num ambiente diferente, basicamente um universo tradicionalista no qual era mais fácil perceber uma posição como certa e a outra como errada e predizer, prever e controlar. Segundo o pensamento convencional, vocês devem liderar nos períodos de exceção, aumentando o controle – reexaminem os custos, restrinjam os critérios de aprovação, aperfeiçoem as decisões cruciais e as validações e reduzam a abrangência dos negócios.

Esse modelo pode não se ajustar para muitos de vocês. Demonstrarei, de modo breve, que não é necessário.

Com a palavra, a Geração X

A Geração X jamais ocupará cargos de liderança porque não temos a capacidade ou o desejo de dizer aos outros o que fazer. Não fomos treinados pelos nossos pais, professores ou patrões a exercer a liderança, e ficamos um pouco chocados e zangados quando temos que pagar pela bagunça dos outros. (...) Tudo o que nós da Geração X podemos fazer é dar um belo sorriso e tocar a vida, cuidar do jardim, como Voltaire fazia.

Eu poderia dar mais um motivo para o nosso êxodo da liderança corporativa: executivos *boomers* esperam que nos comportemos e pensemos como eles. (...) Em outras palavras, após anos de aprendizado sob sua sábia liderança, estamos agora "maduros" o suficiente para compreender e adotar a ideia de que as dispensas são apenas parte do negócio, que as pessoas devem ser vistas como "recursos" e que é natural ter a personalidade corrompida pela cultura corporativa. Somente agora que fomos moldados de maneira apropriada é que temos a permissão para assumir as rédeas da liderança executiva. É de se surpreender que alguns de nós rejeitem a ideia de estar destinados a viver à margem dos seus ideais, em vez de aplicar as próprias ideias e pontos de vista em grandes empresas.

Os enfoques do passado não apenas deixam de atender as suscetibilidades da Geração X, como é improvável que eles funcionem em muitos dos desafios empresariais. Em meio a tantas incertezas, dificilmente nos sentiremos confiantes e capazes de prever o futuro. As condições ambíguas e complexas do primeiro quarto deste século não devem responder à antiga escola de liderança. Vocês se tornam líderes, enquanto as demandas de liderança mudam de modo a espelhar seus valores e experiência.

Ronald Heifetz, professor da Harvard Kennedy School, argumenta que é necessário um tipo diferente de liderança para os problemas complexos da atualidade, mais do que para os problemas rotineiros. Estes últimos requerem especialização (demonstrada por intermédio do conhecimento e da experiência), enquanto que a liderança para o que ele chama de problemas *adaptativos*, tais como questões complexas relativas a crimes, pobreza e reforma educacional (e aos quais eu acrescentaria uma vasta gama de crises globais de ordem política e ambiental), requer habilidades tanto em *inovação* quanto em *consideração de valores*.[10] Heifetz e seu colega R.M. Sinder falam da necessidade de uma futura forma de liderança que forneça um *contexto* no qual todas as partes interessadas, inclusive o líder, possam criar uma visão, missão ou propósito que sustentem coletivamente.[11]

Muitos dos problemas que enfrentamos hoje nos negócios e fora deles são adaptativos. Sua liderança deverá criar um contexto de adaptabilidade face à ambiguidade para auxiliar empresas a se tornarem mais espontâneas e reflexivas. A inovação será a força vital da organização e a prova do sucesso da sua liderança. Para criar um ambiente que possa dar suporte às inovações, você, como líder, terá um papel catalítico com cinco responsabilidades essenciais na criação de contexto:

1. *Aumento da capacidade de colaboração.* Os líderes devem aumentar a probabilidade de que o conhecimento seja trocado mediante o desenvolvimento de relacionamentos baseados em confiança. Você deixa de lado as suas próprias interações e se torna um catalisador para criar relacionamentos entre os outros.
2. *Fazer perguntas relevantes.* Os líderes devem reunir a organização em torno de objetivos que sejam instigantes, complexos e importantes. O líder deixa de ser fonte de respostas e passa a ser elaborador de grandes desafios.
3. *Acolher a complexidade e buscar informações inovadoras.* Em vez de simplificar, assegurar que você e sua empresa estejam abertos a informações ambíguas, desconfortáveis e contraditórias. Você abre mão do controle, do prognóstico e da previsão e abre-se a múltiplas possibilidades.
4. *Formar uma identidade.* Fazer seu conjunto de valores refletir-se no funcionamento da empresa; distingui-la de outras que pareçam superficialmente similares. Ser autêntico com clientes, fornecedores e empregados. Atrair pessoas que se predisponham a apreciar o trabalho em sua organização. A mudança é da uniformidade da melhor prática para a expressão das idiossincrasias pessoal e empresarial como forma de aumentar o comprometimento com toda a clientela.
5. *Prezar a diversidade.* Estar aberto a diferentes pontos de vista. Reconhecer que sua própria visão é uma dentre várias e que é influenciada por seu *background*. A mudança é da soma zero, de um mundo de certo e errado, para outro de muitas possibilidades racionais.

Mais adiante, neste capítulo, farei algumas sugestões táticas para liderança, seja por cargo, projeto ou em relação à influência. Mas, primeiro, um pouco mais sobre essas cinco responsabilidades.

Aumento da capacidade de colaboração

Relações sólidas, baseadas na confiança, são o fundamento para os comportamentos que vocês precisam tanto como indivíduos quanto dentro da empresa que lideram. São relacionamentos essenciais para a colaboração, que por sua vez é necessária a fim de reunir ideias para inovar e enfrentar desafios complexos.

Pensem a respeito das inovações que lhes beneficiaram no passado. Sabiam que os bloquinhos *Post-it* foram desenvolvidos quando uma falha na pesquisa de um colega – a cola que não fixava bem – solucionou a frustração de outro colega, mantendo os seus marcadores de páginas firmes no seu hinário. Ou os tênis de corrida da Nike que foram desenvolvidos em conjunto por um treinador dotado de profundo conhecimento dos pés dos corredores e um fabricante de botas com habilidade para confeccionar um novo tipo de calçado?

Nesses exemplos e em muitos outros que estudei ao longo dos anos, a inovação aconteceu quando duas áreas de conhecimento ou dois insights se juntaram. A definição mais direta de inovação é, de alguma forma, a combinação de duas ideias não relacionadas entre si anteriormente. Ideias que poderiam ser um insight sobre uma necessidade de negócio e uma nova forma de solucioná-lo, duas tecnologias nunca antes combinadas, as habilidades de um colega que despertasse a criatividade de outro ou qualquer outra fusão de duas abordagens ou perspectivas.

Vez por outra, ideias disparatadas ocorrem juntas na mente de um indivíduo, talvez como resultado de uma combinação extremamente inusitada do conhecimento e experiência pessoal. Porém, os picos de criatividade são alcançados com mais frequência quando duas ou mais pessoas trabalham juntas, cada uma com suas próprias qualificações, perspectivas e experiências. O paradoxo é o seguinte: embora tal diversidade seja o fundamento das ideias disparatadas, também é o que mais pode *desestimular* o compartilhamento de conhecimentos. A maioria de nós acha bem mais difícil fazer relacionamentos com base na confiança com pessoas que percebemos como "diferentes".[12] Não que esses relacionamentos não aconteçam, mas demoram mais para se formar e requerem maior foco e intenção. A diversidade diminui a probabilidade de transferência de conhecimento *a menos que* vocês invistam de modo intencional em formar relacionamentos.

O desenvolvimento da capacidade de reunir ideias em uma base consistente e confiável depende que várias pessoas troquem conhecimentos com liberdade. Isto requer laços estreitos e fortes. Como líder, uma de suas responsabilidades iniciais é fazer sua organização ter capacidade de colaboração, investir sistematicamente em atividades que promovam relacionamentos baseados em confiança. Porque, como geração, vocês lidam bem com a diversidade e valorizam os relacionamentos, vocês estão preparados para este desafio. À medida que compartilham seus hábitos e habilidades, estarão ajudando outros em todas as empresas que liderarem.

Aqueles líderes empresariais com capacidade significativa para colaborar e inovar põem mãos à obra ativamente:[13]

- *Invistam em redes em torno de inovações prioritárias.* A colaboração, conforme esclareço aqui, requer um investimento de tempo e esforço das pessoas envolvidas. É um ato de trabalho em conjunto, sobretudo num esforço de união intelectual. Não tem nada haver com ser "simpático". E nem todas as tarefas exigem isso.

Determinem as partes da organização que precisam trocar insights e se a capacidade de colaboração entre as pessoas daqueles grupos é forte. As pessoas *certas* sabem e confiam umas nas outras?[14]

- *Selecionem pessoas que gostem de colaborar.* Se a colaboração for importante para o sucesso do programa, determine quem está disposto a se emprenhar, como parte do processo de seleção e de promoção.
- *Criem uma cultura de "doação".* Estabeleçam uma cultura empresarial na qual as pessoas dediquem seu tempo a ajudar os outros. Modelem esse comportamento pessoalmente; compartilhem o melhor de si mesmos, tornem-se professores, mentores e aprendizes. Concentrem-se no desenvolvimento dos outros. Estejam abertos para aprender com os mais novos. Exemplos manifestos de líderes seniores que, com generosidade, ofereçam ajuda e aprendem com os outros são um jeito formidável de difundir este comportamento.
- *Concebam formas de estruturar relacionamentos baseados na confiança.* Invistam em programas e processos que facilitem o desenvolvimento de relacionamentos. Os enfoques podem variar muito, tais como:
  - Eventos em que as pessoas tenham oportunidade de se encontrar.
  - Tecnologia que permita aos grupos de trabalho uma comunicação mais fácil.
  - Educação para fortalecer a capacidade de solucionar conflitos e estabelecer relações construtivas.
  - Espaço físico que possibilite uma área informal onde as pessoas possam se reunir.
  - Disposição física com espaço suficiente para as pessoas se conhecerem e compreenderem o todo, que anule a necessidade de controle excessivo.[15]

- Concepção de processo ou de fluxo de trabalho que leve em conta o desenvolvimento de relacionamentos e reúna as pessoas com frequência.
- *Otimizem os relacionamentos fortes dentro da empresa.* A Nokia, por exemplo, sempre transfere pequenos grupos de empregados ou *pods* de uma área para outra de modo a iniciarem cada novo trabalho com relacionamentos já formados. Quando os orçamentos apertarem, não eliminem reuniões que sejam importantes para a formação de relacionamentos, não deem lugar para competição entre grupos internos, nem reduzam investimentos em aprendizagem, se planejam inovar.
- *Funcionem como uma comunidade de adultos.* Confiem nas pessoas que vocês lideram. Estabeleçam rotinas, em particular para o acesso e manuseio de informações delicadas, que sinalizem a confiança dos funcionários na organização. Em um exemplo extremo, talvez, a empresa brasileira Semco aboliu os relatórios de despesas. Segundo o CEO, Ricardo Semler, a exigência dos relatórios significa questionar se o trabalhador efetuou a despesa ou o discernimento do indivíduo, em ambos os casos, diminuindo o sentimento de confiança.[16]
- *Tenham certeza de que os processos são eficientes, que as tarefas são bem gerenciadas e que os papéis estão bem definidos.* A colaboração é comprometida de maneira grave por processos que desperdiçam o tempo dos participantes e por definições de papéis obscuras e ambíguas que forçam as pessoas a se desviarem da autoridade e do controle. É da responsabilidade do líder estabelecer funções bem estruturadas e claras.
- *Deixe a abordagem propriamente dita a cargo da vontade e da criatividade do grupo.* Tarefas prescritas com precisão exagerada inibem a colaboração e a inovação. Por que se preocupar, se há pouca liberdade de ação na abordagem? Imagine um setor de emergência em um hospital como modelo de papéis claros e tarefas incertas. As definições dos papéis entre os integrantes das equipes são precisos. No início do trabalho com um novo paciente, não há necessidade de discutir sobre quem gostaria de fazer a cirurgia naquele dia. Entretanto, a natureza do desafio – o que dará errado com o paciente e, assim, o que será necessário fazer para tratá-lo – é desconhecida, e as etapas específicas necessárias são, portanto, ambíguas.

Questionamentos estimulantes

Os grandes líderes fazem perguntas importantes, apresentam questionamentos intrigantes, essenciais e valiosos que ativam a empresa. Essa responsabilidade representa talvez a mais significativa ruptura com a liderança convencional. O papel de líder se desloca da tomada de decisões para a formulação de questões que permitem ampla participação na elaboração da resposta. Use sua qualificação, sabedoria e inteligência para formular melhores perguntas, distinguir tendências, estruturar e articular desafios mais instigantes de modo estimulante.

Realizar bons questionamentos é relevante para a inovação, mas isso significa abrir mão de algumas das noções tradicionais de poder do líder e da norma de imposição da ordem de cima para baixo. Há poucas coisas piores à inovação – que mantêm as pessoas paralisadas – do que *ser ordenado a "inovar"*. Líderes que fazem afirmações como "5% de nossa receita *devem* vir de produtos novos" – e quase certamente prejudicam a capacidade de resposta da empresa.

Em comparação, o objetivo ambicioso e fascinante de John F. Kennedy quanto à exploração espacial era um desafio inspirador: "Esta nação deve se comprometer em alcançar o objetivo, antes do término desta década, pousar o homem na Lua e trazê-lo em segurança de volta à Terra".[17] A meta reuniu a comunidade científica em torno de uma busca conjunta para solucionar um desafio técnico aparentemente intransponível.

Ao tornar-se CEO da Monsanto, Robert Shapiro lançou um desafio parecido. Além de exortar as pessoas a "serem mais criativas," Shapiro falou sobre os novos e poderosos desenvolvimentos em biotecnologia e a necessidade premente de chamar atenção para os problemas da fome mundial. Desafiou a empresa com uma questão intrigante: se a Monsanto não deveria usar a biotecnologia para solucionar alguns dos problemas de escassez de alimento no mundo. Seu desafio inspirou a colaboração de toda a empresa e resultou em milhares de novas soluções.[18]

Em ambos os exemplos, o líder confia na empresa com base no que chamo de "intenção" – uma meta ou questão definida de maneira objetiva. Como a ideia de "atratores estranhos" na teoria do caos, a intenção se torna um critério que leva as pessoas a novos níveis de criatividade e comprometimento, uma força estimulante para congregar as pessoas em torno de um novo desafio.

Acolher a complexidade e buscar informações inovadoras

Reconheça, de antemão, a complexidade, sem tentar minimizar as dificuldades ou incertezas. As pesquisas verificaram que ignorar ou simplificar demais os desafios não funciona, em grande parte por causa do estresse que isso gera na empresa, perceptível com rapidez por trás da fachada. Líderes são responsáveis pelo trato honesto de questões complexas.[19] A geração de vocês rejeita verdades absolutas, afirma que não há uma análise final "correta" dos eventos que supere todas as outras análises; que não há uma racionalidade única ou uma moral universal; que soluções prontas e definitivas para problemas multidimensionais não constituem um grande patrimônio.

A responsabilidade pela liderança também se estende à busca de informações inovadoras e más notícias. Ela impõe que se desafiem as crenças pessoais, que se absorvam novas perspectivas, que se adotem novas tecnologias, que se explorem novas ideias. E isso significa expor a empresa que vocês lideram a um pensamento estimulante. Líderes devem inovar seus sistemas estáveis, assegurar que novos insights continuem a serem introduzidos. As trajetórias práticas para diversificar as perspectivas incluem:

- Contratar pessoas de pensamento independente.
- Expor a empresa a tendências tecnológicas, demográficas, políticas e sociais.
- Buscar uma ampla gama de solucionadores de problemas.
- Explorar com critério as perspectivas "e se" mediante a criação de cenários e a análise de opções.
- Alimentar a mente e a imaginação com exercícios que ampliem os pensamentos e ver as coisas sob outra ótica.
- Programar visitas a outros inovadores, não apenas aqueles da mesma indústria ou que encarem os mesmos problemas que vocês enfrentam, mas todos os tipos de empresas inovadoras.

À medida que vocês arregimentarem novas pessoas e ideias, terão de lidar com o paradoxo mencionado anteriormente. Porque as pessoas mais prováveis de compartilhar informações são aquelas que se conhecem bem. Para considerar novas pessoas é necessário um investimento contínuo na formação de novos relacionamentos.

Formar uma identidade

É comum os líderes terem de expressar sua "visão"; e as respostas que eles oferecem são sempre incompletas. É difícil articular uma visão – seja qual for para vocês o significado da palavra – que toque no ponto que as pessoas tentam alcançar. Na realidade, quando fazemos uma pergunta, raramente procuramos uma resposta em termos acadêmicos. *Visão* é a senha para a *identidade*. As pessoas querem saber qual é a identidade da empresa – o que prende as pessoas a ela. O que torna único o integrante desta organização?

Abordar esse anseio humano – a formação de uma identidade – é responsabilidade primordial da liderança. Compreende muitas das ideias tradicionais sobre a liderança de pessoas – motivação, atração, retenção –, mas de uma maneira que reflita os valores do líder e as características singulares da empresa. É uma orientação baseada na autenticidade e, como tal, se ajusta muito bem para muitos X.

A comunicação de uma identidade forte acarreta grandes benefícios. Atraímos e retemos as pessoas que gostam do significado de trabalhar em nossa empresa. Essa expressão de personalidade e diferenciação leva pessoas a se comprometerem com o propósito de empresas específicas. Isso cria mais envolvimento, orgulho e entusiasmo, ou seja, comprometimento com a organização e o trabalho. A seguir, algumas formas pelas quais vocês, como líderes, podem formar uma identidade e criar comprometimento em sua empresa.

Identifique o que significa trabalhar na sua empresa

As empresas com uma identidade forte não representam tudo para todas as pessoas. A experiência de trabalhar em uma delas é mais atraente para algumas do que para outras. São empresas que expressam os valores pessoais de seus líderes. Os líderes sabem o que a experiência de trabalhar na companhia representa para os empregados. Sabem que as pessoas trabalham por diferentes razões e, ao demonstrar ou descrever precisa e vividamente a experiência dos empregados, atrai pessoal predisposto a gostar do que a organização oferece.

Considere a empresa que você lidera e reflita sobre o seguinte:

- Que valores são mais importantes para você, pessoalmente?
- O que mais destaca a sua empresa? Em que aspectos da experiência geral com empregados você faz a diferença?
- O que você oferece a mais do que as outras empresas que competem pelos mesmos talentos que você?
- Qual a melhor parte da experiência atual do empregado? Por que os empregados afirmam gostar de trabalhar aqui?
- O que você diz aos candidatos que pensam em entrar na sua firma? Quais as suas propostas? O que você promete? Seus colegas fazem as mesmas proposições de valor e conhecem as mesmas histórias que você?
- Você recorre a histórias e exemplos para descrever como é trabalhar na sua companhia?

Considere, também, como o ambiente de trabalho está mudando e se você pode, em termos realistas, continuar a oferecer a proposição de valor que tem utilizado com sucesso.

Avalie os valores e as preferências dos empregados, no presente e no futuro

Um forte sentimento de identidade, ao acarretar alto nível de comprometimento do empregado, depende da combinação entre o que o empregado realmente gosta no trabalho e aquilo que a experiência em uma empresa pode realmente fornecer.

Considere as seguintes questões quando avaliar os valores dos seus empregados:

- Com o que seus atuais empregados se importam? Por que eles se uniram a essa empresa? (Por que você entrou?)
- Qual o perfil da geração deles e as premissas básicas sobre o trabalho?
- Como as necessidades da empresa mudam em termos de talentos? Como as pessoas de que você precisará amanhã diferem daquelas de que hoje dispõe? Com o que os futuros empregados devem se importar?
- Você consegue identificar uma necessidade de emprego não atendida, seja dentro da empresa ou no mercado de trabalho?
- Você é capaz de abordar as preferências dos empregados de forma convincente? O que você tem a oferecer melhor do que qualquer outro concorrente?

Se você precisa modificar a sua proposição de valor para atrair e reter um tipo diferente de indivíduo, encare a mudança de frente. Discuta com os empregados o que a empresa tem a oferecer agora e comece a criar uma experiência realista que seja forte e única. Embora alguns dos atuais empregados talvez decidam sair, em muitos casos, isso é preferível a ter funcionários sem ânimo, que apenas não aderem à identidade da empresa, resultando em níveis desastrosos de comprometimento. Alguns mudarão junto com você e lhes permitirão atualizar o senso de identidade deles conforme a companhia evolui.

Exiba as características inconfundíveis de sua empresa

Ajude as pessoas a decidirem por si mesmas se querem fazer parte desse grupo. Estimule-as a tomar decisões sobre a adequação de sua empresa em relação a elas.

Com a palavra, a Geração X

Hoje a cultura de nossa companhia é relaxada e descontraída, porém com uma forte ética de trabalho. Somos ágeis e eficientes, não damos tanta importância a horas extras no escritório. Isso é reflexo da minha personalidade, fazer tudo de forma rápida e benfeita. Quando entrevistamos candidatos, dizemos a eles como pode ser ruim aqui – como às vezes é uma loucura – para sentir se este tipo de ambiente os atrai. É claro que adoramos quando encontramos o candidato certo e eles aceitam, mas também consideramos a entrevista um sucesso se o candidato optar por não se juntar a nós. Se candidatos se excluem devido a nossa franqueza, economizamos um bocado de tempo, porque um início de jogo difícil não é o quadro perfeito para muita gente.[20]

Faz sentido estimular os candidatos ao trabalho para que eles mesmos se avaliem. Lembra-se da história do Zappos, empresa que paga as pessoas para se demitirem (Capítulo 5)? Outras empresas de sucesso recorrem a diferentes métodos para identificar logo de cara como será a experiência do empregado. O importante é ter certeza de que a identidade de sua empresa seja clara o suficiente para que futuros funcionários possam compreender como é trabalhar ali.

Uma das melhores formas de transmitir os valores da companhia é desenvolver aquilo que chamo de *processos exclusivos* – elementos visíveis, singulares, da experiência dos trabalhadores numa empresa. Os processos exclusivos são exemplo vivo e vigoroso da cultura empresarial, seus valores e herança, e tornam as características da experiência do empregado mais reais. Os processos exclusivos tendem a ser peculiares e difíceis de serem imitados pelos competidores, sobretudo por terem sido desenvolvidos no meio interno e por refletirem o legado da empresa e os valores fundamentais da equipe dirigente.

Se a sua empresa não possui processos exclusivos fortes, é bom desenvolver um. Algumas questões a considerar:

- Que processos são mais importantes para o sucesso da sua empresa? (Se possível, que sejam suas experiências mais características.)
- O que é necessário para ser bem-sucedido na sua empresa? Há um conjunto de atributos principais ou padrão de comportamento comum aos empregados mais bem-sucedidos? Em caso afirmativo, você tem como inseri-lo nos processos exclusivos para que todos os empregados possam utilizar?
- Que decisões descentralizadas ou atividades de processo você mais gostaria de padronizar em um conjunto comum de valores?
- As histórias em torno da fundação da companhia ou a sua história anterior ainda fornecem lições relevantes para as necessidades atuais dos

negócios? Elas poderiam ser aplicadas de maneira efetiva como parte da experiência do empregado? Poderiam ampliar e transformar quaisquer dessas histórias em projetos mais importantes?
- Que processos exclusivos poderiam comunicar melhor e reforçar "o que significa trabalhar aqui"? Pense de forma criativa!

Uma vez desenvolvidos os processos exclusivos da empresa, um dos seus papéis mais importantes é falar sobre eles. A lenda permanece viva – e se torna ainda mais poderosa – ao ser contada e recontada.

Com a palavra, a Geração X

Vejo que meu papel hoje como mantenedor da cultura e contador da história corporativa. Como iniciei a SmartPak, o que valorizamos e apoiamos. Como desejamos servir nossos clientes e ajudá-los a solucionar seus problemas.[21]

Ganhe força com as melhores práticas alinhadas

Você já viu algo acontecer na empresa – talvez uma nova política administrativa – que parece destoar de sua expectativa? Talvez um sistema de remuneração baseado em desempenho individual quando todos os demais processos são gerados de modo a promover o trabalho em equipe. Práticas que não estão alinhadas com a identidade empresarial abalam o sentimento dos empregados quanto ao significado de trabalhar na empresa. As pesquisas que realizei mostram que uma das causas mais comuns do baixo comprometimento dos empregados é a percepção que têm de que alguns elementos de experiência de trabalho não são como foram anunciados.

Os líderes precisam assegurar uma experiência de trabalho coerente em todos os níveis da empresa:

- Há qualquer aspecto da experiência de trabalho atual que não parece se "enquadrar" nas preferências ou expectativas das pessoas? O que mais as surpreende após os três primeiros meses de contratação? Quais os aspectos mais irritantes da experiência de trabalho para a maior parte dos empregados?
- Vocês oferecem aspectos da experiência de trabalho que poucos empregados realmente valorizam? Há oportunidades de fazer menos em algumas áreas? Você poderia transferir recursos para áreas de maior impacto?
- Que experiências lhes permitiriam explorar abordagens alternativas?

As empresas – mesmo as de grande porte – não precisam ser tudo para todo mundo. Na verdade, elas nem deveriam tentar. Vocês têm como atrair pessoas que sejam adequadas à cultura de sua empresa e interessadas em promover suas metas. Por outro lado, é preciso aceitar que uma proposta de emprego não agradará a gregos e troianos. Divulguem a identidade de sua companhia para convencer as pessoas *certas* – aquelas curiosas e entusiasmadas pelo ambiente de trabalho, que serão fiéis.

Aprecie a diversidade

Conforme a complexidade aumenta, os líderes bem-sucedidos serão aqueles que apreciam a probidade de posições variadas e a forma como os valores diferenciados dos indivíduos influem nos seus pontos de vista e comportamentos. (Uma das maiores metas deste livro é ajudar a explicar por que a Geração X *está* certa, assim como os *boomers* e a Geração Y, tendo por base os acontecimentos e as ideias que moldaram as suas vidas.) Tal responsabilidade da liderança requer uma apreciação sutil da diversidade, mais do que foi necessário aos líderes do passado. Estamos indo além da correção política – não ofendemos ou atormentamos os defensores de óticas diferentes – para reconhecer que a existência de diferenças é vital para a consideração integral de uma questão e seus possíveis resultados.

Um desafio ainda mais sofisticado é reconhecer sua inclinação particular. O ponto de vista de cada um – o seu e do outro – reflete lentes particulares e, portanto, é necessariamente parcial e incompleto. Reconhecer que não há razão para que a perspectiva de *qualquer* indivíduo mereça um significado ou valor primordial – mesmo que você seja o líder – lhe dá condições de avaliar pontos de vista variados.

A diversidade de perspectivas, com certeza, deriva de muitas fontes, e a diferença entre gerações é apenas uma delas. Para muitas empresas, entretanto, diferenças entre gerações representam desafios especiais. Em geral, não somos tão sensíveis a essas diferenças como seríamos em relação a outras formas mais tradicionais de diversidade. É fácil elaborar uma impressão negativa "daqueles sujeitos velhos" ou "daqueles meninos" e, de modo curioso, é mais socialmente aceitável expressar estereótipos desagradáveis sobre outras gerações do que seria condenar os pertencentes a outras raças, sexo ou nacionalidade. (Você imaginaria rotular alguém de outra raça ou sexo com palavras que costumamos ouvir de outras gerações: "preguiçoso" ou "a geração mais idiota", por exemplo?)

Parte da responsabilidade do líder é ajudar a construir a ponte de ligação entre as gerações.

A liderança em relação a diferentes idades

Uma maneira efetiva e direta de ajudar grupos de várias gerações a trabalharem juntos é estabelecer regras práticas ou normas em relação a questões vistas de modo diferente pelas gerações, que costumam suscitar divergências. A discussão das diferenças e a concordância em torno de uma abordagem viável ajudarão a eliminar conflitos em potencial.

As maiores defasagens entre percepções de gerações são direcionadas por:

- *O significado do "trabalho" e suas implicações sobre como as pessoas de cada geração veem o tempo e o local.* Muitos integrantes das gerações mais velhas começaram a carreira quando trabalho era o tempo que alguém passava no escritório, fisicamente falando. Esse ponto de vista é uma extensão lógica da economia baseada na manufatura quando os empregados tinham de *estar* na linha de montagem. Por outro lado, os funcionários mais jovens, imersos em tecnologia, tendem a ver o trabalho como algo que se faz em *qualquer lugar, a qualquer hora,* e consideram a rigidez da jornada de trabalho uma regressão a outra era. Como resultado, é fácil para indivíduos de diferentes gerações interpretarem mal o comportamento uns dos outros em relação a tempo e lugar. Será que alguém que começa a trabalhar às 9h30 possui menos empenho do que os integrantes de outra equipe que começaram às 8h30? *Importa* se as pessoas trabalham no escritório, em casa ou noutro lugar qualquer? Todo mundo tem que estar no local de trabalho durante as mesmas horas para realizarem as suas tarefas? Tais comportamentos são vistos por alguns como um sinal importante de comprometimento da equipe?
- *Como as gerações se comunicam e constroem relações.* A abordagem de comunicação preferida pode causar mal-entendidos. Vocês se sentem bem ao usar comunicação eletrônica, muito mais do que o pessoal das gerações mais antigas. Os Y são ainda mais assim, podem ficar chateados se as mensagens não forem respondidas de imediato. Por outro lado, os integrantes de grupo de gerações mais antigas podem não apenas se sentir desconfortáveis com a comunicação digital: às vezes, sentem-se ofendidos com a falta de interação pessoal. Acerte as normas do grupo quanto aos tipos de informações que você compartilhará ou as discussões que manterá via e-mail ou pessoalmente. Esclareça as expectativas em relação ao tempo apropriado de resposta.
- *Como as gerações se sincronizam.* Imaginar como reuni-las pode ser um desafio entre as gerações. Gerações mais velhas são planejadoras ou organizadoras de tarefas. A Geração Y é coordenadora. Em geral, os *boomers* ficam muito aborrecidos com as abordagens aparentemente improvisadas

dos mais jovens da equipe. A Geração Y considera ineficiente e de uma lentidão frustradora a dependência de reuniões e programações pré-agendadas demonstrada pelos colegas.

- *Como as gerações encontram informações e aprendem coisas novas.* As gerações diferem quanto ao modo de abordagem de novas tarefas e de obtenção de informações necessárias. Os *boomers* e os tradicionalistas são aprendizes lineares. Muitos tendem a participar de treinamentos, a ler manuais e absorver as informações necessárias de fontes especializadas *antes* de começar a tarefa. A Geração Y é muito mais de aprendizes "sob encomenda". Descobrem as coisas *conforme elas aparecem*, procuram por aqueles que podem lhes fornecer as respostas.
- *Tarefas do trabalho.* As gerações possuem diferentes expectativas de quando e com que frequência as pessoas obterão novas atribuições no trabalho. Em grande parte devido ao "imediatismo", os Y sempre procuram por esses tipos de atribuições logo de início. Os gerentes *boomers* (e uma grande parcela dos X) que insistem em argumentos sobre a necessidade de "pagarem sua cota" correm o risco de frustrar esses funcionários dinâmicos.
- O *significado do* feedback. Hoje em dia, o *feedback* possui dois significados no local de trabalho. Os *boomers* esperam que uma "discussão de feedback" com o chefe seja uma *avaliação* de desempenho na qual o chefe apresenta um *julgamento*. Não é algo que acontece diária, semanal ou mesmo mensalmente; uma ou duas vezes por ano é o bastante. Entretanto, como a Geração Y aprende por meio de interações pessoais, um Y que diz, "eu gostaria de mais *feedback*," quase sempre expressa um desejo de aprender mais. Os Y esperam que se compartilhem ideias, informações, sugestões ou treinamento. Aqueles que comentam que os Y "não aceitam crítica" estão desfocados. Não é que eles não aceitam; é que buscam algo mais. Estão numa fase de aprendizado e pedem a você para ensinar, não para avaliar.

A essência não está em considerar qualquer ponto de vista como certo ou errado, mas em trazer à tona e discutir abertamente diferenças quanto a expectativas e assegurar que todos estejam satisfeitos com as normas acordadas – ou que pelo menos as compreendam. Ao liderarem pessoas de diferentes gerações, sejam sensíveis a diferentes expectativas e preferências e, com certeza, às suas próprias tendências. Quais são suas preferências?

Além de manter a mente aberta e de criar normas de equipe entre todos, há coisas específicas que você pode fazer à medida que lidera os integrantes de cada geração.

Liderando a Geração Y

Não há dúvida de que, às vezes, pode ser difícil liderar os Y. Mas são eles a equipe de que vocês dispõem, e não são poucas as suas qualidades.

Com a palavra, a Geração X

Tenho 35 anos, sou um X do sexo masculino e estou há 13 anos trabalhando em empresas. Como todas as outras pessoas da Geração X, tenho minhas derrotas. *Não há como "punir" de alguma maneira a Geração Y pelo que a Geração X teve de passar.* Lembro-me do entusiasmo e das novas ideias que eu tinha logo depois de formado. Lembro-me de ser ridicularizado e ter uma sobrecarga de trabalho como punição por ser um principiante. Talvez eu seja mais romântico do que alguns dos meus companheiros da Geração X, mas quero incentivar essa atitude e esse espírito nos meus colaboradores mais jovens. Sei que eles vão precisar de orientação em relação às complexidades da América corporativa para compreender que uma solução que parece tão simples para eles é inexequível. Nos Estados Unidos, tudo é inovação. Vamos trabalhar *com* a Geração Y para dar corpo a uma nação empresarial que ouve seus empregados, que promove a comunicação entre as gerações e que institui as melhorias mais eficazes em termos de custos, focadas no cliente. Clientes felizes que valorizam o seu produto abastecem a sua empresa com abundância de capital para recompensar os seus acionistas *e* para treinar e estimular os empregados a melhorarem a companhia em benefício dos clientes. Isso se chama ciclo de prosperidade, e a Geração Y está pronta para ele.

Observe as 10 questões importantes para gerenciar a Geração Y:

1. Seja simpático. Adote o modo de se expressar dessa geração, quando possível, particularmente durante o processo de recrutamento. Deixe claro quando eles devem adotar o seu.
2. Dirija-se aos pais como medida explícita de sua estratégia de recrutamento. Os pais da Geração Y são parte inevitável do processo. Elabore mensagens que expliquem por que sua empresa é um ótimo local para os filhos trabalharem. Esteja preparado para as preocupações deles.
3. Gerencie o desempenho por tarefas, não pelo tempo. Sempre que possível, adote turnos, trabalho assíncrono e cronogramas flexíveis.
4. Invista em tecnologia e em suas próprias qualificações tecnológicas. Tente novas abordagens. Maximize a tecnologia para criar processos eficientes.
5. Oriente gerentes de primeira linha quanto ao essencial para gerenciar os Y. Eles requerem mesmo mais tempo do que qualquer outro empregado, sobretudo por procurarem gerentes que queiram ensinar.

6. Incentive o compartilhamento de conhecimento. A Geração Y se surpreende se não for estimulada a conseguir as informações de que precisa.
7. Encoraje os *boomers* a serem mentores dos Y. A Geração Y aprecia os *boomers*. Facilite a sua vida, peça aos *boomers* para servir de mentores e assumir algumas das responsabilidades de ensino.
8. Desafie os Y com tarefas que requeiram "imaginação". Não especifique demais como fazer o trabalho.
9. Projete as trajetórias da carreira com frequentes movimentos laterais. Eles não desejam necessariamente subir, mas estarão mais engajados se tiverem novas coisas para fazer.
10. Proporcione oportunidades de aprendizado de alta qualidade. A oportunidade de aprender é a prioridade dos Y.

Gerenciando os *boomers*

Para gerenciar pessoas mais velhas, talvez até antigos líderes, é necessário compreender os *boomers* e, de um modo geral, os relacionamentos com diferença de idade.

Um de meus mentores mais antigos costumava usar a palavra *consentimento*. Não ouço muito essa palavra hoje, mas ele sempre falava da aprovação dos colegas, aquelas pessoas para as quais ele "tinha tempo" e cujos pontos de vista ele valorizava o suficiente para considerar. O dicionário define *consentimento* como "uma expressão de afável aprovação" e enfatiza que geralmente é usada em relações oficiais. Consentimento é a chave para configurar um relacionamento sólido entre pessoas com diferença de idade significativa.

Uma relação hierárquica entre um chefe mais jovem e um funcionário mais velho não precisa ser estranha, mas pode ser complicada. Se o funcionário mais velho tiver deixado um cargo de liderança ou se sentir competindo com o jovem chefe, obviamente haverá dificuldade. E os *boomers*, em particular, tendem a ser competitivos. Muitas vezes, não conseguem abdicar da liderança como as outras gerações.

Com a palavra, a Geração X

Como representante da Geração X (com 34 anos) na área de gerência, luto para navegar no limiar das gerações. Os *boomers* acima de mim são como todos os *boomers*: mesmo tendo herdado tudo sem esforço, acham que conquistaram alguma coisa, e ainda alegam que eu não sofri o suficiente para merecer mais dinheiro, respeito, responsabilidade ou o que quer que seja.

Há algumas dicas para administrar os *boomers*:

1. Faça perguntas. Evite chegar com noções preconcebidas; ouça com cuidado as opiniões dos integrantes do seu grupo.
2. Deixe um pouco de lado o seu jeito de ser para sinalizar que você reconhece e respeita os aspectos positivos do "modo como foi feito até agora." Evite sugerir que o modo antigo não tem valor. Talvez seja preciso mudar, mas é importante compreender por que pessoas inteligentes fizeram aquelas escolhas. Aborde qualquer mudança partindo da perspectiva de que você irá acrescentar para fortalecer o passado, em vez de repudiar as abordagens anteriores do grupo.
3. Não se preocupe em "convencer" a outra pessoa de que você tem as qualificações e experiências necessárias. *Demonstre-o.*
4. Desenvolva um relacionamento interpessoal sólido por meio de um espírito de consentimento.

Além disso, leve em conta a situação em particular e as características dos *boomers*.

1. Aposente a *aposentadoria* – Convide os *boomers* para ficarem, caso queiram. Recrute aqueles que se aposentaram mais cedo e hoje se arrependem.
2. Crie uma variedade de opções de carreira, como trabalho cíclico e alternativas que ofereçam maiores responsabilidades e oportunidade de redução.
3. Facilite formas de retribuição – Estimule os *boomers* a serem mentores ativos, no serviço comunitário e na transmissão de conhecimentos.
4. Estruturar novos programas como uma forma de "vencer" – Eles são competitivos! Uma empresa ofereceu a opção de redução como um "torneio". Apenas aqueles selecionados como os melhores poderiam retomar funções mais flexíveis. Os *boomers* acorreram em grande quantidade para se candidatar a essa conhecida abordagem.

Gerenciando a Geração X

A liderança de outros X suscita várias considerações. Você pode estar saindo de um grupo de parceiros para gerenciar antigos colegas ou pessoas que tenham concorrido ao seu cargo. Você pode ter uma equipe de pessoas com experiência igual ou superior à sua. E precisa reconhecer as preferências e os desafios específicos que sua geração tem à frente.

Minhas sugestões para o consentimento e o respeito são fatores importantes na abordagem da primeira consideração. No entanto, a gerência de colegas sempre tem outro lado, que altera a natureza da relação. Não há regras absolutas quanto à proximidade a ser mantida com alguém que agora se reportar a você diretamente; pense bem sobre como suas atitudes afetam o grupo como um todo. As orientações em relação a antigos rivais são um pouco mais claras: não se pode liderar um grupo de maneira eficaz se um ou mais de seus integrantes se comportam como adversários. Sua tarefa é fazer um convite ostensivo à participação plena; a deles é decidir se isso lhes agrada e, em caso negativo, seguir em frente.

Os X, especificamente, sempre desconfiam da autoridade, e agora você é a autoridade. O que você quer? Talvez, uma explicação e a opção de avaliar. O autor Michel Muetzel conta uma história baseada numa entrevista de televisão com Bobby Bowden, o lendário técnico de futebol americano. Pediram para que ele descrevesse as principais diferenças entre os jovens *boomers*, jogadores da faculdade de 20 anos atrás, e os jogadores da Geração X, daquela época. Bowden respondeu que quando se diz aos *boomers* para atravessarem um muro, eles apenas atravessam o muro. Os atletas da Geração X de modo geral são maiores, mais rápidos e mais fortes que os do passado, mas quando lhes pedimos alguma coisa, eles querem saber o motivo. Só atravessarão o muro depois de uma explicação minuciosa sobre a importância de tal empreitada. O conceito de confiança cega não existe mais.[22]

A seguir, mais algumas dicas para lidar com a Geração X:

1. Conceba trajetórias de carreira que ampliem as opções profissionais, em vez de estreitá-las.
2. Ofereça aos indivíduos várias escolhas e controle sobre a trajetória de sua carreira.
3. Procure meios de potencializar os instintos empreendedores da sua geração, talvez pelo estímulo de novas iniciativas.
4. Minimize as solicitações para mudanças físicas que prejudicam os vínculos sociais.
5. Proporcione uma flexibilidade favorável ao esquema familiar.
6. Crie "alternativas" para aqueles que saíram do rumo em torno dos 30 anos. Deixe-os sair e ajude-os a retornar.
7. Invista em tecnologia. Conceda o tempo necessário para que ela seja incorporada.

Liderança no dia a dia

Agora mais algumas táticas essenciais. Para aqueles de vocês que estão apenas começando nos cargos de liderança, o passo inicial tende a ser a delegação, ou seja, compartilhar o trabalho com outros colegas sob sua orientação.

Liderança um a um

A Geração X ingressou no mundo do trabalho quando as hierarquias se horizontalizavam em muitos setores, e o advento da tecnologia pessoal reduzia a disponibilidade dos assistentes pessoais para o médio e baixo escalão. Muitos de vocês ainda não trabalharam de maneira mais próxima a alguém, para *delegar*. Alguns de vocês já mencionaram sentimento de culpa ao tentar abrir mão do controle.

A delegação permite que aqueles liderados por vocês se desenvolvam, e isso é parte importante do seu papel. Um modelo simples oferece a estrutura para pensar a respeito dessa experiência e de outros relacionamentos de liderança que vocês vivenciarão mais adiante: integrar as necessidades dos indivíduos com as necessidades da empresa. Deleguem aquilo que a outra pessoa precisa aprender para crescer e/ou as tarefas de maior interesse para a companhia (aquelas que vocês não fazem muito bem ou cujo custo efetivo não justifica que as façam).

Com a palavra, a Geração X

No que se refere a aconselhamento de carreira ou a ajudar os outros a construírem sua própria carreira, estimulo as pessoas a enfrentar desafios e a subir com rapidez na curva de aprendizado – para estar "no ponto" após seis meses no trabalho. Uma vez que o indivíduo tenha vivenciado o sucesso – no sétimo mês – procuro reorganizar as suas responsabilidades. A essa altura, 20%, 30% do trabalho já se tornaram algo desconfortável. Sem dor, não há crescimento. E é a reestruturação constante e criteriosa que ajuda o pessoal da minha empresa a continuar em ascensão.[23]

Ao lidar com subordinados, mantenha as seguintes sugestões em mente:

1. Estimule-os a crescer o mais rápido que puderem.
2. Estimule-os a fazer aquilo de que gostam.
3. Seja transparente nos seus atos e no critério para a tomada de decisões.
4. Reconheça as diferentes preferências – um bom gerente é aquele que está sintonizado com as "paixões" da vida de cada empregado.
5. Respeite a qualificação deles.
6. Reconheça as conquistas em público.

A liderança de uma unidade empresarial

Hoje, grande parte das atribuições de liderança numa empresa dura aproximadamente entre dois e quatro anos. De um modo geral, esse é o tempo que você terá para imprimir a sua marca em relação ao modo de realizar o trabalho no grupo – para fortalecer o desempenho, mudar as normas comportamentais e criar uma cultura que o satisfaz e da qual se sentirá orgulhoso.

As mesmas duas considerações que definiram as suas prioridades ao delegar trabalho para um único indivíduo, agora estendidas ao grupo todo, devem determinar todas as suas prioridades: o que é necessário para a empresa e os seus trabalhadores. Estabeleça prioridades mensuráveis para o negócio. Até o final do seu mandato, desenvolva uma visão clara de como você deseja que as pessoas se comportem.

Dado que seu tempo nesse cargo é limitado, comece a pensar sobre o ponto final. O que o anúncio de uma promoção para a sua próxima função poderia dizer sobre o que você fez na atual? Planeje, então, como alcançar tais metas em três ondas de atividade.[24] O objetivo da primeira onda de mudança deve ser assegurar as primeiras conquistas, construir uma credibilidade pessoal, estabelecer as principais relações, identificar e colher os frutos mais à mão – as oportunidades de maior potencial para o progresso do desempenho empresarial no curto prazo. Essa onda, e cada uma que vier a seguir, deve conter diferentes fases: aprendizado, concepção de mudanças, construção de uma base de apoio, implementação de mudanças e observação de resultados. Isso o ajudará a criar dinâmica e aprofundar o aprendizado.[25] A segunda onda de mudança deve abordar questões mais fundamentais de estratégia, estrutura, sistemas e qualificações para reestruturar a companhia. Esse é o ponto em que são alcançados os verdadeiros ganhos no desempenho empresarial. Finalmente, uma onda um pouco menos radical deve focar no ajuste fino para maximizar o desempenho. Nesse ponto, muitos líderes estão prontos para passar ao próximo desafio.[26]

Ao exercerem papéis de liderança formais ou expressarem as suas perspectivas como colaboradores seniores, espero que usem a sua influência para criar organizações humanas e respeitáveis. Vocês merecem trabalhar em locais que respeitem e onde se sintam bem, fazer um trabalho importante para vocês. O mundo precisa de uma nova espécie de adultos, capaz de reconhecer a complexidade e legitimar a diversidade dos pontos de vista e ainda encontrar trajetórias construtivas adiante. Espero que todos vocês assumam esse desafio de coração e encontrem nele esperança e satisfação.

Esta é a sua geração... e o seu momento.

Notas

Nota sobre "Com a palavra, a Geração X": A não ser quando houver uma observação em contrário, os depoimentos que aparecem ao longo de todo o livro têm duas origens:

- Respostas às seguintes postagens no meu blog: "10 reasons Gen Xers are unhappy at work" (10 razões pelas quais os X são infelizes no trabalho), *Across the Ages*, Harvard Business Online, 10 maio 2008 (http://discussionleader.hbsp.com/erickson/2008/05/ten_reasons_why_the_relationshhtml#comments) e "Are there gender differences within Gen X?" (Haverá diferenças de gênero na Geração X?), *Across the Ages*, Harvard Business Online, 20 maio 2008 (http://discussionleader.hbsp.com/erickson/2008/05/are_there_gender_differences_w_1.html#comments);

  Kyle Arteaga, Brian G., Bruce, Chris, Clive Bickerstaff, Dan, Eric, Firehorse, Gattosan, Richard Harrison, Tammy Kobliak, Lance, Laura, LeAnne, Nancy Mehegan, Erinn McMahon, Melissa F., Susan Miller, Diane Murray, Gary Rosenfeld, R. S. Scott, Alyson Silverstein, Daniel Sroka, Michael Temple, Topher, zoby, Laura Zukowski

- Respostas ao feed "10 reasons Gen Xers are unhappy at work", da *BusinessWeek*, em 15 maio 2008 (http://businessweek.com/managing/content/may2008/ca20080515_250308.htm?chan=top+news_top+news+index_news+%2B+analysis):

  Andrew, Earl Barnett III, Carl M, Chelicera, Cheryl, Crystal, D, Dave, David, Bertrand de La Selle, Doug, Dune Girl, Gen Y'er, Geir Gundersen, Gen Xer and Proud, Hopalong, Jay, Jaz, JC, Jessica, Jim, JoeG, John, jonnyd, jz, K, Karl, Charly Leetham, Leo, Markus, Matt, mercenary, Diane Murray, Nora B, Pam, Peter, PurrNaK, Recent Gen-X Refugee, Supriya G., Tara, Thomas, Todd, Tracy, Urban, Gila von Meissner, X as in Ex-employee, Tom Weiss, Where's the love?

Apresentação

1. Monci Jo Williams, com H. John Steinbreder, "The Baby Bust Hits the Job Market", *Fortune*, 27 maio 1985, 122–135.
2. Christopher Reynolds, "Gen X: the Unbeholden", *American Demographics*, 1º maio 2004, http://findarticles.com/p/articles/mi_m4021/is_4_26/ai_n6052824/print.
3. O meu blog, *Across the Ages*, está disponível em http://discussionleader.hbsp.com/erickson/.

Capítulo 1

1. A teoria de Piaget identifica quatro etapas de desenvolvimento e os processos pelos quais as crianças progridem ao longo delas:

   1. *Etapa sensório-motora (do nascimento aos 2 anos de idade)*. A criança, através da interação física direta com o ambiente, elabora um conjunto de conceitos sobre a realidade e o seu funcionamento. Nesta etapa, ela não sabe que os objetos materiais continuam a existir mesmo quando não estão à vista. A inteligência assume a forma de ações motoras.
   2. *Etapa pré-operatória (dos 2 aos 7 anos)*. A criança ainda não é capaz de elaborar conceitos abstratos, mas depende de circunstâncias materiais concretas. A inteligência é intuitiva por natureza.
   3. *Operações concretas (dos 7 aos 11 anos)*. À medida que as experiências materiais se acumulam, a criança começa a conceitualizar, criando estruturas lógicas que ela correlaciona a objetos concretos ou experiências materiais. Por exemplo, os números são associados a objetos materiais, e ela consegue solucionar equações aritméticas.
   4. *Operações formais (dos 11–15 anos em diante)*. A esta altura, as estruturas cognitivas da criança são semelhantes às de um adulto e incluem o raciocínio conceitual. O pensamento envolve abstrações. São formados modelos mentais que perdurarão ao longo da vida adulta.

2. Os trabalhos formativos que fazem uso do esquema das etapas de desenvolvimento infantil para compreender os padrões geracionais incluem o realizado por Morris Massey, "What You Are Is Where You Were When", programa em vídeo (Cambridge, MA: Enterprise Media, 1986); e William Strauss e Neil Howe, *Generations: the History of America's Future, 1584 to 2069* (Nova York: Quill, William Morrow, 1991).
3. Douglas Coupland, *Geração X: contos para uma cultura acelerada* (Editorial Teorema), sobrecapa.
4. William Strauss e Neil Howe, *The Fourth Turning: an American Prophecy*, 1ª ed. (Nova York: Broadway Books, 1997), 210.
5. Strauss e Howe, *Generations*, 322.
6. O recorte original de Coupland em *Generation X* se concentrava nos indivíduos nascidos entre 1961 e 1971.
7. "The forgotten generation", postagem de Black Molly, correspondente da página de notícias Fish Wrap, postada por Phineas F. A. Pickerel, 22 abr. 2008, http://fishwrap.wordpress.com/2008/04/22/the-forgotten-generation/.
8. Parcialmente baseado em Allen Floyd Goben, "The X Factor: Generation X Leadership in Early 21st Century American Community Colleges" (dissertação de PhD, Escola de Pós-graduação da University of Texas em Austin, ago. 2003), 17.

9. Baseado em Michael R. Muetzel, *They're Not Aloof... Just Generation X* (Shreveport, LA: Steel Bay Publishing, 2003), 28.
10. http://www.pbs.org/kcts/videogamerevolution/history/timeline_flash.html.
11. Baseado em Strauss e Howe, *The Fourth Turning*, 195.
12. Baseado em ibid.
13. New Strategist Editors, *Generation X: Americans Born 1965 to 1976*, 5ª ed., Great American Generations Series (Ithaca, NY: New Strategist Publications, Inc., 2006), 223.
14. Estatísticas compiladas por William Robert Johnston, baseadas em dados dos Centros de Controle de Doenças, última atualização 25 out. 2008, http://www.johnstonarchive.net/policy/abortion.
15. Geoffrey T. Holtz, *Welcome to the Jungle: the Why Behind Generation X* (Nova York: St. Martin's Press, 1995), 27.
16. Baseado em Strauss e Howe, *The Fourth Turning*, 198.
17. Baseado em Strauss e Howe, *The Fourth Turning*, 197.
18. Entrevista com Erinn McMahon conduzida pela autora, 30 maio 2008.

Capítulo 2
1. Monci Jo Williams, com H. John Steinbreder, "The Baby Bust' Hits the Job Market", *Fortune*, 27 maio 1985, 122–135.
2. Ibid.
3. Douglas Coupland, *Geração X: contos para uma cultura acelerada* (Editorial Teorema).
4. Anne Fisher, "Have You Outgrown Your Job?", *Fortune*, 21 ago. 2006.
5. Depoimento pessoal à autora.
6. New Strategist Editors, *Generation X: Americans Born 1965 to 1976*, 5ª ed., Great American Generations Series (Ithaca, NY: New Strategist Publications, Inc., 2006), 148.
7. Ibid., 154.
8. Ibid., 162
9. Achados do projeto de pesquisa National Study of the Changing Workforce, do Families and Work Institute, conduzida em 2002 com uma amostragem de aproximadamente 3.500 empregados remunerados e assalariados, junto com trabalhadores autônomos, citados em "Generation and Gender in the Workplace" (Watertown, MA: Families and Work Institute, American Business Collaboration, 2004), 5.
10. Lawrence E. Gladieux e Arthur M. Hauptman, *The College Aid Quandary: Access, Quality, and the Federal Role* (Washington, DC: The Brookings Institution, 1995).
11. Dados do Escritório Geral de Contabilidade (GAO), citados em New Strategist Editors, *Generation X*, 298.
12. Kleber & Associates, "Lingering Myths About Generation X: Dispelling Myths About the 'Lost' Generation", housingzone.com, 1 fev. 2005, http://www.housingzone.com/article/CA503868.html.
13. New Strategist Editors, *Generation X*, 84.
14. Ibid., 94.
15. Ibid., 298.
16. Pesquisa conduzida por Dwight Burlingame, diretor executivo adjunto do Indiana University Center on Philanthropy, baseada em dados do GAO, apud Kimberly

Palmer, "Gen X-ers: Stingy or Strapped?", *Money and Business*, http://www.usnews.com/usnews/biztech/articles/070214/14genX'ers.htm.

17. New Strategist Editors, *Generation X*, 298.

18. Carrie Lips, "Gen X Finding Its Voice", *Jacksonville Journal-Courier*, 29 dez. 1998, citando pesquisa do Instituto Cato, http://www.socialsecurity.org/pubs/articles/cl-12-29-98.html.

19. Cayman Seacrest, "Study, Gen X", University of Colorado, 1996, http://www.cc.colorado.edu/Dept/EC/generationx96/genx.

20. New Strategist Editors, *Generation X*, 54.

21. Marisa DiNatale e Stephanie Boraas, "The Labor Force Experience of Women from 'Generation X'", *Monthly Labor Review*, Agência de Estatísticas Trabalhistas, 2002.

22. Por exemplo, no Canadá, a média para os homens é de 34 anos e para as mulheres, de 33. Na França, a idade média é de 37 para os homens e 29 para as mulheres; na Suécia, 33 para os homens e 31 para as mulheres; e no Reino Unido, 30 para os homens e 28 para as mulheres. Para mais informações, ver Jeffrey Jensen Arnett, *Emerging Adulthood: the Winding Road from the Late Teens Through the Twenties* (Nova York, Oxford: Oxford University Press, 2004).

23. DiNatale e Boraas, "The Labor Force Experience, 2002". (Não há disponíveis dados equivalentes para os homens.)

24. Ibid.

25. "Generation X is in no hurry to settle down" [A Geração X não tem pressa nenhuma de se estabelecer], diz Ethan Watters, que mapeia o seu deslocamento social em James Sullivan, "Urban Tribes", *San Francisco Chronicle*, 10 out. 2003, http://sfgate.com/cgi-bin/article.cgi?f=/c/a/2003/10/10/DD203007.DTL. Ver também Ethan Watters, *Urban Tribes: are Friends the New Family?* (Londres: Bloomsbury, 2003), 8.

26. Entrevista de Esteban Herrera conduzida pela autora, 30 maio 2008.

27. Robert D. Putnam, *Bowling Alone: the Collapse and Revival of American Community* (Nova York: Simon & Schuster, 2000), 287.

28. Depoimento pessoal de Esteban Herrera à autora, 22 ago. 2008.

29. Bruce J. Klein, "This Wonderful Lengthening of Lifespan", *The Longevity Meme*, 17 jan. 2003, http://www.longevitymeme.org/articles.

30. E. Fussell e F. Furstenberg, "The Transition to Adulthood During the 20th Century: Race, Nativity and Gender", Network on Transitions to Adulthood (Philadelphia, PA, 2004; fundada pela Fundação MacArthur).

31. Cheryl Merser, *Grown-ups: a Generation in Search of Adulthood* (Nova York: Putnam, 1987); citado em James Cote, *Arrested adulthood: the Changing Nature of Maturity and Identity* (Nova York e Londres: New York University Press, 2000), 14–15.

32. Cote, *Arrested Adulthood*.

33. Depoimento pessoal de Joe Grochowski à autora, 2 out. 2007.

34. Apud Thomas L. Friedman, "Opinion: Kicking Over the Chessboard", *New York Times*, 18 abr. 2004.

35. Robert Kegan, *The Evolving Self: Problem and Process in Human Development* (Cambridge, MA, e Londres: Harvard University Press, 1982), 1.

36. Ibid., 120.

37. Cote, *Arrested Adulthood*, 14–15.

Capítulo 3
1. De modo geral, as experiências geracionais se mostram mais semelhantes quando temos em vista coortes mais jovens. Gerações mais antigas exibem significativa variação de país a país, uma vez que as circunstâncias locais não raro são substancialmente diversas.
2. Pesquisa Gallup de 1974, apud "The Good-News Generation", *U.S. News & World Report*, 3 nov. 2003, 60.
3. Jeff Gordinier, *X Saves the World: How Generation X Got the Shaft but Can Still Keep Everything from Sucking* (Nova York: Viking Penguin, 2008), 101.
4. Apud Gordinier, *X Saves the World*, 71.
5. Ibid., 69.
6. David Brooks, "The Odyssey Years", *New York Times*, 9 out. 2007.
7. Louise Story, "Many Women at Elite Colleges Set Career Path to Motherhood", *New York Times*, 20 set. 2005.
8. Gordinier, *X Saves the World*, 69-70.

Capítulo 4
1. Depoimento pessoal de Jason Siedel à autora.
2. "The forgotten generation", postagem de Black Molly, correspondente da página de notícias Fish Wrap, postada por Phineas F. A. Pickerel, 22 abr. 2008, http://fishwrap.wordpress.com/2008/04/22/the-forgotten-generation/.
3. The Concours Group (hoje nGenera) e Age Wave, "The New Employee/Employer Equation", 2004. Este projeto de pesquisa incluiu um levantamento de âmbito nacional com mais de 7.700 empregados, conduzida pela Harris Interactive em jun. 2004 para The Concours Group (hoje nGenera) e Age Wave.
4. Catalyst, "The Next Generation: Today's Professionals, Tomorrow's Leaders", 11 dez. 2001. Levantamento conduzido com mais de 1.200 profissionais nascidos entre 1964 e 1975, de oito empresas dos Estados Unidos e duas do Canadá.
5. The Families and Work Institute/American Business Collaboration, "Generation And Gender in the Workplace", 2004, 25. Menciona achados do projeto de pesquisa National Study of the Changing Workforce, do Families and Work Institute, conduzida em 2002 com uma amostragem de aproximadamente 3.500 empregados remunerados e assalariados, junto com trabalhadores autônomos.
6. Toddi Gutner, "A Balancing Act for Gen X Women", BusinessWeek Online, 21 jan. 2002, http://www.businessweek.com/magazine/content/02_03/b3766112.htm, dá conta de um estudo com 1.300 profissionais na faixa dos 26 aos 37 anos, com um número desproporcional de mulheres (que representavam 70% dos entrevistados).
7. Margot Hornblower, "Great Xpectations of So-Called Slackers", TIME.com, 9 jun. 1997, http://www.time.com/time/magazine/article/0,9171,986481,00.html.
8. Jeff Gordinier, *X Saves the World: How Generation X Got the Shaft but Can Still Keep Everything from Sucking* (Nova York: Viking Penguin, 2008), 50.
9. Karen S. Peterson, "Gen X Moms Have it Their Way", *USA Today*, 14 maio 2003.
10. Marisa DiNatale e Stephanie Boraas, "The Labor Force Experience of Women from 'Generation X'", *Monthly Labor Review*, Agência de Estatísticas Trabalhistas, 2002.

11. Jamie-Andrea Yanak, "Gen X Parents Sharing More with Kids", Associated Press, 5 abr. 2006.
12. Patricia Wen, "Gen X Dad", *Boston Globe*, 16 jan. 2005.
13. Peterson, "Gen X Moms Have It Their Way".
14. Ibid.
15. Douglas Coupland, *Geração X: contos para uma cultura acelerada* (Editorial Teorema).
16. Gordinier, *X Saves the World*, 126.
17. Kleber & Associates, "Lingering Myths About Generation X: Dispelling Myths About the 'Lost' Generation", housingzone.com, 1 fev. 2005, http://www.housingzone.com/article/CA503868.html.
18. Gutner, "A Balancing Act for Gen X Women".
19. Wen, "Gen X Dad".
20. Depoimento pessoal de HH à autora.
21. Gutner, "A Balancing Act for Gen X Women".
22. Sylvia Ann Hewlett, *Off-Ramps and On-ramps: Keeping Talented Women on the Road to Success* (Boston: Harvard Business School Press, 2007).
23. Gutner, "A Balancing Act for Gen X Women".
24. AD Staff, "Farther ALONG the X Axis", *American Demographics*, 1º maio 2004, http://www.findarticles.com/p/articles/mi_m4021/is_4_26/ai_n6080026.
25. Ann A. Fishman, presidente da Generational-Targeted Marketing Corp., Nova Orleans, apud ibid.
26. Daniel H. Pink, *As intrépidas aventuras de um jovem executivo* (Campus/Elsevier).
27. Tom Rath e Donald Clifton, "The Power of Praise And Recognition", *Gallup Management Journal*, 8 jul. 2004.
28. Baseado na obra de Jeffrey Pfeffer, professor de Comportamento Organizacional da Escola de Pós-graduação em Negócios da Stanford University, como incorporado ao Re.sult Project EMP, *Excelling at Employee Engagement*, The Concours Group (hoje nGenera), 2005.
29. Robert Morison, Tamara J. Erickson e Ken Dychtwald, "Managing Middlescence", *Harvard Business Review*, mar. 2006, 78–86.
30. Levantamento do Conference Board de 2005 citado em Morison, Erickson e Dychtwald, "Managing Middlescence".
31. Ibid.
32. Pink, *As intrépidas aventuras de um jovem executivo* (Campus/Elsevier).
33. A noção de *estado de fluxo* é um conceito desenvolvido por Mihaly Csikszentmihalyi, professor de Psicologia e Administração, Faculdade Drucker de Administração, Claremont University Graduate. Ver, por exemplo, Mihaly Csikszentmihalyi, *A descoberta do fluxo*, (Editora Rocco).
34. Elizabeth Debold, "Flow With Soul: An Interview With Dr. Mihaly Csikszentmihalyi". *What is Enlightenment?* (primavera/verão 2002), http://www.enlightennext.org/magazine/j21/csiksz.asp.
35. Csikszentmihalyi, *A descoberta do fluxo*, (Editora Rocco).
36. Baseado na obra de Jim Loehr, fundador da LGE Performance Systems. Ver Jim Loehr e Tony Schwartz, *Envolvimento total: gerenciando energia e não o tempo* (Campus/Elsevier).

37. Concours Group (hoje nGenera) e Age Wave, "The New Employee/Employer Equation".
38. Ibid.
39. Para mais informações sobre motivação, ver Tamara J. Erickson e Lynda Gratton, "What It Means to Work Here", *Harvard Business Review*, mar. 2007, 104-112.

Capítulo 5
1. "Meeting the Challenges of Today's Workplace", *Chief Executive*, ago.-set. 2002.
2. Ibid.
3. Deepak Ramachandran e Paul Artiuch, "Harnessing the Global N-Gen Talent Pool" (Toronto: New Paradigm Learning Corporation, 2007).
4. New Strategist Editors, *Generation X: Americans Born 1965 to 1976*, 5ª ed., Great American Generations Series (Ithaca, NY: New Strategist Publications, Inc., 2006), 226.
5. Ibid., 229.
6. Brian Whitley, "With Fewer Jobs, Fewer Illegal Immigrants", *Christian Science Monitor*, 30 dez. 2008.
7. "The Battle for Brainpower", *The Economist*, 5 out. 2006, www.economist.com/surveys/displayStory.cfm?story_id=7961894.
8. Jeff Gordinier, *X Saves the World: How Generation X Got the Shaft but Can Still Keep Everything from Sucking* (Nova York: Viking Penguin, 2008), 114.
9. Harold Adams Innis, *The Bias of Communication* (Toronto: University of Toronto Press, 1964).
10. Ver o blog de Umair Haque, "Edge economy", Harvard Business Online, http://discussionleader.hbsp.com/haque/.
11. Ver o blog de Bill Taylor, "Practically radical", Harvard Business Online, http://blogs.harvardbusiness.org/taylor/.
12. Don Tapscott e Anthony D. Williams, *Wikinomics: como a colaboração em massa pode mudar o seu negócio* (Editora Nova Fronteira).
13. Ibid.
14. Umair Haque, "Edge economy".
15. Ibid.
16. Tapscott e Williams, *Wikinomics*.
17. Para uma discussão mais extensa sobre o assunto, ver Lynda Gratton, *Hot Spots: Why Some Teams, Workplaces, and Organizations Buzz with Energy – and Others Don't* (São Francisco: Berrett-Koehler, 2007).
18. Ricardo Semler, *The Seven-Day Weekend: Changing the Way Work Works* (Nova York: Portfolio, 2004), 114.
19. Haque, "Edge economy".
20. Jason Fried, CEO da 37signals, e o seu colega David Heinemeier Hansson, criador do célebre framework de programação Ruby on Rails, apud Bill Taylor, "Practically radical".
21. Semler, *The Seven-Day Weekend*.
22. Taylor, "Practically radical".
23. Sylvia Ann Hewlett e Carolyn Buck Luce, "Off-Ramps And On-ramps: Keeping Talented Women on the Road to Success", *Harvard Business Review*, mar. 2005, 43-54.

24. The Concours Group (hoje nGenera) e Age Wave, "The New Employee/Employer Equation", 2004. Este projeto de pesquisa incluiu um levantamento de âmbito nacional com mais de 7.700 empregados, conduzida pela Harris Interactive em jun. 2004 para The Concours Group (hoje nGenera) e Age Wave.

25. Ibid.

26. Barbara Rose, "Workers Selecting Own Career Track", *Chicago Tribune*, 9 set. 2007, chicagotribune.com. Para mais informações, ver Cathleen Benko e Anne Weisberg, *Mass Career Customization: Aligning the Workplace with Today's Nontraditional Workforce* (Boston: Harvard Business School Press, 2007).

27. Semler, *The Seven-Day Weekend*, 52.

28. Taylor, "Practically radical".

29. Ken Dychtwald, Tamara J. Erickson e Robert Morison, *Workforce Crisis: How to Avoid the Coming Shortage of Skills and Talent* (Boston: Harvard Business School Press, 2006).

30. Haque, "Edge economy".

31. Ibid.

32. Stefanie Sanford e Steven Seleznow, "Generational Change: Some Controversial Cause for Optimism in Educational Policy", Harvard Law and Policy Review Online, http://www.hlpronline.com/2007/04/seleznow_sanford_01.html.

33. Barack Obama, "21st Century Schools for a 21st Century Economy", discurso proferido em 13 mar. 2006.

34. Sanford e Seleznow, "Generational Change".

35. Ibid.

36. Ibid.

37. Harry J. Holzer e Robert I. Lerman, "American's Forgotten Middle-Skill Jobs", (Washington, DC: The Workforce Alliance, nov. 2007).

38. Depoimento pessoal de Dark Past à autora, 20 maio 2008.

39. Council for Excellence in Government e Organização Gallup, "Within Reach... But Out of Synch: the Possibilities and Challenges of Shaping Tomorrow's Government Workforce", 5 dez. 2006.

40. Thomas L. Friedman, *O mundo é plano* (Editora Objetiva).

Capítulo 6

1. New Strategist Editors, *Generation X: Americans Born 1965 to 1976*, 5ª ed., Great American Generations Series (Ithaca, NY: New Strategist Publications, Inc., 2006), 165.

2. www.myersbriggs.org.

3. Para mais informações, ver wikipedia.org/wiki/Lateralization_of_brain_function.

4. www.strengthsfinder.com

5. www.rypple.com

6. Baseado em Peter Scott-Morgan, *As regras não-escritas do jogo* (Editora Makron Books); e Hidden Logic Imperative, relatório de pesquisa do Concours Group (hoje nGenera), 1 jan. 2005.

7. Joseph Grenny, David Maxfield e Andrew Shimberg, "How to Have Influence", *MIT Sloan Management Review*, inverno 2008, 47–52.

8. Ver, por exemplo, Stephen R. Covey, *Os sete hábitos das pessoas altamente eficazes* (Editora Best Seller).

9. Baseado em Robert Morison, Tamara J. Erickson e Ken Dychtwald, "Managing Middlescence", *Harvard Business Review*, mar. 2006, 78–86.

10. Baseado em ibid.

11. Baseado em Ricardo Semler, *The Seven-Day Weekend: Changing the Way Work Works* (Nova York: Portfolio, 2004), 146–147.

12. Morison, Erickson e Dychtwald, "Managing Middlescence".

13. Ibid., citando o relatório de pesquisa do Concours Group (hoje nGenera) e Age Wave, "The New Employee/Employer Equation", 2004.

14. Lynne C. Lancaster e David Stillman, *When Generations Collide* (Nova York: Harper Collins, 2002), 207.

15. Baseado em William Strauss e Neil Howe, *The Fourth Turning: an American Prophecy* (Nova York: Broadway Books, 1997), 241.

16. Michael R. Muetzel, *They're Not Aloof... Just Generation X* (Shreveport, LA: Steel Bay Publishing, 2003), 23–24.

17. Parcialmente baseado em Allen Floyd Goben, "The X Factor: Generation X Leadership in Early 21st Century American Community Colleges"(dissertação de PhD, University of Texas em Austin, ago. 2003), 1–2.

18. Parcialmente baseado em ibid.

19. "Managing a Job Change" Heritage Planning, 2000, www.lktax.com/pdf_docs/email/ls/5/0008.pdf.

20. Baseado em Strauss e Howe, *The Fourth Turning*, 241.

21. Entrevista de Beth Hilbing conduzida pela autora, 16 jun. 2008.

22. New Strategist Editors, *Generation X: Americans Born 1965 to 1976*, 12–15.

23. Ibid.

24. Ibid., 24.

25. Ibid., 129.

26. Entrevista de Rory Madden conduzida pela autora, 14 maio 2008.

27. Entrevista de Eric Kimble conduzida pela autora, 9 out. 2007.

28. Mark Granovetter, "The Strength of Weak Ties", *American Journal of Sociology* 78, n. 6 (maio 1973): 1360–1380.

29. Lynda Gratton, *Hot Spots: Why Some Teams, Workplaces, and Organizations Buzz with Energy – and Others Don't* (São Francisco: Berrett-Koehler, 2007), 72.

30. James Sullivan, "Generation X is in No Hurry to Settle Down, Says Ethan Watters", *San Francisco Chronicle*, 10 out. 2003, http://sfgate.com/cgi-bin/article.cgi?f=/c/a/2003/10/10/DD203007.DTL.

31. Baseado em ibid.

32. Ethan Watters, *Urban Tribes: are Friends the New Family?* (Nova York: Bloomsbury, 2003), 8.

33. Ibid., 113.

34. Entrevista de Mike Dover conduzida pela autora, 28 maio 2008.

35. Discurso numa cúpula de executivos, The Concours Group, 30 mar. 1999, Pebble Beach, Monterey, CA.

36. Nadira A. Hira, "My X'er Boss Hates Me!", *Fortune*, 28 set. 2007, http://thegig.blogs.fortune.com/.

37. Entrevista de Esteban Herrera conduzida pela autora, 30 maio 2008.

38. Lionel Bart, *Oliver!*

Capítulo 7

1. Entrevista de Steven Kramer à autora, 9 out. 2007.
2. Depoimento pessoal de David Jenkins à autora, 20 maio 2008.
3. Postado por John Jacobs, 19 nov. 2006, 21h43, Fortune TalkBack, "Call it the grey ceiling", http://talkback.blogs.fortune.com/2006/8/10/the-big-difficult/.
4. Baseado num levantamento conduzido pela empresa E-Poll, localizada na cidade de Encino, na Califórnia, com 1.032 entrevistas *on-line*, apud Christopher Reynolds, "Gen X: The Unbeholden", *American Demographics*, maio 2004, http://findarticles.com/p/articles/mi_m4021/is_4_26/ai_n6052824/print. A amostragem contou com um número ligeiramente desproporcional de homens e com uma renda superior à da população em geral, mas a idade e a raça dos entrevistados chegaram bem perto das estimativas do censo.
5. New Strategist Editors, *Generation X: Americans Born 1965 to 1976*, 5ª ed., Great American Generations Series (Ithaca, NY: New Strategist Publications, Inc., 2006), 170.
6. Reynolds, "Gen X: the Unbeholden".
7. Entrevista de Esteban Herrera, conduzida pela autora em 30 maio 2008. Vários meses após esta entrevista, Esteban pediu demissão do emprego na empresa e decidiu abrir o próprio negócio.
8. Pesquisa do Pew Research Center com 2.003 norte-americanos de 18 anos ou mais, citada em Sharon Jayson, "Gen Y Makes a Mark and Their Imprint is Entrepreneurship", *USA Today*, 12 dez. 2006.
9. Thomas W. Malone, *O futuro dos empregos* (Editora M.Books).
10. Kramer, entrevista.
11. William D. Bygrave, "The Entrepreneurial Process", em *The Portable MBA in Entrepreneurship*, 3ª ed., William D. Bygrave e Andrew Zacharaki (orgs.) (Hoboken, NJ: John Wiley & Sons, 2004), 4. Bygrave menciona um estudo de 2002 do *Inc.* 500.
12. Entrevista de Rebecca Minard à autora, 2 nov. 2007.
13. Kramer, entrevista.
14. Pontos fundamentais, bem como as sugestões de leitura inclusas nas notas 15–19 e 21–23, são extraídos de James M. Manyika, Roger P. Roberts e Kara L. Sprague, "Eight Business Technology Trends to Watch", *McKinsey Quarterly*, dez. 2007.
15. Como leituras adicionais: Bradford C. Johnson, James M. Manyika e Lareina A. Yee, "The Next Revolution in Interactions", nov. 2005, mckinseyquarterly.com; Scott C. Beardsley, Bradford C. Johnson e James M. Manyika, "Competitive advantage from better interactions", maio 2006, mckinseyquarterly.com; Malone, *The future of work*.
16. Como leituras adicionais: John Hagel III, *Pensando fora do quadrado* (Campus/Elsevier); Claus Heinrich, *RFID and Beyond: Growing Your Business with Real World Awareness* (Indianapolis, IN: Wiley Publishing, 2005); Jeanne W. Ross, Peter Weill e David C. Robertson, *Arquitetura de TI como estratégia empresarial* (Editora M. Books).
17. Como leituras adicionais: Thomas H. Davenport e Jeanne G. Harris, *Competição analística* (Campus/Elsevier); John Riedl e Joseph Konstan, com Eric Vrooman, *Word of Mouse: the Market Power of Collaborative Filtering* (Nova York: Warner Books, 2002); Stefan H. Thomke, *Experimentation Matters: Unlocking the Potential of New Technologies for Innovation* (Boston: Harvard Business School Press, 2003); David Weinberger, *A nova desordem digital* (Campus/Elsevier).

18. Como leitura adicional: Carl Shapiro e Hal R. Varian, *Information Rules: a Strategic Guide to the Network Economy* (Boston: Harvard Business School Press, 1999).

19. Como leitura adicional: Hal R. Varian, Joseph Farrell e Carl Shapiro, *The Economics of Information Technology: An Introduction (Raffaele Mattioli lectures)* (Nova York: Cambridge University Press, 2004).

20. Minard, entrevista.

21. Como leituras adicionais: Yochai Benkler, *The Wealth of Networks: How Social Production Transforms Markets and Freedom* (New Haven, CT: Yale University Press, 2006); Henry Chesbrough, *Open Innovation: The New Imperative for Creating and Profiting from Technology* (Boston: Harvard Business School Press, 2003); James Surowiecki, *A sabedoria das multidões* (Editora Record); Eric von Hippel, *Democratizing Innovations* (Cambridge, MA: MIT Press, 2005).

22. Como leituras adicionais: Richard Florida, *The Rise of the Creative Class: and How it's Transforming Work, Leisure, Community, and Everyday Life* (Nova York: Basic Books, 2004); Daniel H. Pink, *Free Agent Nation: How America's New Independent Workers are Transforming the Way We Live* (Nova York: Warner Books, 2001).

23. Como leituras adicionais: C. K. Prahalad e Venkat Ramaswamy, *O futuro da competição* (Campus/Elsevier); Don Tapscott e Anthony D. Williams, *Wikinomics: como a colaboração em massa pode mudar o seu negócio* (Editora Nova Fronteira).

24. "How businesses are using web 2.0: a McKinsey global survey", mar. 2007, mckinseyquarterly.com.

25. Como leitura adicional: "Jeff Bezos' Risky Bet", *BusinessWeek*, 13 nov. 2006.

26. Kramer, entrevista.

27. Ibid.

28. Ibid.

29. Minard, entrevista.

30. Ibid.

31. Kramer, entrevista.

32. Minard, entrevista.

33. Kramer, entrevista.

34. Depoimentos pessoais de Jean Ayers à autora, 12 set. 2007 e 21 set. 2008.

35. Ibid.

36. Hazel Markus e Paula Nurius, "Possible Selves", *American Psychologist*, 41, n. 9 (1986): 954–969, apud Herminia Ibarra, *Identidade de carreira* (Editora Gente).

37. Ibarra, *Identidade de carreira*.

38. Tamara J. Erickson, *Retire Retirement: Career Strategies for the Boomer Generation* (Boston: Harvard Business School Press, 2008).

39. Richard T. Pascale, Mark Milleman e Linda Gioja, *Surfing the Edge of Chaos: the Laws of Nature and the New Laws of Business* (Nova York: Crown Business, 2000).

40. Ibarra, *Identidade de carreira*.

Capítulo 8

1. William Strauss e Neil Howe, *Generations: the History of America's Future, 1584 to 2069* (Nova York: Quill, William Morrow, 1991), 317–334.

2. Baseado em Stefanie Sanford e Steven Seleznow, "Generational Change: Some Controversial Cause for Optimism in Educational Policy", Harvard Law and Policy

Review Online, official journal of the American Constitution Society for law and policy; http://www.hlpronline.com/2007/04/seleznow_sanford_01.html.

3. Baseado em Sanford e Seleznow.

4. William Strauss e Neil Howe, *The Fourth Turning: an American prophecy*, 1ª ed. (Nova York: Broadway Books, 1997), 326.

5. Cameron Sinclair, cofundadora da Architecture for Humanity, apud Jeff Gordinier, *X Saves the World: How Generation X Got the Shaft but Can Still Keep Everything from Sucking* (Nova York: Viking Penguin, 2008), 151.

6. Apud ibid., 129.

7. Depoimento pessoal de Lynda Gratton à autora com base na sua pesquisa, Centro Lehman Brothers sobre Mulheres no Mundo dos Negócios.

8. Gordinier, *X Saves the World*, 169–170.

9. *Roget's 21st Century Thesaurus*, 3ª ed., copyright 2008 de propriedade do Philip Lief Group, obtido do *website*: http://dictionary.reference.com/browse/leadership.

10. Ronald Heifetz, *Leadership Without Easy Answers* (Cambridge, MA: Harvard University Press, 1998).

11. R. A. Heifetz e R. M. Sinder, "Political Leadership: Managing the Public's Problem Solving", em *The Power of Public Ideas*, R. Reich (org.) (Cambridge, MA: Harvard University Press, 1990), 179–203.

12. Pesquisa conduzida em 2006 com Lynda Gratton e uma equipe da London Business School.

13. Para mais informações sobre a pesquisa e uma descrição mais detalhada dos nossos achados, ver Lynda Gratton, Andreas Voigt e Tamara J. Erickson, "Bridging Faultlines in Diverse Teams", *MIT Sloan Management Review*, verão 2007, 22–29; e Lynda Gratton e Tamara J. Erickson, "Eight Ways to Build Collaborative Teams", *Harvard Business Review*, nov. 2007, 100–109.

14. É possível mapear a frequência da troca de informações entre indivíduos fazendo uso de ferramentas como a desenvolvida por Robert Cross na University of Virginia, criando ricas representações visuais das relações de colaboração no âmbito de uma empresa ou, ao contrário, identificar aqueles setores da empresa nos quais a ocorrência de trocas é desprezível. Para mais informações, ver Robert Cross e Andrew Parker, *The Hidden Power of Social Networks: Understanding How Work Really Gets Done in Organizations* (Boston: Harvard Business School Press, 2004).

15. Ricardo Semler, *The Seven-Day Weekend: Changing the Way Work Works* (Nova York: Portfolio, 2004), 166.

16. Ibid., 118.

17. John F. Kennedy, discurso, Rice University, 12 set. 1962.

18. Para mais informações, ver Richard T. Pascale, Mark Milleman e Linda Gioja, *Surfing the Edge of Chaos: the Laws of Nature and the New Laws of Business* (Nova York: Crown Business, 2000).

19. Heifetz, *Leadership Without Easy Answers*.

20. Entrevista de Rebecca Minard conduzida pela autora, 2 nov. 2007.

21. Ibid.

22. Michael R. Muetzel, *They're Not Aloof... Just Generation X* (Shreveport, LA: Steel Bay Publishing, 2003), 30.

23. Eric Kimble, entrevista com a autora, 9 out. 2007.

24. John J. Gabarro, *The Dynamics of Taking Charge* (Boston: Harvard Business School Press, 1987).

25. Michael Watkins, *Os primeiros 90 dias* (Editora Bookman).

26. Para mais recomendações, em particular com relação ao começo numa nova atribuição de liderança, ver Watkins, *Os primeiros 90 dias* (Editora Bookman).

Índice

37signals, 99

adolescência
    artes e, as, 12–13
    características geracionais, 3–4
    ciência e tecnologia, 9–11
    consciência global e ativismo social, 13–15
    economia e os empregos, a, 8
    eventos políticos, 9
    família e amigos, 15–17, 18
    para os *boomers*, 42
    para os tradicionalistas, 41–42
    questões relacionadas à diversidade, 14
Aids, 15
Allen, Paul, 10
ambientes alternativos de trabalho
    desejo de segurança e autodependência, 140–141
    empreendedorismo (*ver* empreendedorismo)
    empregos de reserva, 155–156
    formas de organização/contratação de trabalho, 143–145
    motivação dos X para a mudança, 141–142
arquétipo da vitória em equipe, 79–80

arquétipo das obrigações restritas, 83
arquétipo do legado expressivo, 74–77
arquétipo do progresso seguro, 77–79
arquétipo do respaldo flexível, 81–82
arquétipo do risco e da recompensa, 80–81
Arrested Adulthood (Cote), 36
atrativos pessoais
    arquétipo da expertise individual, 79–80
    arquétipo da expertise individual e da vitória em equipe, 79–80
    arquétipo da vitória em equipe, 79–80
    arquétipo das obrigações restritas, 82–83
    arquétipo do legado expressivo, 74–77
    arquétipo do progresso seguro, 77–79
    arquétipo do respaldo flexível, 81–82
    arquétipo do risco e da recompensa, 80–81
    classificação das situações, 72–73
    planilha "Você se sente motivado?", 75–76
    visão geral dos arquétipos, 72–74
Ayers, Jean, 154

Beck, 12
Bias of Communication, The (Innis), 91

boomers
  adolescência, 42
  aposentadoria, 86
  atitude quanto ao compartilhamento de informações, 174
  atitude quanto ao trabalho em equipe, 174
  competitividade, 43–44
  conflitos com os X, 44–45
  demografia, 42
  eventos mundiais no decurso da vida, 43
  gerenciando, 177–178
  relacionamento com os filhos, 59
  relacionamento com os X, 22–23, 123–126
  visão da vitória, 37–38
Bowling Alone (Putnam), 30
Bright Horizons, 77
Brooks, David, 48
busca dos desejos individuais
  arquétipo da expertise individual, 79–80
  atrativos pessoais (*ver* atrativos pessoais)
  dilema da "mediolescência", 67–68
  elementos de satisfação profissional, 66
  energia da motivação, 70–71
  experiência do estado de fluxo, 69–70
  natureza pessoal da busca, 65
  questionário da motivação no trabalho, 68–69

Cobain, Kurt, 12
Colbert, Stephen, 31
computadores e a internet, 10–11
conciliação trabalho/vida pessoal
  deixando-se motivar pelo trabalho (*ver* motivação no trabalho)
  mantendo a flexibilidade, 137–139
  repensando as suas opções, 136–137
  sendo esperto e preguiçoso, 135–136
Container Store, The, 78
Cote, James, 34, 36
Coupland, Douglas, 4, 6, 62

demografia
  alterações na composição da força de trabalho, 39
  boomers, 42
  demanda de trabalho a longo prazo, 88
  desemprego nos anos 1980 e 1990, 20–21
  Geração X, 6–7
  Geração Y, 46
  idade à época do casamento e do nascimento dos filhos, 27
  imigração e, 87–88
  mulheres na força de trabalho, 59–61, 64–65
  padrões de emprego, 91
  Re-Generation, 49
  rendimento familiar, 24
  taxa de crescimento da população em idade ativa, 88, 89
  taxas de aborto, 15
  taxas de divórcio, 15
  taxas de natalidade no mundo, 85–86
  tradicionalistas, 39
desejos comuns aos X
  conciliação trabalho/vida pessoal, 62–65
  definição de sucesso, 62
  desejo de estabilidade profissional, 56–58
  desejo de serem bons pais, 59–62
  importância do lar, 65
  mães no mercado de trabalho e, 59–61
  visão do dinheiro, 58–59
dilema da "mediolescência", 67–68
Dover, Mike, 133–134
Dungeons and Dragons, 11

economia a curto prazo e oferta de empregos, 88, 90
economia da escolha, 92
edge economy, 92
educação numa estratégia de carreira, 130

eficiência no trabalho
    criando contexto para o sucesso,
        116–117
    criando relacionamentos mais
        construtivos, 126
    entendendo cada papel que se exerce,
        118–120
    estratégias de carreira (*ver* estratégias
        de carreira)
    hierarquia acima, 123–126
    incrementando o histórico
        profissional, 123
    incrementando os benefícios da
        empresa, 122–123
    influenciando a empresa, 117–118
    perseverando e priorizando, 120
    questão da calibragem do potencial de
        carreira, 111–112
    questão da troca de papéis, 110–111
    questão do sentido progressivo do eu,
        111
    recorrendo aos seus pontos fortes,
        112–116
Emenda da Igualdade de Direitos, 14
empreendedorismo
    achem as competências certas e o
        capital, 152–153
    adotem uma boa ideia, 147–149
    chances contra e a favor, 146–147
    desejo dos X por, 145–146, 154–155
    desenvolvam um bom plano, 149–152
    mantenham uma rede de contatos e se
        aconselhem, 153
empregos e a economia, os
    aposentadoria dos *boomers*, 86
    compromissos financeiros, 26
    custos com propriedade de imóvel, 25
    desafios do mercado de trabalho,
        20–21
    dívidas vinculadas à faculdade, 24–25
    durante a adolescência dos X, 7–9
    economia a curto prazo e, 88, 90
    imigração e, 87–88
    impacto da eclosão da economia
        virtual, 27
    produtividade e, 88
    queda no patrimônio líquido, 25
    rendimento familiar, 24
    taxas de natalidade no mundo e,
        85–86
    terceirização, 86–87
empresas
    antigos pressupostos, 94–96
    características atuais das, 94
    características evolutivas das, 93–94
    características inconfundíveis,
        exibindo, 170–172
    conceito de visão e, 168–169
    desenvolvimento de processos
        exclusivos, 171
    identificação dos valores, 169–170
    liderança de unidades empresariais,
        181
    mudanças fundamentais aguardadas,
        97–103
    novos pressupostos, 96
    oportunidade de mudança do padrão
        empresarial, 160
    uso das melhores práticas, 172–173
    valores e preferências dos funcionários
        e, 170
estado de fluxo e motivação no trabalho,
    69–70
estratégias de carreira
    aumentando a eficiência no trabalho
        (*ver* eficiência no trabalho)
    considerações sobre a conciliação
        trabalho/vida pessoal, 135–139
    educação para aumentar as opções,
        130
    empreendedorismo (*ver*
        empreendedorismo)
    ideias para se tomar a iniciativa,
        126–127
    investigando e experimentando,
        156–157
    meta da amplitude de experiência,
        131–133
    novas formas de organização/
        contratação de trabalho, 143–145
    portfólio de carreiras, empregos de
        reserva, 155–156

rede de contatos, 133-134
troca sistemática de emprego como estratégia de agregação de valor, 127-129
Evolving Self: Problem and Process in Human Development, The (Kegan), 36
ExxonMobil, 78

Ferraro, Geraldine, 14
Ferren, Bran, 135
Fourth Turning, The (Strauss e Howe), 4, 124
Fried, Jason, 97
Friedman, Thomas, 108

Gates, Bill, 10
Génération Bof, 6
Generation X: Tales for an Accelerated Culture (Coupland), 4
Generations (Strauss e Howe), 4, 159
Geração da Crise, 6
Geração Desperdiçada, 6
Geração do Milênio. *Ver* Geração Y
geração silenciosa. *Ver* tradicionalistas
Geração X
  adolescência (*ver* adolescência)
  atitude quanto ao compartilhamento de informações, 174
  atitude quanto ao trabalho em equipe, 174
  com a palavra (*ver* Geração X com a palavra)
  demografia, 6-7
  desejos comuns aos membros (*ver* desejos comuns aos X)
  gerenciando, 178-179
  questões relacionadas à vida atual (*ver* primeiros anos da vida adulta)
  relacionamento com os *boomers*, 22-23, 38, 44-45, 123-126
  relacionamento com os Y, 22-23, 49
  traços comuns, 4-6
  traços úteis, 5-6
  valores comuns, 55
Geração X, com a palavra, a
  ativismo social, 13

cargos de liderança, 161-162
carreiras e vida, 34-35
conciliação trabalho/vida pessoal, 63, 65
cultura do trabalho preferido, 170
dedicação à família, 18
desafios do mercado de trabalho, 21, 25, 25, 26, 27
desconfiança das empresas, 57, 58
desejo de segurança e autodependência, 140-141
desejo de ser valorizado, 116, 122, 142
empreendedorismo, 141, 145-146, 154-155
empregos de reserva, 155-156
ética no trabalho, 22
ganhando amplitude de experiência, 131-133
impacto da tecnologia e da MTV, 11-12
importância das amizades, 28-29
mães no mercado de trabalho, 59, 61
natureza do trabalho, 91
papel no mundo, 160
rede de contatos, 133-134
relacionamento com os *boomers*, 22, 23, 45
relacionamento com os Y, 22-23, 176
"suscetibilidade X", 12
tolerância à diversidade, 15
tomando a iniciativa, 127
troca sistemática de emprego com vistas ao progresso, 128-129
trocando de carreira, 106, 107
Geração Y
  atitude quanto ao trabalho, 174
  demografia, 46
  eventos mundiais no decurso da vida, 46
  feedback e, 175
  liderança, 175-177
  quantidade de atenção recebida dos pais, 46-47
  relacionamento com os X, 22-23, 49
  tecnologia e, 48

Gioja, Linda, 157
Gisholt, Paal, 147
Gratton, Lynda, 133
Greer, Bill, 108
Grown-ups: a Generation in Search of Adulthood (Merser), 33
Guerra Fria, 8

Haley, Alex, 14
Haque, Umair, 92, 96
Havel, Václav, 160
Heifetz, Ronald, 162
Hewlett, Sylvia Ann, 100
Hibling, Beth, 128
história de Esteban, a, 28–29
história de Joe, a, 34–35
Hofer, Barbara, 47
Howe, Neil, 4, 17, 47, 124, 128, 159, 160

Ibarra, Herminia, 156
ideágoras, 93
imigração e oferta de empregos, 87–88
incidente com a Challenger, 10
Innis, Harold Adams, 91
Internet, a, 10–11

Kegan, Robert, 36
Kimble, Eric, 132
Kopp, Wendy, 105

Lancaster, Lynne, 124
latchkey kids, 15
Lei dos Direitos Civis (1964), 14
liderança dos X, a
    características inconfundíveis das empresas, exibindo, 170–172
    complexidade e informações inovadoras e, 167–168
    conceito de visão e, 168–169
    defasagens nas percepções entre grupos, 174–175
    definição de inovação, 164
    desafios a serem enfrentados, 158–159
    desenvolvimento de processos exclusivos, 171
    diversidade e, 173–174
    estabelecimento de um ambiente colaborativo, 165–166
    fazendo perguntas estimulantes, 166–167
    gerenciando os *boomers*, 177–178
    gerenciando outros X, 178–179
    identificação dos valores da empresa, 169–170
    importância dos relacionamentos, 164
    liderando os Y, 175–177
    necessidade de novas atitudes, 162
    normas da liderança de hoje, 161
    oportunidade de mudança do padrão empresarial, 160
    responsabilidades na criação de contexto, visão geral, 163
    troca do idealismo pelo realismo, 159–160
    um a um, 180–181
    unidades empresariais, de, 181
    uso das melhores práticas, 172–173
    valores e preferências dos funcionários e, 170
Linklater, Richard, 6
Luce, Caroline Buck, 100

Madden, Rory, 132
Maioria Moral, 15
Malone, Thomas W., 146
    expansor de fronteiras, 126
Merser, Cheryl, 33
Milleman, Mark, 157
Minard, Becky, 147, 152
motivação no trabalho
    energia da motivação, 70–71
    experiência do estado de fluxo, 69–70
    planilha "Você se sente motivado?", 75–76
    questionário da motivação no trabalho, 68–69
movimento pelos direitos das mulheres, 14
movimento pelos direitos dos gays, 15

MTV, 11, 12
Muetzel, Michel, 124, 179
mulheres na população ativa
   demografia, 64
   durante a adolescência dos X, 14, 15
   mulheres que saem da população ativa, 65
   mães no mercado de trabalho, 59–61
Mundo é plano, O (Friedman), 108

natureza do trabalho
   geradores de mudança, 91
   mudança nas formas de criar valores, 92
   opções de educação, 105
   oportunidades de ascensão no emprego, 104
   organizações sem fins lucrativos e empreendedorismo social, 105
   padrões de emprego, 91
   ponderações sobre um futuro emprego, 108
   prestação de serviços, 104–105
   ramos de negócio e ocupações de meia competência, 106
   serviço público e Forças Armadas, 107
New Leaders for a New School, 105
New Teacher Project (NTP), 105
Nirvana, 12
Nokia, 166

Obama, Barack, 6
oferta de trabalho. *Ver* empregos e a economia, os
OhMyNews, 150
opção pela reprodução, 15
oportunidades em empresas pequenas, 143

Pascale, Richard, 157
Piaget, Jean, 3
portfólio de carreiras/empregos de reserva, 155–156
primeiros anos da vida adulta
   casamento e filhos, 27
   compromissos financeiros, 26
   custos com propriedade de imóvel, 25
   desafios do mercado de trabalho, 20–21
   deslocamento nos marcos, 32–34
   dívidas vinculadas à faculdade, 24–25
   ênfase na autodependência, 36
   expectativa de vida, 31–32
   fases da vida adulta e, 35–36
   impacto da eclosão da economia virtual, 27
   importância da amizade, 28–30
   queda no patrimônio líquido, 25
   relacionamento com os *boomers*, 22–23
   relacionamento com os Y, 22–23
   rendimento familiar, 24
   senso de humor, 30–31
   transição para a vida adulta, 33
   visão das carreiras e da vida, 34–35
produtividade e oferta de empregos, 88
Puttnam, Robert, 30

Radiohead, 12
"Raízes" (Haley), 14
rede de contatos numa estratégia de carreira, 133–134
Re-Generation, 49–51
Rhee, Michelle, 105
rock alternativo, 12
Roe vs. Wade, 15
Romer, Paul, 35
Royal Bank of Scotland, 80

Schnur, Jon, 105
Semco, 166
Semler, Ricardo, 96, 166
Shapiro, Robert, 167
Sinder, R. M., 162
síndrome do profissional "estrela", 111
Slacker (filme), 6
SmartPak, 147, 152, 172
Stewart, Jon, 5, 31
Stillman, David, 124
Strauss, William, 4, 17, 17, 47, 124, 128, 160
StrengthsFinder, 114

Surfing the Edge of Chaos (Milleman e Gioja), 157

taxas de aborto, 15
taxas de natalidade no mundo, 85–86
Teach for America (TFA), 105
terceirização e oferta de empregos, 86–87
Threadless, 150
Título IX, 14
TopCoder, 150
trabalho. *Ver* estratégias de carreira; eficiência no trabalho; natureza do trabalho; empresas; conciliação trabalho/vida pessoal
tradicionalistas
 adolescência, 41–42

demografia, 39
eventos mundiais, 40, 42
visão do dinheiro, 42
tribo urbana, 28, 30–30, 133
Trilogy, 81

video game, 11
vínculos fortes na rede de contatos, 133

Watters, Ethan, 28, 133
Whole Foods, 80

Xilinix, 77

Yunus, Muhammad, 93

Zappos, 103

Cartão Resposta

0501200048-7/2003-DR/RJ

Elsevier Editora Ltda

...CORREIOS...

SAC | 0800 026 53 40
sac@elsevier.com.br

ELSEVIER

CARTÃO RESPOSTA

Não é necessário selar

O SELO SERÁ PAGO POR
Elsevier Editora Ltda

20299-999 - Rio de Janeiro - RJ

Por favor, preencha o formulário abaixo e envie pelos correios ou acesse www.elsevier.com.br/cartaoresposta. Agradecemos sua colaboração.

Seu nome: _____

Sexo: ☐ Feminino ☐ Masculino   CPF: _____

Endereço: _____

E-mail: _____

Curso ou Profissão: _____

Ano/Período em que estuda: _____

Livro adquirido e autor: _____

Como conheceu o livro?

☐ Mala direta
☐ Recomendação de amigo
☐ Recomendação de professor
☐ Site (qual?) _____
☐ Evento (qual?) _____
☐ E-mail da Campus/Elsevier
☐ Anúncio (onde?) _____
☐ Resenha em jornal, revista ou blog
☐ Outros (quais?) _____

Onde costuma comprar livros?

☐ Internet. Quais sites? _____
☐ Livrarias ☐ Feiras e eventos ☐ Mala direta

☐ Quero receber informações e ofertas especiais sobre livros da Campus/Elsevier e Parceiros.

Siga-nos no twitter @CampusElsevier

Qual(is) o(s) conteúdo(s) de seu interesse?

Concursos
- [ ] Administração Pública e Orçamento
- [ ] Arquivologia
- [ ] Atualidades
- [ ] Ciências Exatas
- [ ] Contabilidade
- [ ] Direito e Legislação
- [ ] Economia
- [ ] Educação Física
- [ ] Engenharia
- [ ] Física
- [ ] Gestão de Pessoas
- [ ] Informática
- [ ] Língua Portuguesa
- [ ] Línguas Estrangeiras
- [ ] Saúde
- [ ] Sistema Financeiro e Bancário
- [ ] Técnicas de Estudo e Motivação
- [ ] Todas as Áreas
- [ ] Outros (quais?)

Educação & Referência
- [ ] Comportamento
- [ ] Desenvolvimento Sustentável
- [ ] Dicionários e Enciclopédias
- [ ] Divulgação Científica
- [ ] Educação Familiar
- [ ] Finanças Pessoais
- [ ] Idiomas
- [ ] Interesse Geral
- [ ] Motivação
- [ ] Qualidade de Vida
- [ ] Sociedade e Política

Jurídicos
- [ ] Direito e Processo do Trabalho/Previdenciário
- [ ] Direito Processual Civil
- [ ] Direito e Processo Penal
- [ ] Direito Administrativo
- [ ] Direito Constitucional
- [ ] Direito Civil
- [ ] Direito Empresarial
- [ ] Direito Econômico e Concorrencial
- [ ] Direito do Consumidor
- [ ] Linguagem Jurídica/Argumentação/Monografia
- [ ] Direito Ambiental
- [ ] Filosofia e Teoria do Direito/Ética
- [ ] Direito Internacional
- [ ] História e Introdução ao Direito
- [ ] Sociologia Jurídica
- [ ] Todas as Áreas

Media Technology
- [ ] Animação e Computação Gráfica
- [ ] Áudio
- [ ] Filme e Vídeo
- [ ] Fotografia
- [ ] Jogos
- [ ] Multimídia e Web

Negócios
- [ ] Administração/Gestão Empresarial
- [ ] Biografias
- [ ] Carreira e Liderança Empresariais
- [ ] E-business
- [ ] Estratégia
- [ ] Light Business
- [ ] Marketing/Vendas
- [ ] RH/Gestão de Pessoas
- [ ] Tecnologia

Universitários
- [ ] Administração
- [ ] Ciências Políticas
- [ ] Computação
- [ ] Comunicação
- [ ] Economia
- [ ] Engenharia
- [ ] Estatística
- [ ] Finanças
- [ ] Física
- [ ] História
- [ ] Psicologia
- [ ] Relações Internacionais
- [ ] Turismo

Áreas da Saúde
- [ ]

Outras áreas (quais?):

Tem algum comentário sobre este livro que deseja compartilhar conosco?